DIGITAL TRANSFORMATION OF STATE-OWNED ENTERPRISES
PATHS, METHODS, AND CASES

国有企业
数字化转型
路径、方法与案例

胡波 著

图书在版编目（CIP）数据

国有企业数字化转型：路径、方法与案例/胡波著．
—北京：企业管理出版社，2023.6
ISBN 978-7-5164-2847-4

Ⅰ．①国… Ⅱ．①胡… Ⅲ．①国有企业—企业管理—数字化—研究—中国 Ⅳ．① F279.241-39

中国国家版本馆 CIP 数据核字（2023）第 100606 号

书　　名：	国有企业数字化转型：路径、方法与案例
作　　者：	胡　波
责任编辑：	尚元经　杨向辉
书　　号：	ISBN 978-7-5164-2847-4
出版发行：	企业管理出版社
地　　址：	北京市海淀区紫竹院南路17号　　邮编：100048
网　　址：	http://www.emph.cn
电　　话：	编辑部（010）68414643　发行部（010）68701816
电子信箱：	qiguan1961@163.com
印　　刷：	北京明恒达印务有限公司
经　　销：	新华书店
规　　格：	170毫米×240毫米　16开本　16.5印张　268千字
版　　次：	2023年7月第1版　2023年7月第1次印刷
定　　价：	90.00元

版权所有　翻印必究·印装错误　负责调换

庞川教授序

如今，企业间的竞争，已经变为生态系统之间的竞争。数字化则是企业提升供应链竞争力的重要因素，那些能够提升数字化供应链能力，进而建立数字化生态圈的企业，将凭借智能预测、智能服务以及智能决策等数字化能力优势，改变甚至重塑自身所在的行业。

面对新一轮科技革命和产业变革浪潮，国有企业试图借助新一代数字技术，重构自己在研发、制造、供应、服务等方面的核心能力，让企业更快、更灵活地响应客户需求，从而更好地面对未来全球化的竞争。

生态圈所依赖的平台模式已显示出超级威力，有雄心的企业在制定战略时，必论平台，但能做成平台的企业凤毛麟角。本书针对国有企业数字化转型存在的各类问题，结合国有企业典型特征，依托战略匹配模型，介绍了识别共性业务的平台型企业架构设计方法，阐述了如何通过沉淀共性服务建成企业中台，构建了快速支持国有企业战略落地的数字化生态系统。

作者从服务战略变革的高度把业务用户、合作伙伴及企业内部的业务、服务资产连接起来，整合企业数字化供应链上下游合作伙伴的能力、资源，使得各业务线可以共享服务，并能基于共性服务能力快速支撑新的业务场景，大大拓宽数字化供应链服务范围，加速国有企业数字化转型，推动国有企业实现高质量发展。

我们正身处一个"迈向平台战略的时代"。平台战略已纳入企业经营转型的重要思考因素，平台战略也被用来观察当前及未来的经济活动趋势、创新商业模式。平台战略的主要吸引力在于实现网络效应，数字技术则让网络效应的成本更低、规模效应更大。数字技术在企业实施平台战略过程中，是一个助推器，也是一个放大器。

国有企业数字化转型任重道远，希望本书以中台为核心构建的数字化生态体系能够作为解决国有企业数字化转型众多问题的有效举措，在连续数任"一把手"的持续关注和投入中，通过引入成熟的方法和体系来推动国有企业数字化转型工作，助力早日建成数字中国。

2023 年 5 月

于澳门科技大学

庞川，澳门科技大学副校长，教授。

汤庸教授序

建设数字中国是数字时代推进中国式现代化的重要战略，也是构筑国家竞争新优势的有力支撑。国有企业在推进数字中国建设的过程中，扮演着非常重要的角色，是推动国家数字化智能化升级的排头兵。

国有企业在经历改革开放40年的高速增长阶段后，逐步进入阶段性回落的"新常态"时期。在严峻的行业形势下，以"改革促发展、向管理要效益"是国有企业适应经济发展新常态的重要举措之一。中台战略这种"最大限度减少重复造车轮行为，尽可能复用已有能力"的思想，将在国有企业"向管理要效益"阶段发挥巨大的价值。

本书作者2008年获得中山大学计算机科学与技术硕士学位，2022年在职获得澳门科技大学工商管理博士学位，长期从事国有企业数字化（信息化）建设和管理工作。本书是其结合对国有企业数字化转型的深刻认识，与博士求学期间的研究成果撰写而成，其主要思路是着眼于国有企业数字化转型实施的实际问题，基于快速实现IT与战略匹配这一目标，介绍了怎样运用企业架构方法分析"复用"，构建了以"中台"为核心的 IT 治理机制，形成了涵盖管理、技术、人才的数字化生态系统，是解决当前国有企业战略变革与数字化支持问题的一种可行方案。

我相信本书能够有助于国有企业数字化转型管理人员准确把握数字化转型的规律，充分发挥数字技术价值，高效推进国有企业数字化转型落地。

汤庸

2023 年 5 月

于华南师范大学

汤庸，华南师范大学学术委员会副主任、教授、学者网创始人。

吴能全教授序

　　当前，我国正处于实现中华民族伟大复兴战略全局和百年未有之大变局的交汇期，国有企业在重塑经济社会发展模式、推动生产关系变革中发挥着越来越重要的作用。党的二十大报告指出，要加快发展数字经济，促进数字经济和实体经济深度融合，打造具有国际竞争力的数字产业集群。国有企业数字化转型是一个系统性创新的过程，国有企业最迫切需要提升的是应对挑战、抢抓机遇的新型能力。未来是数字经济的时代，基于信息技术赋能作用获取多样化发展效率是其基本规律，企业只有顺应这一规律，共创、共建、共享新型能力，并赋能业务，才能应对日益个性化、动态化、协同化的市场需求。

　　现阶段国有企业数字化转型主要存在以下影响因素：其一，在国有企业经理层成员任期制管理改革的背景下，国有企业战略会随着领导人员变换或企业内外部形势的变化而变化。其二，国有企业现有的组织架构、人员储备和技术架构等，都不足以支持国有企业充分发挥信息技术赋能的作用。这些影响因素使得国有企业在面临新的企业变革战略时，无法实现数字化系统与企业战略的快速匹配，IT和战略无法发挥协同作用，从而制约国有企业数字化转型的熵减过程。

根据学者对企业战略管理研究的经验，新的国有企业战略大约有80%是不变的。本书从快速响应企业战略变革的视角，首先介绍了一套支持识别能力复用的平台型企业架构。该架构设计方法不仅能让设计人员把握好业务架构分解的颗粒度，还可以提炼共性业务。其次，本书通过识别IT与战略快速匹配的关键治理因素，构建了自下而上主动响应业务需求的IT治理机制，形成能够快速实现IT与战略适配的数字化生态系统，从而有效赋能国有企业战略变革。

本书有以下三项创新。

一是本书能够有效地赋能国有企业战略变革实施，为国有企业战略实施管理研究提供了一个新方向。以往关于国有企业战略变革，基本都是从管理的视角出发。本书则从技术的视角出发，自下而上地服务国有企业战略变革。

二是打通了战略实施阶段IT与业务战略匹配从理论到实际的路径，弥补了战略实施阶段IT与业务战略匹配的实践空白。以往很少有人关注国有企业战略变化时IT与企业匹配的内容，在战略执行层面快速实现业务与IT匹配的研究文献几乎没有。

三是本书构建的数字化生态体系，能够有效解决国有企业IT治理问题，必将大力促进国有企业数字化转型进程，使国有企业管理在线化、透明化，形成围绕大型骨干国有企业的良性生态体系，全面落实国家数字化战略，成为引领社会主义数字经济建设的风向标。

本书对国有企业数字化转型的研究主要关注于技术赋能，而数字化转型贯穿企业战略、组织、业务、人才和数据等方方面面，就管理维度而言，诸如一把手工程、执行力、领导力等都与数字化转型息息相关，希望作者在以后的研究和实践中对此作出更多的贡献。

最后，由衷希望本书能助力国有企业实现数字化转型落地，在数字化时代构筑国际竞争新优势，加速迈向世界一流企业。

2023 年 5 月
于中山大学

吴能全，中山大学教授，中山大学企业管理研究所所长。

推荐语

本书作者针对国有企业数字化转型的特点，将"复用"作为贯穿IT赋能国有企业变革的主旨。无论是运用企业架构方法开展架构蓝图设计时的可复用性识别，还是以中台为核心构建数字化生态体系时的共性服务沉淀，作者都将企业级能力复用作为核心主题。本书介绍的数字化转型路径和方法，为国有企业数字化转型提供了一条可行的理论路径，对管理人员、技术人员、业务人员都有一定的参考价值。

周　纯　广东电网公司信息中心总经理

数字化转型是复杂系统工程，架构设计是业务能力和IT技术之间的纽带和核心，从业务能力—数字化系统—技术选择，本书提供了清晰的解决方案。

郑小华　国家能源集团大渡河智慧企业发展研究中心首席专家

作者有丰富的国企数字化转型架构实施经验，本书对数字化转型架构进行了整体性和全局性的深入思考，对大型国企开展数字化转型有很强的借鉴参考价值。

赖蔚蔚　南方电网数字企业科技有限公司总经理

当下国有企业数字化转型步入深水期，其核心阻碍因素已不是技术，而是多年沉淀下来思维定势、组织模式及工作习惯，因此，企业的数字化转型本质上是要实现企业变革。本书作者将企业战略、业务架构、IT架构作为数字化转型的"三驾马车"，通过系统平台化支持企业变革，是一本较为全面地介绍国企数字化转型路径和方法的著作，书中的方法论和实践案例具有一定的借鉴意义。

邹盟军　南方电网广东肇庆供电局数字化转型负责人

平台是近年来互联网发展中出现的突出现象。本书秉承快速实现IT与业务匹配的目标，通过运用平台型架构设计方法，逐步沉淀企业共性服务，形成基于平台的数字化生态系统，有效支持企业战略的变革和调整。本书的核心价值就是在当今充满不确定性的数字经济时代，明确了IT为了谁的问题，为国有企业数字化转型提供了一套具备实操价值的方法论。

郝立波　中国移动通信集团互联网有限公司安全运营室总监

数字化转型如火如荼，但国有企业数字化转型的实战著作凤毛麟角。本书作者是大型国企信息化/数字化转型的亲历者和实操者，对数字化技术如何赋能业务战略变革有丰富的经验。本书从平台型企业架构和国有企业IT治理机制（数字化生态体系）两个方面系统总结国有企业数字化转型的经验教训，结构完整，案例鲜活，观点独到，呈现出较强的IT前沿专业性，值得关心国有企业高质量发展的政府、事业单位及企业的管理者集体研读。

邓　斌　企业数字化转型专家

《华为数字化转型》和《管理者的数字化转型》作者

阿里巴巴自2015年提出中台战略后，一直是业内中台战略的倡导者和实践者。然而，随着环境的变化和业务的发展，阿里巴巴的中台需要变"薄"，毕竟无节制的中台扩张是不可取的。无论何种体量的公司，在搭建中台前都需要真的明白中台，懂得中台。本书基于中台思想提出的国有企业数字化转型方法，符合当前数字化的发展趋势。

傅翠云　阿里巴巴数据专家

本书深入浅出地讲解了国有企业数字化转型的概念、路径、方法与案例，对于想要进行数字化转型的企业来说，是一本非常实用的参考书。它详细介绍了如何使用 IT 技术来赋能企业变革，以提升企业的竞争力。通过阅读这本书，读者将能够更好地了解数字化转型的意义和方法论。

朱　勇　百度智能云副总裁

数字化转型推动国有企业高质量发展，该书深入浅出地分析了方法与案例，让人受益匪浅，开阔眼界，助推行业发展。

叶丽军　澳门南方科学院创始人
澳门联凯股份有限公司董事会主席

前言

当前，数字化技术与应用日趋成熟，各行业已经进入数字化全面发展的新时期，数字化在国家层面得到了前所未有的重视。国有企业作为我国国民经济的中流砥柱，在数字经济时代，几乎都在加速利用数字化技术，推进企业服务逻辑、组织逻辑、运营逻辑的变革。然而，大部分国有企业仍在沿用传统的系统架构和治理机制，没有复用或者难以复用已有数字化建设成果。这种状况让国有企业在面对变革时，无法有效利用以往数字化建设投资，不能快速响应大量且多变的需求，降低了用户友好性，用户可能刚刚熟悉现有系统，又要去适应新的数字化系统。国有企业数字化系统无法高效赋能企业变革的现状，将会影响国有企业的服务质量与形象，制约国有企业全面推进高质量发展。

那么，国有企业怎样才能够在企业变革时，实现数字化系统的快速响应和适配呢？当前讨论数字化转型的书籍并不少，但是却很少有书籍体系化介绍国有企业战略变革时，应该采用什么样的策略，从而避免运动式的系统建设模式，快速实现IT与战略的适配。

本书将从快速响应企业战略变革的视角，依托IT与战略匹配模型，运用企业架构工具，将战略分解为可以快速响应的业务需求，再构建自下而上主动响应业务需求的IT治理机制，形成能够快速实现IT与战略适配的数字化生态系统，有效赋能国有企业战略变革。

有读者会提出，许多国有企业战略变革没有充分使用IT进行赋能，现在也运转得挺好。原因何在？其实，这有点类似于人类社会。人类社会的发展是不均衡的，既有步入信息社会的发达地区，也有原始朴素、低信息化水平的"欠发达"地区，那这些"欠发达"地区是否需要"信息化"呢？如果这些"欠发达"地区想要保持原有低水平的IT赋能状态，那么减少与新型IT技术的接触可能是不得不采取的措施，因为接触会带来融合，融合会带来变革。国有企业是不能靠与外界隔离来生存的，国有企业开展数字化转型是必然的趋势。IT赋能战略变革也并非一个单纯的技术问题，会影响到企业的方方面面。国有企业要充分认识自身、寻找适合自身的方法，才能从新技术中获得强大的驱动力。

笔者在国有企业历经数次企业信息化（数字化）转型，也深深为数字化成果无法复用所触动。因此，笔者将自身在数字化技术与变革实施方面的实战经验与理论认识结合起来，根据可操作的一般方法撰写本书，以期让企业高层领导人员、中层管理人员和信息技术人员等更加清楚如何运用IT技术赋能战略变革，让国有企业在未来的战略变革中更主动。纵然如此，本书终归是一家之言的分享，期待能为各位读者带来些许思考和灵感，以共同促进企业战略变革与数字化转型方面的理论与实践发展。

本书内容共十四章。第一章主要介绍国有企业的定位以及国有企业数字化发展的阶段、现状、趋势与问题。第二章阐述了国有企业为什么需要快速实现IT对战略变革的响应，介绍了IT赋能战略的整体逻辑：一是运用企业架构框架设计分解战略；二是建立自下而上主动赋能战略变革的IT治理体系。第三章至第七章详细介绍了平台型企业架构方法。第八章运用扎根理论研究识别了IT治理的关键影响因素，构建了快速实现IT与战略匹配的治理模型。第九章至第十二章基于IT与战略匹配治理模型，形成了数字化生态体系及其四个子体系。第十三章从案例角度介绍了部分国有企业中台建设状况。第十四章对国有企业进行数字化转型还需关注的方面进行了展望。

在此，感谢广东电网公司和南方电网公司有关领导、部分高校老师及IT同仁的帮助，尤其是感谢金波、陈军、蔡徽、李一兵、曹健雄、邹盟军、裴求根等领导一直以来的支持、指导和帮助，感谢王国瑞、周纯、陈彬、温柏坚等领导在本书撰写过程中给予的帮助与支持，感谢庞川、汤庸、吴能全、毛承洁等老师在我求学期间的帮助和指导，感谢中大咨询、企业管理出版社的朋友在本书文字整理、校核等方面提供帮助。

目 录

第一章　国有企业数字化转型现状与趋势 …………………… 1

第一节　国有企业是数字中国建设的重要支柱 ………… 3

第二节　国有企业数字化发展的阶段 …………………… 4
1. 信息化 1.0 阶段 …………………………………… 5
2. 信息化 2.0 阶段 …………………………………… 5
3. 信息化 3.0 阶段 …………………………………… 6

第三节　国有企业数字化转型的定位和特点 …………… 6
1. 国有企业决策流程相对复杂 ……………………… 8
2. 国有企业最为显著的特征就是对领导干部任期的限制 … 8
3. 国有企业传统习惯转换困难 ……………………… 8
4. 国有企业数字化转型更有资源保障性 …………… 9
5. 国有企业更容易获得政策资源和数据资源 ……… 9
6. 国企的经营宗旨更凸显"为民众服务"的性质 …… 9

第四节　国有企业数字化转型现状与趋势 ……………… 10
1. 国有企业数字化转型现状 ………………………… 10
2. 国有企业数字化转型趋势 ………………………… 17

第五节　国有企业数字化转型面临的问题 …………… 20
　　1. 数字化转型主导地位未确立，价值目标不清晰 …… 20
　　2. 现有数字化模式难以响应日益不确定的发展要求 … 20
　　3. 数据要素驱动作用尚未充分发挥 ………………… 21
　　4. 管理机制优化变革不够系统 ……………………… 21
　　5. 全员数字思维和能力存在差距 …………………… 21
　　6. 数字化转型技术供给和服务生态不够健全 ……… 22

第二章　IT赋能国有企业转型变革 …………… 23

第一节　国有企业数字化转型变革框架 ……………… 25

第二节　企业架构是企业战略与IT间的桥梁 ………… 26
　　1. 企业架构的定义 …………………………………… 26
　　2. 企业架构与企业战略的关系 ……………………… 28

第三节　企业级能力复用是实现IT赋能的关键 ……… 30
　　1. IT赋能 ……………………………………………… 30
　　2. 企业级能力复用 …………………………………… 31

第四节　战略匹配是国有企业数字化变革的目标 …… 32
　　1. 战略匹配 …………………………………………… 32
　　2. 战略匹配模式 ……………………………………… 34
　　3. 小结 ………………………………………………… 35

第五节　IT治理有助于实现战略匹配 ………………… 36
　　1. IT治理 ……………………………………………… 36
　　2. 战略匹配与IT治理的关系 ………………………… 38

第三章　适配企业级能力复用的平台型企业架构……………41

第一节　传统企业架构存在的不足…………………………43
1. 传统企业架构无法控制业务架构梳理的粒度 ………43
2. 传统企业架构难以支持识别可复用的能力 …………43

第二节　平台型企业架构……………………………………44
1. 元模型（Meta model）………………………………44
2. 视角（Viewpoint）……………………………………45
3. 视图（View）…………………………………………46
4. 平台型企业架构元模型 ………………………………46

第四章　平台型企业架构之业务架构………………………49

第一节　业务架构的总体框架 ………………………………51

第二节　业务架构的元模型 …………………………………53

第三节　业务架构的设计步骤 ………………………………54
1. 业务能力划分 …………………………………………54
2. 如何识别和构建能力 …………………………………55

第五章　平台型企业架构之应用架构………………………71

第一节　应用架构的总体框架 ………………………………73
1. 应用架构的内涵 ………………………………………73
2. 应用架构总体框架 ……………………………………73
3. 应用架构设计的原则及思维误区 ……………………74

第二节　应用架构的元模型 …………………………………… 75
　　1. 应用布局分析 …………………………………………… 75
　　2. 应用架构元模型 ………………………………………… 77

第三节　应用架构的设计步骤 ………………………………… 77
　　1. 应用组建模 ……………………………………………… 77
　　2. 应用组件建模 …………………………………………… 78
　　3. 应用建模 ………………………………………………… 80
　　4. 应用层建模 ……………………………………………… 82
　　5. 应用服务与扩展点建模 ………………………………… 82
　　6. 边界划分结果和依据的可视化 ………………………… 83

第六章　平台型企业架构之数据架构 …………………… 85

第一节　数据架构的总体框架 ………………………………… 87

第二节　数据架构元模型 ……………………………………… 89
　　1. 中心化数据架构 ………………………………………… 89
　　2. 平台型数据架构元模型 ………………………………… 90

第三节　数据架构的设计步骤 ………………………………… 91
　　1. 数据对象建模 …………………………………………… 91
　　2. 数据组件建模 …………………………………………… 92
　　3. 数据服务建模 …………………………………………… 93

第七章　平台型企业架构之技术架构 …………………… 95

第一节　技术架构的总体框架 ………………………………… 97

第二节　技术架构的元模型 …………………………………… 98

　　　　1. 技术架构设计思路 …………………………………… 98
　　　　2. 技术架构元模型 ……………………………………… 99
　　第三节　技术架构的设计步骤 ……………………………… 101
　　　　1. 系统性的分析架构需求 ……………………………… 101
　　　　2. 结构化的设计架构方案 ……………………………… 102
　　　　3. 沉淀可复用的技术知识 ……………………………… 106

第八章　IT与战略快速匹配的治理模型 ……………… 109

　　第一节　IT与战略匹配关键治理因素 ……………………… 111
　　　　1. IT治理因素分析方法 ………………………………… 111
　　　　2. 单案例纵向分析 ……………………………………… 113
　　　　3. 多案例横向分析 ……………………………………… 115
　　　　4. 关键IT治理因素 ……………………………………… 117
　　第二节　快速实现IT与战略匹配的治理模型 ……………… 117
　　　　1. 高效的组织沟通方式和大量的复合型人才，有助于
　　　　　 业务需求的准确理解 ………………………………… 118
　　　　2. 改进项目立项、软件开发等机制，是快速实现IT与
　　　　　 业务匹配的有效方式 ………………………………… 119
　　　　3. 沉淀共性服务、建运一体化机制是快速实现IT与
　　　　　 战略匹配的关键 ……………………………………… 119
　　　　4. 数字化生态伙伴是构建数字化生态体系的关键 …… 120

第九章　国有企业IT治理机制——数字化生态体系及
　　　　　解决方案 …………………………………………… 123

　　第一节　数字化生态体系 …………………………………… 125

第二节 解决方案子体系——需求管理 ……………… 127
 1. 需求管理的必要性 ……………………………… 127
 2. 需求管理分类 …………………………………… 128
 3. 需求分析与协作管理 …………………………… 128

第三节 解决方案子体系——敏捷项目管理机制 …… 130
 1. 立项机制 ………………………………………… 130
 2. 验收与投运机制 ………………………………… 131
 3. 评价机制 ………………………………………… 131

第十章 数字化生态体系之建设与运营子体系 …… 133

第一节 敏捷开发管理模式 ……………………………… 135
 1. 敏捷开发的定义 ………………………………… 135
 2. 敏捷开发过程 …………………………………… 135

第二节 持续集成管理机制 ……………………………… 140
 1. 持续集成的定义 ………………………………… 140
 2. 持续集成过程 …………………………………… 140
 3. 自动化测试 ……………………………………… 142

第三节 建设与运营一体化 ……………………………… 144
 1. 建设与运营一体化的定义 ……………………… 144
 2. 建设与运营一体化的主要内容 ………………… 145

第十一章 数字化生态体系之技术架构子体系 …… 147

第一节 中台架构总体建设思路 ………………………… 149
 1. 中台架构建设必要性 …………………………… 149

第二节　中台架构建设原则 ……………………… 150
  1. 服务中心建设原则 ……………………………… 150
  2. 服务中心的服务设计原则 ……………………… 152

第三节　中台架构的设计与建设 …………………… 154
  1. 中台架构设计 …………………………………… 154
  2. 中台架构建设 …………………………………… 159

第四节　中台架构运营体系 ………………………… 160
  1. 中台业务运营体系 ……………………………… 161
  2. 共性（共享）服务运营 ………………………… 162

第五节　数字能力开放平台 ………………………… 164

第十二章　数字化生态体系之组织人才子体系 …… 169

第一节　国有企业 IT 组织管理 …………………… 170
  1. 敏捷组织分析 …………………………………… 170
  2. IT 组织模式分析 ………………………………… 172
  3. 国有企业 IT 管理组织 ………………………… 173

第二节　国有企业数字化人才管理机制 …………… 175
  1. 人才管理机制构建思路 ………………………… 175
  2. 人才培养体系 …………………………………… 177
  3. 人才应用体系 …………………………………… 178
  4. 人才激励体系 …………………………………… 179

第三节　国有企业生态伙伴管理机制 ……………… 181
  1. 供应商选取机制 ………………………………… 182
  2. 供应商使用机制 ………………………………… 184

3. 供应商信息管理机制 …… 191

第十三章　国有企业中台建设案例 …… 193

第一节　Y通信公司智慧中台建设 …… 195

1. 企业级智慧中台总体架构 …… 195
2. 业务中台 …… 196
3. 数据中台 …… 197
4. AI中台 …… 198
5. 技术中台 …… 199

第二节　E证券业务中台架构 …… 200

1. 企业业务中台建设原则 …… 200
2. 业务中台整体架构 …… 201
3. 技术架构 …… 208

第三节　P银行中台建设 …… 208

第四节　S电网数据中台建设 …… 211

1. S电网数据中台 …… 211
2. S电网数据中台运营 …… 214
3. S电网数据中台应用 …… 215

第十四章　国有企业数字化转型的展望 …… 221

第一节　找准数字化切入点 …… 223

1. 国有企业数字化转型需要点面结合 …… 223
2. 数字化转型切入点的若干准则 …… 225

第二节　培养企业变革管理能力 …… 225

1. 坚持以人为本的原则 …… 227

  2. 从最高领导者开始的原则 ·············· 227

  3. 明确阐述企业文化的原则 ·············· 228

  4. 做好准备迎接突发状况 ················ 228

 第三节 普及数字化文化 ·············· 229

  1. 数字化文化对数字化转型的意义 ·············· 229

  2. 数字化文化的内涵 ·············· 230

参考文献 ································ **234**

ant
第一章
国有企业数字化转型现状与趋势

第一节　国有企业是数字中国建设的重要支柱

21世纪以来，信息技术（IT）的飞速发展重构了人类社会，推动了治理模式和企业竞争的变革。当前以人工智能、大数据和物联网为主要驱动力的第四次工业革命正席卷全球，新一代信息技术改变了人与物、人与人、物与物之间的连接，引起企业服务逻辑、组织逻辑、运营逻辑方面的变革，加速了企业数字化转型。企业之间的竞争不再局限于市场、技术、原材料和劳动力成本的竞争，而是集中在信息资源的有效提取和利用上。世界主要国家和企业纷纷开启了数字化转型之路，通过信息化建设来开拓生存和发展的空间。国内外众多大型企业的业绩表明，信息技术的有效管理是企业竞争优势的基础和源泉，是企业管理创新、打造组织核心竞争力的决定性因素之一，是保障企业创新发展和可持续发展的关键。

国有企业是指国务院和地方人民政府分别代表国家履行出资人职责的国有独资企业、国有独资公司以及国有资本控股公司，由国家对其资本拥有所有权或者控制权，政府的意志和利益决定其行为，包括中央和地方国有资产监督管理机构及其他部门所监管的企业本级及其逐级投资形成的企业。目前中央和地方国有企业超过15万家，资产100多万亿元，职工3000多万人，国有企业不仅是国家现代化和经济发展的主导力量，而且还有一定数量的国企凭实力走向世界。国有企业是中国特色社会主义的重要物质基础和政治基础。国有企业涉足的行业关乎国家工业化、社会民生、国防安全，公益类国有企业始终将服务于国家工业化和国民经济发展为己任。国有企业通过对集体经济、私营经济和个体经济在管理、技术等方面提供帮助或以其自身的示范效应带动国家工业化，促进国民经济发展，是后工业化、后现代化国家的基本经验。

党的十九大以来，党中央和政府在数字中国、数字经济、网络强国等方面作出系列重大决策部署。2018年，全国网络安全和信息化工作会议强调要加快推动数字产业化和产业数字化。2020年3月，中共中央 国务院印发《关于构建更加完善的要素市场化配置体制机制的意见》，要求将数据作为一种新型生产要素，充分发挥数据对其他要素效率的倍增作用。2020年3月，工业和信息化部办公厅印发《关于推动工业互联网加快发展的通知》中，"加快新型基础设施建设"被排在最首要的位置。2020年4月，中央网信办印发《关于推进"上云用数赋智"行动培育新经济发展实施方案》，在整体经济发展方面明确了打造数字化企业、构建数字化产业链、培育数字化生态三大目标。2020年8月，国务院国资委印发《关于加快推进国有企业数字化转型工作的通知》，就推动国有企业数字化转型做出全面部署。

国有企业应认真贯彻落实中央和国务院关于促进数字经济和实体经济融合发展的重大战略，深化新一代信息技术与制造业融合发展、打造数字经济新优势等决策部署，结合企业数字化转型现状及需求，制定涵盖战略与组织、产品与服务、数据与技术、安全与保障等内容的数字化转型变革规划和实施计划。一旦传统国有企业借助数字技术围绕自身核心业务形成了链接上下游的生态圈，这类国有企业必将成为推动国家数字战略落地和数字经济建设的风向标。成功的国有企业数字化转型能够支撑国家数字经济高速发展，并在国家数字化转型发展中起到示范和引领作用。

第二节　国有企业数字化发展的阶段

研究表明，信息技术发展10~15年为一个周期，信息化建设同样也有周期性。根据信息化建设内容、范围及价值收益，可以将信息化应用的30多年划分成3个大的阶段，将它们简称为信息化1.0阶段、信息化2.0阶段和信息化3.0（数字化）阶段，具体如图1-1所示。如同生产方式的演进一样，三个阶段之间也是一种递进和创新的关系，是一种扬弃，而不是颠覆。下面分别介绍每个阶段的特点。

图1-1 IT发展阶段

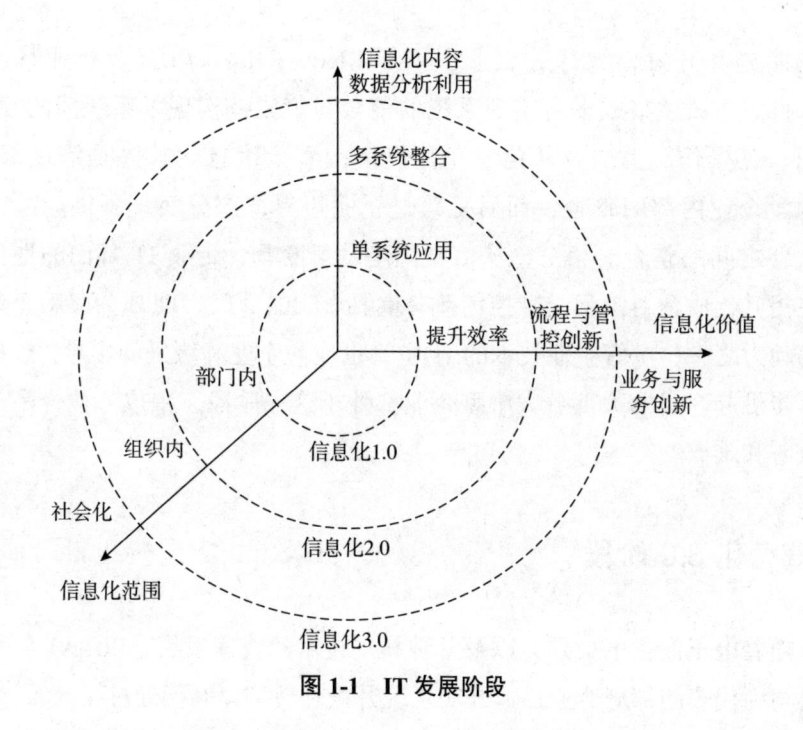

1. 信息化1.0阶段

信息化1.0阶段出现于20世纪80年代到90年代中期，其主要特点是单个部门的单系统应用。1981年财政部推动提出了"会计电算化"概念，国内企业开始开展企业信息化应用，该阶段的应用特点如下。第一，从信息化内容角度看，计算机应用主要集中在以财务电算化和档案数字化等个别领域。第二，从信息化应用的范围看，主要是单个部门的应用，很少有跨部门的整合与集成。第三，其价值主要体现在效率提升方面，IT部门总体地位不高，价值不显著。目前，大部分的大中型企业都已脱离这一阶段。

2. 信息化2.0阶段

20世纪90年代中后期开始，信息化进入了快速发展时期。这个阶段的应用特点如下。第一，从信息化建设内容看，重点是企业级套装软件的实施和开发，大部分企业引入了 ERP、CRM、PDM 及行业特性管理软件，并通过集成平台实现系统的整合与集成，实现了系统间的互联、互通、互操作。第二，从信息化建设范围看，信息化首先是跨过部门，实现了企业内部的整合，而后是跨过企业边界，部分实现了供应链上合作伙伴之间的整合。第三，从信息化建设角度看，企业 IT 部门的地位也随之提升，成为对流程与管控创新有重要影响的部门，IT 成为驱动企业发展的动力之一，主管企业技术的 IT 主管也成为企业高级别的领导，CIO 群体逐步崛起。目前大部分大中型企业都处于这一阶段，集成、整合是工作的重心和难点。

3. 信息化 3.0 阶段

随着电子商务的成熟，以及各种新兴技术的快速发展，以 BAT 等互联网公司为代表的部分企业迅速开展系统升级和转型，它们通过引入云计算、大数据等新兴信息技术，引领了企业信息化建设的潮流，并迅速向传统企业扩散。该阶段有以下几大特点。第一，从信息化内容角度看，建设的重点从前一阶段的系统建设和整合方面转向数据的分析和利用方面，信息化建设从 IT（信息技术，Information Technology）阶段向 DT（数据技术，Data Technology）阶段进化。第二，从信息化建设范围看，从内部资源的集成到外部资源管理的扩展，企业通过建设一体化平台，构建内外融合的生态圈，使应用的边界模糊化。第三，从信息化价值看，信息化地位再次提升，已成为战略变革创新的重要工具和手段。信息化 3.0 阶段通常被称为数字化阶段，若无特别说明，本书中的 IT、信息化、数字化、数字化转型均指信息化 3.0 阶段。

第三节　国有企业数字化转型的定位和特点

党的二十大报告指出，要加快深化产业数字化转型，释放数字对经济发展的放大、叠加、倍增作用。要加快装备数字化发展，组织专项工程，打造标杆企业，发挥数字协同平台等公共服务平台以及龙头骨干企业的赋能作用，带动中小企业数字化改造，提升"上云用数赋智"水平。

在数字化转型的大背景下，国有企业试图借助于新一代信息技术，重构在研发、制造、供应、服务等诸多方面的核心能力，将数字化转型的深度覆盖到企业从交易、设计、制造到服务等的各个环节，做到更快、更灵活地响应客户需求，从而更好地面对未来全球化的竞争。因此，认清数字化转型的基本定位，把握数字化转型的趋势是国有企业数字化转型的关键一环。

第一，在认识深化上，推进国企数字化转型是一项极具艰巨性、长期性和系统性的工程。数字化转型不是简单的信息化升级，也不是一蹴而就的工程项目，更不是对业务流程的修修补补，而是企业价值链、组织链、管理链、资金链、生产链、供应链、服务链的全面革新，是体制机制、管理流程、组织结构的深刻变革。

第二，在推进路径上，国企数字化转型是企业总体战略的重要组成部分，是需要企业自上而下推动的"一把手工程"。强大的组织保障是顺利推进数字化转型的基础，需要设置强有力的部门来协调业务和信息化部门，统筹推进数字化转型落地。

第三，在实现方法上，数字化转型不仅要求企业能够迅速学习和掌握数字化新技术，还要将新技术与业务融会贯通形成组合优势，把新技术的应用变现为实际的业务价值，推动业务持续改革。

第四，在转型目标上，"平台化、数字化、生态化、产业链、智能化"成为央企数字化转型中的关键词。加快构建"智慧生产、智慧管理、智慧运营体系"成为国企数字化转型的核心目标导向，从而推动国有企业的质量变革、效率变革、动力变革，在做大做强做优国有资产的同时，产生更多更广更深的社会价值。

国有企业由于其本身独特定位，数字化转型也存在如下独特性。

1. 国有企业决策流程相对复杂

国有企业是中国特色社会主义的重要物质基础和政治基础，是执政党直接掌握的治国理政的"大国重器"。遵照"两个一以贯之"推进党的领导和公司治理深度融合，把企业党组织内嵌到公司治理结构之中，切实保障党组织在公司法人治理结构中的法定地位，全面推行党委（党组）书记和董事长"一肩挑"，把党组织研究讨论作为董事会、经理层决策重大问题的前置程序，使党组织发挥组织化、制度化、具体化作用。

数字化转型决策是战略性、全局性的重大决策，既需要追求领导班子一致性，也需要体现员工参与的民主化，更需要遵守党委决策的"三重一大"要求。这种流程复杂、周期长的决策过程，容易延误企业战略转型的时机，因此，企业一把手要有清晰的判断、明确的决断，才能做到数字化转型决策部署的科学性和及时性。

2. 国有企业最为显著的特征就是对领导干部任期的限制

通常来说，民营企业对于领导干部的任期没有限制，但是国家对于国有企业领导干部的任期却有限制，例如《国有企业领导人员管理规定》中明确规定了国有企业董事长、副董事长、董事，党委书记、副书记、委员、纪委书记每届任期三年。国有企业总经理（总裁）、副总经理（副总裁）任期由董事会确定，但不得超过本届董事会任期。

由于数字化转型的长期性和艰巨性，常常出现数字化转型未完成，领导已换任。新的领导会根据个人阅历和经验等提出新的企业发展思路，从而容易导致现任领导不会遵从原有思路。

3. 国有企业传统习惯转换困难

国企的数字化转型开始可能是在业务领域的产品或服务，之后必然深入到组织模式和决策机制等变革。此时数字化转型会遇到传统领导理念和管理模式的习惯性阻挠。具体而言，领导层难以习惯上下层之间信息对称化，管理层难以习惯组织平台化之后服务工作将以前台为导向，执行层也难以习惯之前经验式的作业逐步为自动化、智能化所替代。

4. 国有企业数字化转型更有资源保障性

数字化建设比信息化建设的投入更大、时间周期更长，因而也需要更多的持续的资源投入。国有企业相对而言有更为充足的资源保障，包括资金投入、设施设备投入和人才投入。国有企业一方面有更稳定的业务流和资金流，有更高的资信和融资能力，另一方面有更优越的软硬件基础和设施、设备条件。

5. 国有企业更容易获得政策资源和数据资源

国有企业在跨界跨业合作中更容易获得信任，特别是政府或公共服务部门的数据、知识、标准等，更习惯于向国有企业开放或授权应用。国有企业在数字化转型中结合业务和管理创新，容易获得政策扶持，受到政府关注；容易优先进入主导产业或地标经济的发展规划，从而获得特殊的支持。一些重大的课题攻关和创新项目，也容易设在国有企业的创新中心或实验中心。

6. 国企的经营宗旨更凸显"为民众服务"的性质

国有企业不是私人企业，不能仅从利润归属的角度去思考国有企业的数字化转型，而应该同时考虑国有企业在参与社会服务中的贡献，把政治责任和社会责任摆上重要位置，在企业做大做强中形成以自身为核心的生态圈模式，服务社会大众，加快高质量发展。

第四节 国有企业数字化转型现状与趋势

1. 国有企业数字化转型现状

（1）国有企业数字化转型的路线与模式

相关调研报告表明，国有企业开展数字化转型的动因是内外驱动的共同结果。国有企业进行数字化转型的主要原因可以概括为以下六点：①响应政府号召；②链接生态企业；③利用新的生产要素；④应对同业竞争；⑤适应消费新方向；⑥抓住数字化机遇。"利用新的生产要素"是推动国有企业数字化转型的主要内因，占比高达56.70%；其次是"响应政府号召"，占比达到54.50%，如图1-2所示。

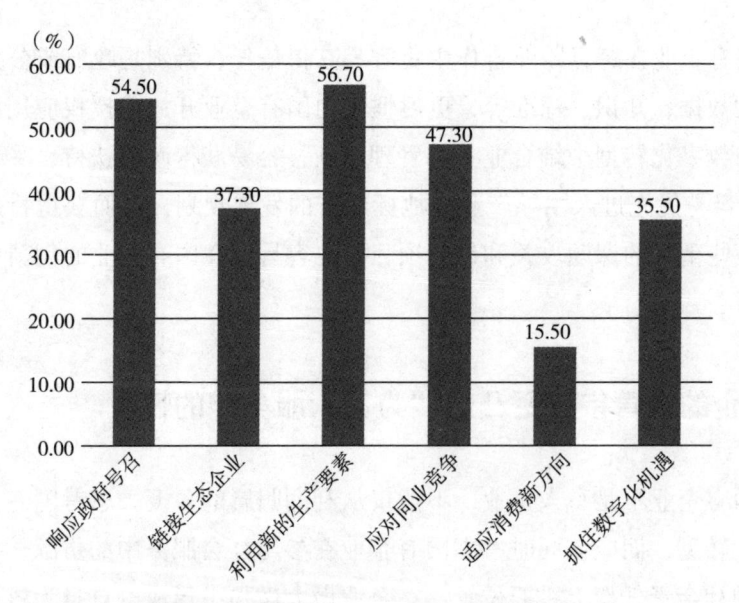

图1-2 调研样本企业的数字化转型动因

从开展数字化转型的顺序看，国有企业更倾向于优先从提升管理效率和优化营销与服务的角度入手来开展数字化转型。国有企业开展数字化转型的一般顺序为:"从管理角度入手,优化行政和决策";"从用户角度入手,优化营销和服务";"从产品角度入手,优化研发和生产"。

无论是系统全面地推进数字化转型,还是选择数字化转型的切入点,大多数国有企业都选择了管理(优化行政和决策)/用户(优化营销和服务)→产品(优化研发和生产)这一顺序。这一定程度上体现出当前国企数字化转型的路径选择以及不同转型路径的难易程度。短期内优先从管理和用户的角度切入,但是在更长期内将更加重视组织和管理、生产和运营、产品和服务的创新与转型。

从企业的数字化转型实现方式看,主要采用自建系统及应用、外包定制解决方案和采购标准化工具三种方式。选择"自建系统及应用"的受访者占比最高,多达68.20%;选择"外包定制解决方案"和"采购标准化工具"的受访者占比也达了55.50%和40.90%。具体到行业,制造业、建筑业和服务业更多采用自建系统和外包定制的方式,采购标准化工具的标准相对较低,能源行业则以自建系统为主,比例占到62.5%。国有企业在转型过程中会面临不同的业务痛点,通用性行业解决方案的适用性和匹配性相对较低,因此多数会选择自建的方式,结合自身行业特性定制开发专业解决方案。基于对外包方式后期高额运维费用和服务质量的担忧,也是国有企业选择自建的原因之一,国有企业选择自建系统还有安全考量,如图1-3所示。

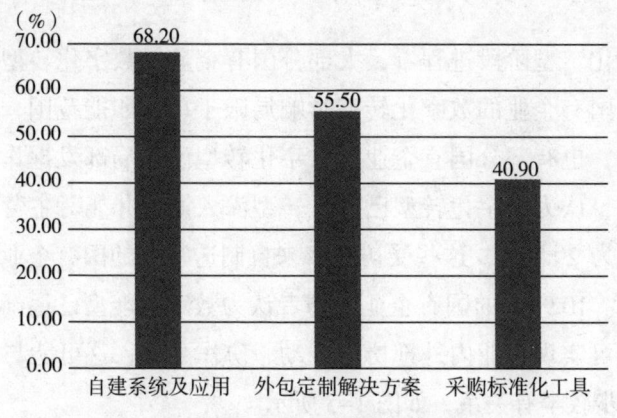

图1-3 国有企业数字化转型的实现方式

从数字化转型的必选项看，大部分国有企业认为必须"推进组织和管理的数字化转型""提高生产和运营的智能化水平"以及"推动产品和服务的数字化创新"，如图1-4所示。

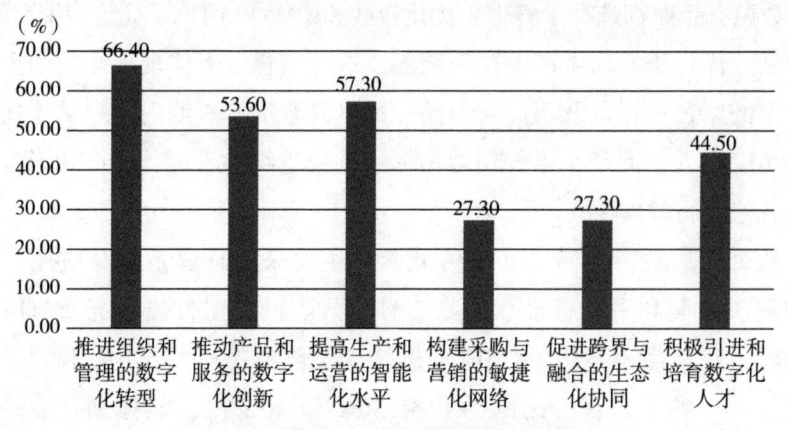

```
(%)
70.00 ┤ 66.40
60.00 ┤        53.60   57.30
50.00 ┤
40.00 ┤                              44.50
30.00 ┤                27.30  27.30
20.00 ┤
10.00 ┤
 0.00 ┴
      推进组织和 推动产品和 提高生产和 构建采购与 促进跨界与 积极引进和
      管理的数字 服务的数字 运营的智能 营销的敏捷 融合的生态 培育数字化
      化转型    化创新    化水平    化网络    化协同    人才
```

图1-4 国有企业数字化转型的必选项

综合看来，目前国有企业数字化转型是内外因素共同驱动的结果，在转型过程中普遍选择采用自建或定制的模式，主要是基于把握数字化转型的主动权及关键技术自主可控的安全考量。短期内优先从管理和用户的角度切入，但是在更长期内将更加重视组织和管理、生产和运营、产品和服务的创新与转型。

（2）国有企业数字化转型的投入与成效

从数字化转型阶段进程看，大部分国有企业的数字化转型仍处于转型初期。部分国有企业的数字化转型影响局限于单一职能范围，尚未对主营业务起作用，也有部分国有企业的数字化转型已在局部发挥作用。根据相关数据显示，认为数字化转型已进入转型深入期，并能对主营业务起支撑作用的占比为29.10%，这些受访者多来自制造行业的国有企业和能源行业的国有企业。10.90%的国有企业受访者认为数字化转型已逐渐成熟，并在一定程度上可实现企业内外部协同互动、协作共享，这可能与相关行业信息化建设起步较早有关，如图1-5所示。

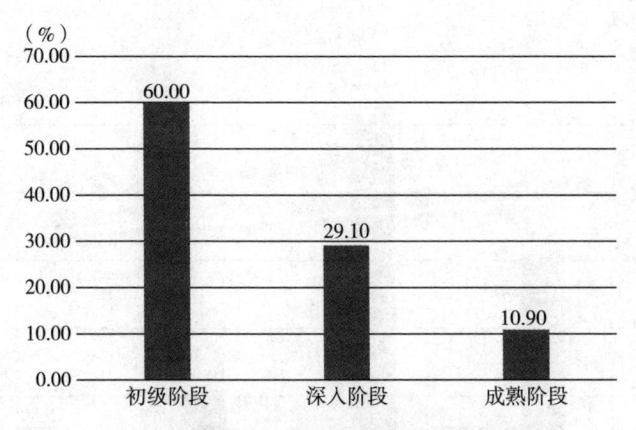

图 1-5　国有企业数字化转型的阶段进程

对国有企业数字化转型的投入规模进行分析，大部分国有企业所投入的数字化转型资金占总营业收入的比例不到 5%。国有企业主要的投入在应用软件和数字基础设施建设方面，其中数字基础设施主要是指云计算、数据中心等，如图 1-6 所示。

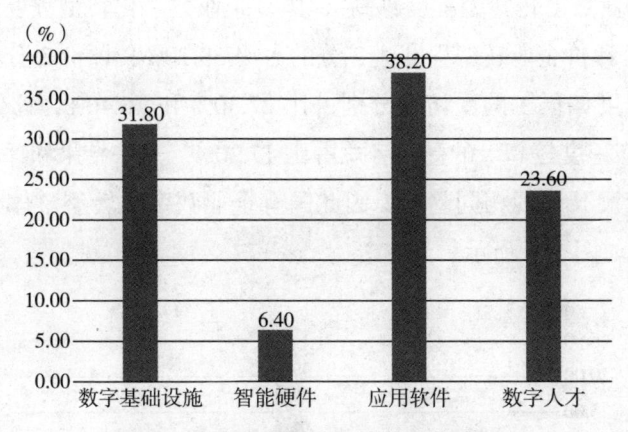

图 1-6　国有企业数字化转型的资源投入

从数字化转型的专业人才培养看，大部分国有企业在逐步加大对数字化人才培养上的投入。相关数据显示，超过 50% 的国有企业在 2022 年度用于引进/培养数字化人才的资金同比有所增加；有 10.90% 的国有企业在该方面的投入同比增加 10%~30%；大约 5.50% 的国有企业在该方面的投入同比增加 30% 以上，如图 1-7 所示。

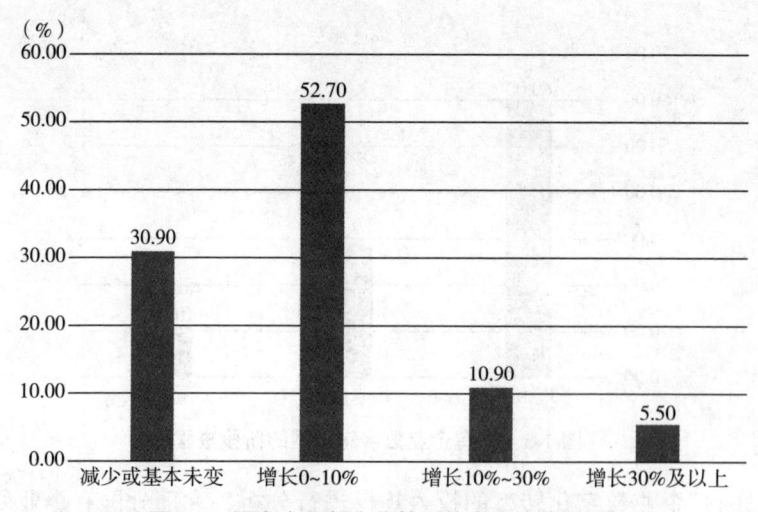

图 1-7 国有企业数字化转型的人才培养投入

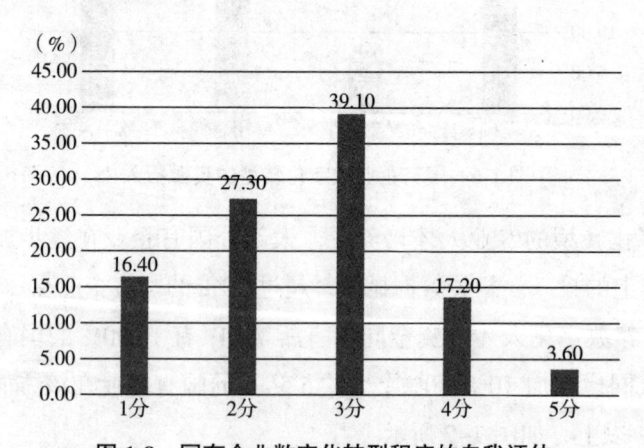

从国有企业数字化转型程度的自我评价看，大部分企业认为目前企业的数字化转型程度处于中等偏低水平。按照 1~5 分评级结果显示（分数越大，代表企业数字化转型程度越高），国有企业数字化转型程度的平均得分为 2.61 分，评价企业转型程度达 3 分的占比 39.10%，评价 2 分和 1 分（即认为转型程度偏低）的受访者分别占比 27.30% 和 16.40%，评价 4 分以上（即认为转型程度较高）的受访者总占比 17.20%。这一结果和评估"企业数字化转型阶段"呈现相同趋势，因此国有企业数字化转型整体处于中等偏低的程度，如图 1-8 所示。

图 1-8 国有企业数字化转型程度的自我评估

分行业看，能源行业、制造业、服务业、建筑业、综合性企业的转型程度自我评价打分（加权平均值）依次递减。能源行业、制造业和服务业的数字化转型程度自我评价高于平均水平，分别为 2.73、2.69 和 2.65。综合性国有企业的转型程度最低，打分为 2.2，如图 1-9 所示。

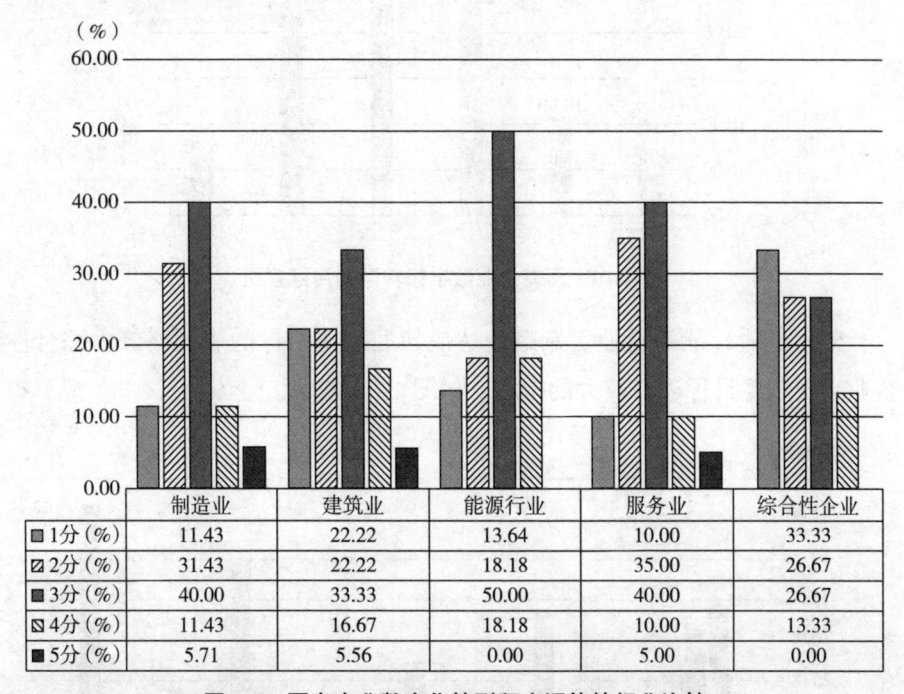

（%）	制造业	建筑业	能源行业	服务业	综合性企业
1分（%）	11.43	22.22	13.64	10.00	33.33
2分（%）	31.43	22.22	18.18	35.00	26.67
3分（%）	40.00	33.33	50.00	40.00	26.67
4分（%）	11.43	16.67	18.18	10.00	13.33
5分（%）	5.71	5.56	0.00	5.00	0.00

图 1-9　国有企业数字化转型程度评估的行业比较

从对企业数字化转型的期望差看，绝大部分受访者认为企业实际转型程度和期望目标存在差距。受访者按照 0~5 分评级结果显示，认为企业实际转型程度较为不符合预期的受访者占比最高，达 33.60%；认为企业实际转型程度较为符合预期的占比 22.70%；认为企业实际转型程度基本不符合预期的占比 21.80%；认为企业实际转型程度与期望目标基本相符的受访者占 10.90%，而认为企业实际转型程度完全不符合预期的受访者占比 6.40%，认为企业实际转型程度完全符合预期的企业占比 4.5%，如图 1-10 所示。

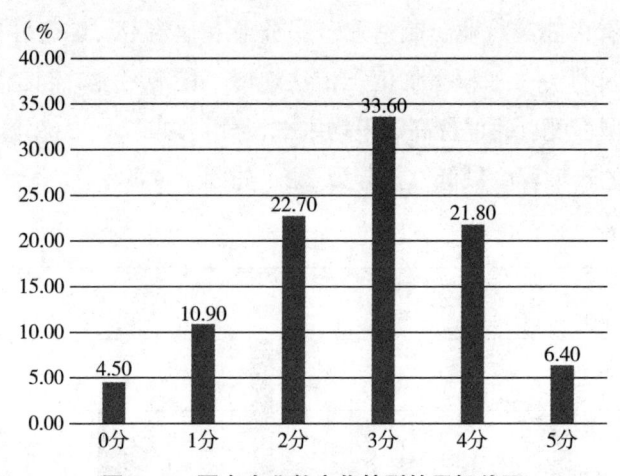

图 1-10 国有企业数字化转型的目标差距

分行业看，能源行业、制造业达成转型期望目标的表现略好，综合性企业实现期望目标还有较大的差距，如图 1-11 所示。

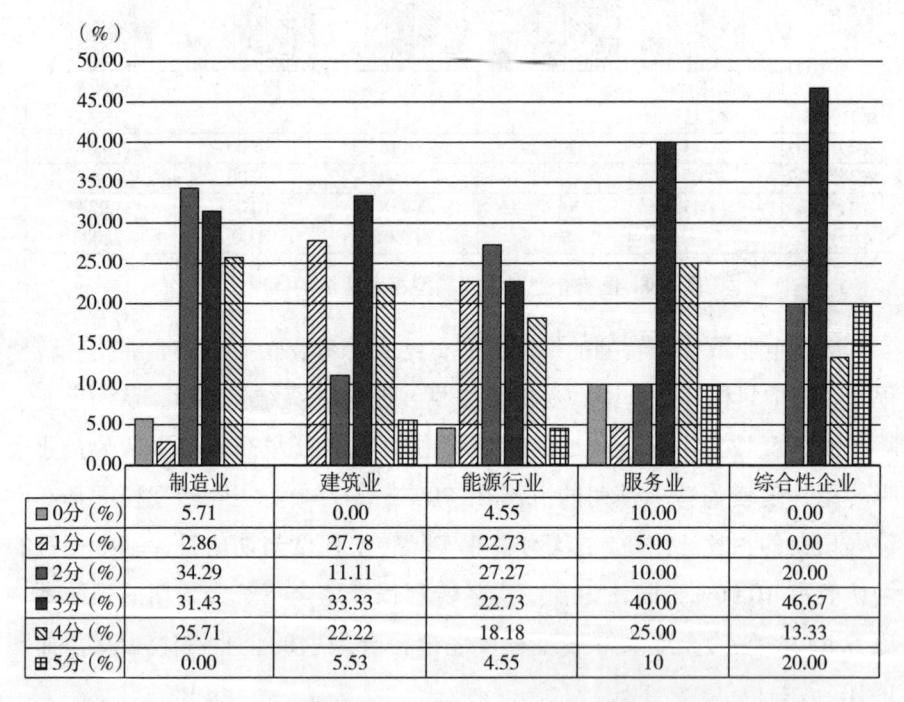

	制造业	建筑业	能源行业	服务业	综合性企业
0分（%）	5.71	0.00	4.55	10.00	0.00
1分（%）	2.86	27.78	22.73	5.00	0.00
2分（%）	34.29	11.11	27.27	10.00	20.00
3分（%）	31.43	33.33	22.73	40.00	46.67
4分（%）	25.71	22.22	18.18	25.00	13.33
5分（%）	0.00	5.53	4.55	10	20.00

图 1-11 国有企业数字化转型目标差距的行业比较

综上来看，在国有企业数字化转型的投入规模上，超过半数的国有企业转型投入占营收总额的比重在 0~5% 区间以内，而且更加侧重于应用软件和数字基础设施的投入，且大部分国有企业在 2022 年加大了对数字人才方面的投入。在转型成效方面，大部分国有企业仍处在数字化转型的初级阶段。

2. 国有企业数字化转型趋势

现有研究表明，我国国有企业数字化转型呈现以下九个趋势，这些趋势都表明未来国有企业的数字化建设不仅要提高到战略的高度，也意味着数字化建设将朝着轻快化、敏捷化等方向发展，因此在国有企业数字化转型的趋势下，IT 快速响应战略变革的能力将有较大的提升，这也是未来的大势所趋。

（1）从重视数字化战术价值转向重视数字化战略价值

近年来，随着企业数字化转型深入推进，越来越多的国有企业将数字化转型作为企业发展战略的重要组成部分，将数据驱动的理念、方法和机制根植于发展战略全局；对其战略定位从短期的、局部的提升业务运行规范性和效率的工具、手段，转向长期的、全局性的企业核心竞争力构建、企业价值创造和获取的核心，价值关注点从提升效率、降低成本、提高质量向数据驱动的商业变革与场景化、个性化的客户体验转变。

（2）从追求经济效益转向承担数字经济时代更大社会责任

国有企业数字化转型不仅关系自身竞争力提升，更关乎产业链供应链稳定、国际国内双循环、人民美好生活满足、高质量发展等，因此越来越多的国有企业对数字化转型的目标定位从单纯追求提质降本增效等经济效益方面，转向构建数字企业或产业生态，通过价值网络、价值生态的共建、共创和共享，带动产业链上下游、关联产业、全社会的可持续发展，履行数字经济时代更大的社会责任。

（3）从多元化投资、财务管控转向更强有力的战略和运营管控

实现国有资产保值增值是国有企业的重要职责，传统的方式主要以多元化投资、财务管控为主。数字化为国有企业实施更强有力的战略和运营管控创造了良好的条件，一方面越来越多的国有企业通过建立数据驱动的战略闭环管控和动态优化机制，不断增强战略的控制力、竞争力和创新力，更好地统筹国有资本做优做大做强。另一方面越来越多的国有企业尤其是集团型国有企业通过建立统一管控平台，扩大管控范围，细化管控粒度，实现全集团资源、资产的集中管控和优化配置，从而不断提升国有资产利用效率，实现国有资产的保值增值。

（4）从关注业务流程的数字化运行转向业务创新

随着新一代新技术与业务融合的不断深化，少部分国有企业在实现业务流程的数字化管理、运行的基础上，转向有效应用新一代信息技术构建数字时代竞争能力，推动业务创新转型。据统计，开展网络化协同、服务化延伸、个性化定制的国有企业比例大幅提升，已有64家央企专门设立了数字产业公司。

（5）从单元级业务场景转向全领域、全价值链业务场景

大国大市场优势为我国产业数字化发展提供了完备的产业链条和丰富的综合应用场景，国有企业切实发挥产业龙头牵引作用，大力推进数字技术与实体经济深度融合，从企业内部局部单元级业务场景逐步扩展到全产业链、全要素和民生服务全场景。

（6）从数据管理转向数据开发利用和价值挖掘

数据是数字经济时代最关键的生产要素，也是国有企业的核心资产。近年来，大部分国企已建立规范的数据标准和有效的管理机制，为数据的采集、存储、传递奠定了坚实的基础，数据工作重心逐步转向数据资源的开发利用和价值挖掘，对内建立数据驱动的智能辅助决策和全局优化体系，

不断提升全要素生产率；对外通过数据的资产化运营培育壮大数字业务，形成数据驱动的新业态。

（7）从数字化支撑按分工高效运行转向数字化赋能跨部门、跨企业的组织管理变革

数字化对赋能组织职能部门、业务部门高效履行部门职责发挥重要作用。进入数字经济时代，职能驱动型的组织结构和管理方式难以快速响应市场环境的不确定需求，通过数字技术手段打破"部门墙"，促进数据、资源、知识等高效利用和按需共享，推动跨部门、跨层次、跨企业的组织管理变革，加速向平台化、生态化的"柔性"组织转变，已成为国企数字化转型的必然趋势。

（8）从IT资源平台化转向能力平台化

云平台是支持企业轻量化、协同化、社会化发展，推进数字化转型的重要工具。由于市场环境不确定性的持续上升，单纯的IT资源上云已经难以满足企业柔性发展的需求，越来越多的国企开始重视并推动能力的平台化。2020年以来，实现基础资源和能力的模块化、平台化部署的国企大幅增长，国企通过数字能力建设和平台化应用，赋能企业快速低成本地开展多样化创新，提升应对不确定性的能力和水平。

（9）从以项目管理为中心的治理模式转向更加体系化的治理模式

数字化转型是一项系统工程，数字化转型治理也不仅仅是IT治理。传统的单点、孤立的项目制治理模式导致数据、技术、业务、组织内的"烟囱林立"，而且束缚了这四个要素的互动创新。因此越来越多的国企开始重视并实施以企业架构为核心的数字化转型顶层设计，构建涵盖技术流程、组织等要素的建设、运维和持续改进的协同治理机制，统筹推进技术应用、组织设置等保障数字化转型的整体性、协作性和可持续性。

第五节 国有企业数字化转型面临的问题

当前国有企业高度重视数字化转型，企业的 IT 架构和组织得到了一定的优化，IT 响应企业战略变革的能力有了一定的提升，但是国有企业数字化转型推进仍然较为艰难。大部分国企已经在不同程度上展开数字化转型尝试，但数字化转型并非只是局部信息技术累加，而是需要通盘考虑业务、管理、人才、技术等多方面的因素，再加上国企庞大的规模和复杂的体制，使得国企数字化转型的整体协同推进成为一项艰巨任务。相关研究表明，我国国有企业数字化转型面临的问题主要有以下几点。

1. 数字化转型主导地位未确立，价值目标不清晰

数字化转型价值效益不仅体现在生产运营优化上，更体现在产品服务创新和新赛道布局上。目前，90% 以上的国企主要聚焦在通过数字化手段实现提质降本增效，数字化转型的价值目标定位与国有企业作为数字中国建设支柱、推动高质量发展的使命间存在差距。近七成国企认识到数字化转型的战略重要性，制定了数字化转型相关战略，但是对转型战略定位和目标的制定相对比较保守，数字化转型尚未成为引领国企创新发展和转型变革的主力。

2. 现有数字化模式难以响应日益不确定的发展要求

当前国有企业面临的国际国内竞争环境复杂严峻，市场竞争不确定性显著增加，然而 90% 以上的国有企业数字化转型工作是围绕现有业务架构展开的，聚焦固有和优化现有业务体系和业务流程，当前数字化模式无法有效支持业务模式创新和跨组织协作创新，尚未形成以数字能力沉淀和按需调用赋能业务轻量化、协同化的发展模式，难以响应日益不确定的发展要求。

3. 数据要素驱动作用尚未充分发挥

数据是数字化转型的核心驱动要素，能够打破传统要素有限供给对增长的制约，不断催化和转化传统生产要素。但目前国有企业现场数据采集率不高，能够实现在线自动采集并上传的现场数据比例为 13.4%，不同业务条线间存在数据壁垒、数据开发利用水平和能力不足，67.8% 的国有企业尚未开展专门数字化建模，仅开展了简单报表应用，数据要素作用尚未充分发挥。

4. 管理机制优化变革不够系统

数字化转型从根本上改变了传统工业化资源独占、壁垒高筑的发展思路，推动形成更符合新发展理念的改革思路。而国有企业规模大、管理关系复杂，体制机制变革难度大，数字化转型存在从局部切入难以达到系统化、体系化、全局转型的要求和成效的问题，战略层面的统筹谋划和布局力度不够，仍存在技术和管理"两张皮"现象，数字化转型和科技创新、国企改革等尚未充分融合，用数字领域创新带动传统领域优化能力不足。

5. 全员数字思维和能力存在差距

数字化转型对企业全员的思维理念和数字素养提出了全新挑战和要求，但多数处于传统产业的国有企业则面临数字人才紧缺、能力不足、结构失衡的严峻挑战，难以支撑企业数字化转型要求。国有企业迫切需要培养同时掌握业务和数字化专业能力的复合型人才，尤其是具备战略眼光数字思维、设计能力、创新精神的领军人才。

6. 数字化转型技术供给和服务生态不够健全

数字化转型的持续推进需要强有力的供给侧服务，既包括软硬件技术产品等"硬"供给，又包括知识方法等"软"供给。当前国有企业在数字经济领域从0到1的颠覆性创新还不够强，具有技术主导权的世界级领军企业不够充足，高端装备、核心工业软件、关键基础技术受制于人，高端咨询、系统性业务场景解决方案等信息服务起步较晚，尚未形成良性运转的数字化转型技术、产品和服务生态。

第二章

IT赋能国有企业转型变革

第一节　国有企业数字化转型变革框架

企业变革实际上是通过科学的管理方法和管理工具,对组织结构、规模、组织成员角色、思想、行为进行调整,实现从现状到愿景的过程改变。企业变革也是一个系统工程,它是基于企业战略意图,对业务流程、组织架构、IT工具等关键要素进行调整,构建企业的核心竞争力,实现企业持续高质量发展。

数字技术是人类改造自然的新型能力,正引发人类认知新规律、发现新现象、创造新事物等方式的根本性变革。数字化转型是当前企业变革的重要主题之一,国有企业是引领、带动经济高质量发展的中坚力量。加快国有企业数字化转型将加速推进新技术创新、新产品培育、新模式扩散和新业态发展,是推动国有企业高质量发展的重要引擎。

国有企业数字化转型是一项极具艰巨性、长期性和系统性的工程,是需要企业自上而下推动的"一把手工程"。国有企业数字化转型是企业总体战略的重要组成部分,一般包含制定数字化转型规划、设计数字化转型架构蓝图、识别数字化转型的关键点、推进IT项目实施落地等过程。

《孙子兵法·形篇》说道,"是故胜兵先胜而后求战,败兵先战而后求胜",意谓胜利的军队总是先有了胜利的把握才寻求同敌人交战,失败的军队总是先同敌人交战而后企求侥幸取胜。国有企业数字化转型如同行军打仗一般,如果没有做好未来的规划,那么最多只能得到局部的提升。数字化转型规划是对企业未来5~10年数字化变革的展望,制定数字化转型规划需要综合考虑是否适配业务战略、明确客户的体验诉求、关注行业趋势、审视企业自身的能力、了解与业界标杆的差距、识别数字技术在企业内的应用前景等多方面的因素。

企业架构方法作为衔接企业战略与数字化项目实施的桥梁,通常被引入对数字化转型规划进行系统性解读,分层分级梳理设计企业架构蓝图。企业架构包含业务架构、应用架构、数据架构、技术架构，常常被用来从专业的角度对业务战略进行细化，设计架构蓝图，有效地指导项目实施。

在第一章我们已经讲到，国有企业数字化转型面临着现有数字化成果没有充分复用，数字化模式难以响应日益不确定的发展要求等问题。为了有效解决这些问题，实现IT快速赋能企业变革，我们建立了国有企业数字化转型变革框架，如图2-1所示。后续章节，我们将基于此框架进一步阐述如何基于已有数字化成果，持续推进数字化转型，快速赋能企业变革，实现数字化系统与企业战略的全面快速融合。

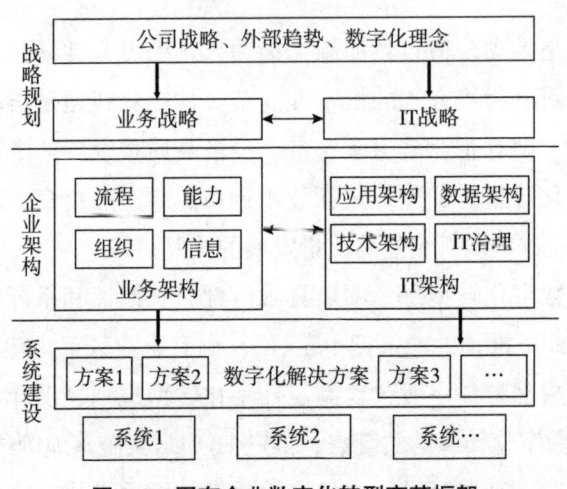

图 2-1 国有企业数字化转型变革框架

第二节 企业架构是企业战略与IT间的桥梁

1. 企业架构的定义

Gartner对企业架构的定义为：将企业战略转化为企业变革的需求、原则及蓝图，并通过持续优化流程和管控流程推动企业变革，促进战略的实现。我们重新定义为：企业架构提供了整体的蓝图，描绘了业务场景、业务事项,提供了数字化系统对应的流程、数据、应用和技术应该如何设计和实施的方法,以使数字化系统赋能企业变革,加快实现IT与业务的匹配。企业运用企业架构方法不仅可以规避数字化转型中存在的大量风险,而且可以使得企业业务战略与IT系统之间有清晰的联系框架。

从发展历史来看,企业架构是在企业信息化发展进入中期阶段提出来的,这一概念产生的最初原因是信息系统的复杂性不断提高,人们理解系统的难度大大增加。为解决这一难题,企业架构通过在高层次上抽象系统的层次结构和交互关系,隐藏系统的局部细节信息,提供了一种理解、管理复杂系统的机制和方法。这种高度抽象的设计使得人们对企业级应用的设计表述变得简单化,可以使系统的利益相关人员都能够理解,并相互交流、沟通,使大家对系统的理解一致。企业架构包括各种企业组件、它们之间的关系,以及制约它们设计和随时间演化的原则和指南。可以用以下公式明确地表示出来:

企业架构=企业组件+组件之间的关系+原则和指南

(1)企业组件

组件的英文是Component,是企业运行时的组成部分,类似于积木块,通过这些积木块可以搭建企业的整体模型。在企业架构这个层面,组件包括业务组件(服务组件)和IT组件,它们都是对企业某些方面进行抽象和分析的产物。组件的粒度可以很大,也可以很小,但从企业架构角度看,组件的粒度一般是比较大的。比如,在进行IT架构设计时,局域网都可以作为一个组件,很显然,从技术角度看它还可以进一步细分,但是否要细分,则要根据具体的需求来确定。

(2)组件之间的关系

在企业架构层面,并不过多地关注组件本身的设计和实现技术,而是更关心组件之间的关系。其实,关注大局和关注交互并不是企业架构的特性,而是所有系统科学研究的共性,钱学森说过,"系统就是由许多部分组成的整体,所以系统的概念就是要强调整体,强调整体是由相互关联、相互制约的各个部分所组成的。"企业是一个一个的复杂系统,这些系统由很多相互作用的子系统构成,这些子系统相互作用,产生了企业的复杂行为,企业架构是理解和处理这些复杂性的一种方法。在后续的论述中,将会发现企业架构对关系的关注是非常多的,它的主要体现形式是矩阵,比如业务和应用之间的关系矩阵,应用和数据之间的关系矩阵,应用和应用之间的关系矩阵等。

（3）原则和指南

原则和指南则是企业架构构建的治理方式,是制度层面的保障机制,即架构的治理层面的问题。

2. 企业架构与企业战略的关系

企业架构就是把一个企业中全部的活动切分成不同的部分（分工）,由不同角色来完成这些分工,并通过建立不同部分相互沟通的机制,使得这些部分能够有机地结合为一个整体,并完成这个企业所需要的所有活动。企业架构普遍被分为四大领域,分别是业务架构、应用架构、数据架构以及技术架构,它们紧密关联,互相支持,完成各项支撑企业存续与发展的业务活动。

理解企业架构的整体逻辑关系对于设计合理的企业架构至关重要,而想要弄清楚企业架构的整体逻辑关系,必然离不开企业战略。企业战略作为企业一切行为的指导纲领,对于企业架构设计的影响非常大。

在企业中,一般由企业管理层提出企业的战略,业务架构师根据企业战略能力需求设计企业业务架构。之后,应用架构师、数据架构师以及技术架构师根据业务架构的需求,设计相应的应用架构、数据架构以及技术架构,如图2-2所示。

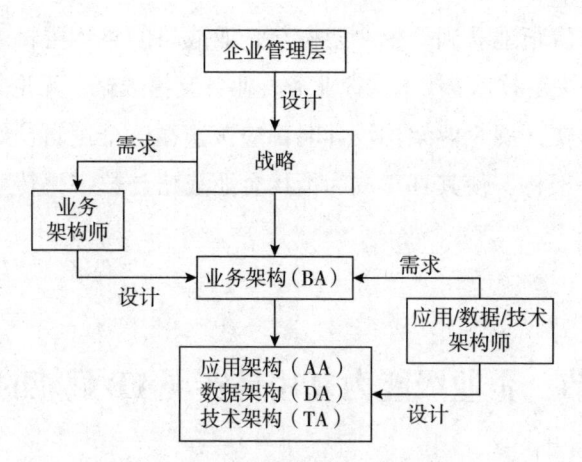

图 2-2　企业架构设计的路径

企业战略、业务架构、应用架构、数据架构、技术架构实际上可划分为三个层级，企业战略处于第一层，业务架构处于第二层，而应用架构、数据架构以及技术架构处于第三层，梳理三个层级之间的关系可得出企业架构与企业战略的关系，如图 2-3 所示。

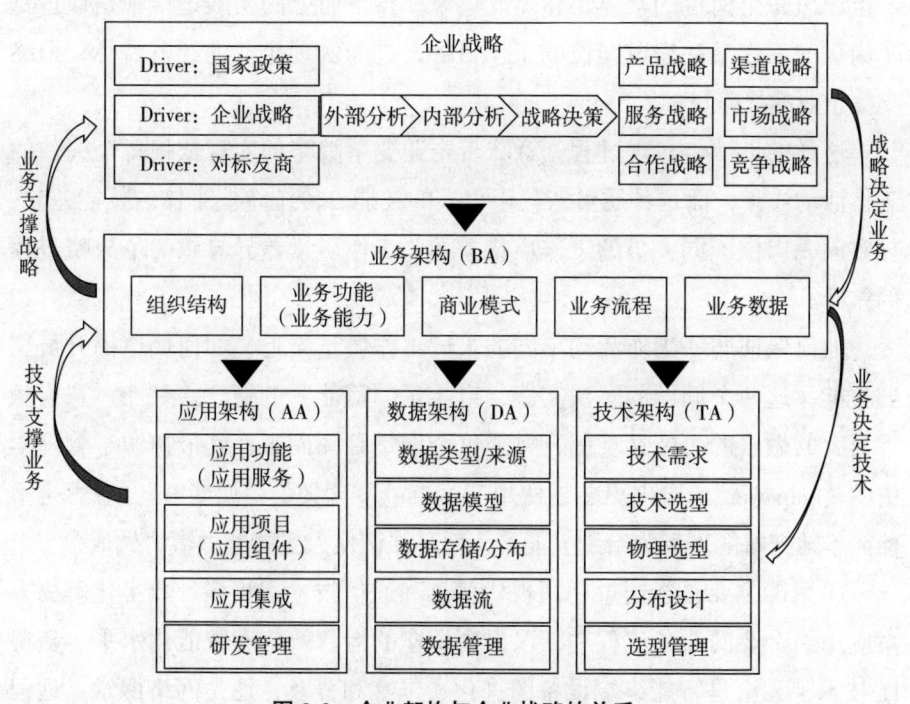

图 2-3　企业架构与企业战略的关系

我们可以清晰地看到，企业架构与企业战略的整体逻辑关系为战略决定业务，业务决定技术；技术支撑业务，业务支撑战略。无论是国有企业还是其他企业，在开展企业架构设计时都应该遵循这个逻辑，如此才能设计出合理的企业架构，使其真正成为衔接企业战略与数字化转型变革落地的桥梁。

第三节　企业级能力复用是实现 IT 赋能的关键

1. IT 赋能

企业是承担使命和愿景的组织，使命与愿景自上而下的践行可以拆分为：战略目标、经营目标、工作目标、工作活动，这个结构化的过程，产生了组织里每个岗位的具体工作。反过来，自下而上的实践过程则是通过每个岗位的工作活动完成岗位的工作目标，进而实现企业的经营目标，最终支撑企业的战略目标。

这样的设计与实现过程，意味着企业变革战略的实现依赖每个岗位的工作活动质量，而这种质量依赖于个人的技能。传统企业个体的技能差异，导致同一岗位不同人员的工作质量差异，工作质量差异导致变革战略进程的差异。

如何保证同一工作活动不同的人员工作质量接近，如何快速提升员工的技能，这两个问题的解决实践，产生了"赋能"的概念。赋能，意为赋予更大的做事的可能性空间，赋能这个词是翻译而来，其最初源于管理学中的"empower"。国内更多地使用"enable"，含义是"使能够"，意思是不能简单地把赋能理解为给别人能量，而是强调使人更能够做事，做成事。

IT 赋能主要是指通过利用现代信息和通信技术，将多种数字化解决方案应用到企业的业务流程中，以提高企业的运营效率和智能化水平。新型 IT 技术，无论是智能终端设备的进化、丰富和普及，还是网络课堂、远程问诊等行业智能化转型带来的新模式、新业态等，都让科技变得通俗易懂、触手可及，让人们的生活和工作变得更加便利高效，给人带来了更多的欢乐，更好地成就了"人"的价值。

IT赋能是保证工作活动中的工作质量，提升个体技能的重要手段。IT赋能使得企业更加智能，并有助于提升企业核心竞争力，提升市场地位和客户体验。对于国有企业而言，IT赋能可以更好地优化业务流程，降本增效，为企业创造经济价值，更好地加速企业的数智化变革。对于产业而言，IT赋能会有助于大幅提升经济整体及单个产业的技术创新效率和商业化进程，形成具有更强创新力的产业链和供应链，推动企业更深更广地融入并完善全球供给体系，促进我国产业迈向全球价值链中高端。对于社会而言，IT赋能可以为客户和消费者创造新价值，建设更加可持续、更加精彩纷呈的数智化新世界。

2. 企业级能力复用

国有企业转型变革过程中，迫切需要开展企业级能力复用的原因有二：一是企业数字化转型具有长期性和艰巨性特点，新的领导人往往会从企业现状出发，扬弃甚至颠覆原有思路，推动新一轮数字化转型。二是绝大部分国有企业都是非数字化原生企业，国有企业现有的IT治理机制、架构、人员能力，无法快速响应领导人员或企业战略调整产生的大量且多变的需求，往往引发重复购买服务产品、重复建设系统，形成"信息孤岛""IT黑洞"甚至IT悖论等问题，使得信息技术人员疲于奔命却无法快速提升系统建设效果，企业对数字化转型变革缺乏信心。

回顾上一节中的国有企业数字化转型变革框架，如果我们在企业架构设计阶段，能够识别业务场景中的共性需求，并在后续的建设中，运用有效的IT治理机制，逐步沉淀贯穿全局业务视角的核心数字资产（共性服务），形成支持核心能力复用的平台，就能确保数字化系统快速响应企业变革产生的大量且多变需求，实现IT对企业数字化转型变革的赋能。

也就是说，企业的业务架构若能基于共享服务设计，那么企业相关业务领域的共性应用功能就和业务层自然地汇聚到一起了,因而基于共享服务建设的数字化系统能最大程度避免"功能重复建设和成本浪费",也避免了需要系统交互带来的大量集成工作,更能快速有效地实现 IT 与战略的匹配,支持企业变革战略快速落地。

第四节　战略匹配是国有企业数字化变革的目标

1. 战略匹配

匹配在外文文献中有多种描述,如"strategic alignment""strategic fit""strategic linkage""strategic integration""strategic harmony"等。国内研究中出现较频繁的是"匹配/一致性"(alignment)、"集成"(integration),考虑到应与不同企业实体间的合作联盟区分,且国内"集成"一词主要应用于功能层次,应用领域较多,容易产生歧义。本书将"alignment"翻译为"匹配",使用"IT 与战略匹配"或"战略匹配"术语。战略匹配模型基本内容和要素介绍见表 2-1。

当前较为广泛接受的 IT 与战略匹配模型是 SAM 模型(Strategic Alignment Model),该模型提出 IT 与业务需要在三个层面上进行匹配:战略层面、运营层面、跨层面(战略与运营),是第一个用以帮助企业实现业务战略与信息化战略匹配的模型,众多关于业务战略与 IT 战略匹配的模型均是基于该模型演变而来。

SAM 模型是第一个明确区分业务和 IT 领域并将其统一化的决策模型。该战略匹配概念基于以下两个基础假设:一是组织的经济效益与其管理能力相关,管理能力指组织制定适合市场的企业战略及设计合适的组织结构来支撑组织运营的能力;二是战略匹配是动态的。在这两个假设的基础上将战略匹配涉及的领域分为外部(策略)和内部(结构)两个层面,业务战略、IT 战略、组织结构和流程、IT 结构和流程四个域。战略匹配模型见图 2-4。

表 2-1　　　　　　　战略匹配模型基本内容和要素介绍

业务战略	IT 战略
业务范围：企业对其经营的产品和市场的选择。包括市场、产品、服务、客户群、公司竞争区域及面临的竞争者和潜在竞争者等因素 核心竞争力：为企业提供潜在竞争优势的关键因素。包括品牌、研发和生产、成本与定价、销售和渠道等 业务治理：企业组织和管理业务运营的结构化机制，包括企业的所有权结构，和对政府及合作伙伴关系的管理等	技术范围：能够支持企业战略或促进新战略制定的具体信息技术 系统竞争力：能够支持企业现有战略或创造新战略的 IT 能力 IT 治理：对于获得 IT 竞争力所选择和使用的机制。例如如何在业务伙伴、IT 管理层和服务提供者之间分配资源、风险、责任以及如何解决冲突
组织结构和流程	IT 架构和流程
组织结构：企业内各部门的角色、责任和权力结构等，如企业各部门的职能、管理的层次等级、决策的集中分散度等 业务流程：实现企业战略的管理流程和生产活动，包括这些流程的构造和优化，以及价值增加活动 技能：员工执行战略任务所需的技能。人力资源方面的因素，例如如何雇佣/解雇、激励、培训和培育企业文化	IT 架构：企业对相关 IT 应用、数据、软硬件等整合入一个一致的平台的技术优先权、政策和选择 管理流程：用来开发和保持应用以及管理 IT 架构的实践和活动 技能：有效地管理和操作企业的 IT 基础设施所需的技能。IT 人力资源方面的因素，例如如何雇佣/解雇、激励、培训和培育企业文化

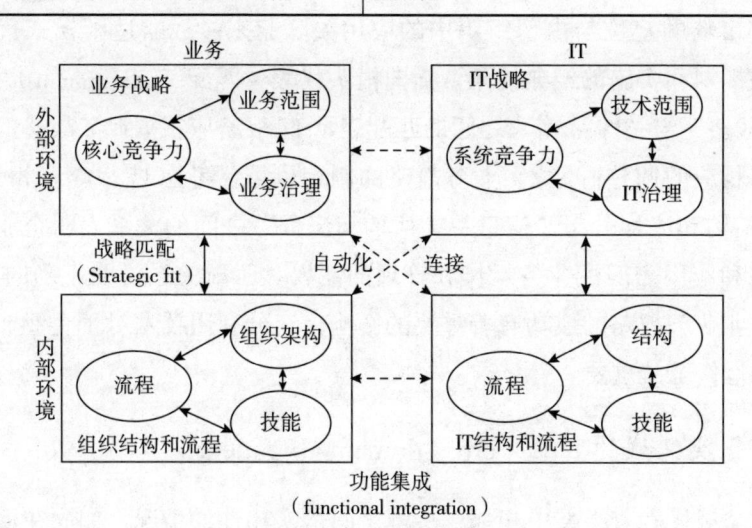

图 2-4　战略匹配模型

2. 战略匹配模式

战略匹配模型的价值在于提出各个域的内容和要素以及阐述各个域之间的对应关系，对应关系包括以下三种，如图 2-5 所示。

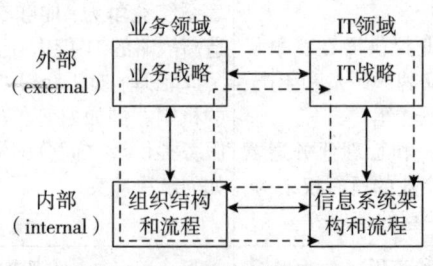

图 2-5　对应关系示意图

（1）双变量匹配（bi-variate fit）

双变量适配是模型中最简单的对应关系，包括图中的横向和纵向箭头。其中，纵向箭头代表"战略适配"（strategic fit）关系。"业务战略"与"组织结构和流程"之间的战略适配关系是组织战略研究中一种经典的模式。"IT战略"与"信息系统架构和流程"之间的适配需要注意将企业在外部市场的定位与内部组织中的应用关联起来。战略适配模式代表业务战略规划和实施的经典视角。横向箭头代表"匹配"（alignment）关系。"业务战略"与"IT战略"之间的匹配表示IT战略应根据业务战略的变化而作出相应的调整；反之，业务战略的制定也需要考虑IT战略。相似地，"组织结构和流程"与"信息系统架构和流程"之间的关系表明企业的基础设施和应用需匹配业务运作和管理的需要。匹配关系说明正确的IT战略对企业业务战略的成功有着重要的影响，充分利用技术对于企业业务的实施和运作至关重要。

（2）交叉域的匹配（cross-domain alignment）

交叉域代表着模型中相邻三个域之间依次相连的情况，如同在模型中用一个三角形将其中的三个域连接起来，这便是匹配模式。我们可以发现，交叉域的匹配可以画出8种匹配模式，Henderson和Venkatraman（1993）对他们认为更重要且更有管理意义的4种进行了阐述，这四种模式分别为：战略执行（业务战略 –> 业务架构 –>IT架构）、技术潜力（业务战略 –>IT战略 –>IT架构）、竞争潜力（IT战略 –> 业务战略 –> 业务架构）、服务水平（IT战略 –>IT架构 –> 业务架构）。

（3）战略匹配（strategic alignment）

战略匹配代表模型中的四个域同时全面匹配的情况。Henderson和Venkatraman使用了强、弱两种模式来描述此种情况，在较弱的战略匹配中，四个域通过一个单循环圈相连以获得匹配，而在强匹配模式中，四个域是通过正反两向的圈相连的。

3. 小结

面对瞬息万变的市场环境，国有企业利用IT赋能企业管理模式创新，建立智能化的管理体系，可以实现自动化管理、跨越企业边界的供应链协同、智能决策和智能控制，帮助企业实现高质量发展。IT与业务战略的匹配能让国有企业以更加有效的资源配置，识别和获取用户的信息和数据，更好地预测用户潜在需求和偏好，有效应对威胁和机遇，更快速地响应环境变化并实现收益最大化，进而构建和维持企业竞争优势。

本书将IT赋能和战略匹配引入的主要目的是将二者分别作为国有企业变革的动能和目标。国有企业借助数字化进行变革转型，实际上是使企业的IT与战略从变革前的一种匹配状态过渡到愿景匹配状态。IT赋能则是通过借助于新型IT技术，保证工作活动中的工作质量，优化企业业务流程，加速实现国有企业IT与业务的匹配，完成企业数智化变革。因此，本书将战略匹配看作是国有企业进行数字化变革的目标，而IT赋能则是促进国有企业快速完成数字化变革的动能。

第五节　IT 治理有助于实现战略匹配

1. IT 治理

IT 治理于 20 世纪 90 年代提出，当前明确提出 IT 治理的学者和机构颇多，但至今仍无统一、精确的定义。国际信息系统审计与控制协会（2005）将 IT 治理定义为一个由关系和过程所构成的体制，它通过平衡信息技术应用过程的风险和价值来指导企业达成预定的 IT 目标。中国 IT 治理研究中心认为 IT 治理是各利益相关方的共同职责，将 IT 治理定义为"设计并实施信息化过程中各方利益最大化的制度安排，包括权责对等的责任担当框架和问责机制，业务与信息化战略融合的机制，资源配置的决策机制，组织保障机制，绩效管理机制，核心 IT 能力发展机制以及风险管控机制等"。

IT 治理的概念产生于信息技术所带来的风险、价值，是信息化过程中促使各相关方利益最大化、风险最小化的机制设计，不同的研究角度也会产生不同的概念界定，但共同的重点为：IT 治理是从宏观角度出发，与企业战略层次保持一致，通过合理的组织架构和流程机制实现 IT 与组织业务的融合，从而解决企业信息化建设问题、提高组织绩效及优化其管理。本书定义的 IT 治理是企业为了加快实现 IT 与业务的匹配而设计的一系列与信息技术应用、管理相关的体制和风险管理机制，能够支持组织战略目标的实现，并合理管控信息化过程中的相关风险。

IT 治理的关键要素涵盖 IT 组织、IT 战略、IT 架构、IT 基础设施、业务需求、IT 投资、信息安全等，主要确定这些要素或活动中"做什么决策，谁来决策，怎么来决策，如何监督和评价决策？"围绕着 IT 全生命周期过程，构建数字化长效治理机制，因而 IT 组织与规划、IT 建设与交付、IT 运行与维护、IT 评估与优化等整个 IT 生命周期都是 IT 治理的对象。国际上已有基于各个阶段治理的成熟的方法论和工具，并形成了最佳业务实践，这些最佳业务实践是全球智慧的结晶，包括 COBIT、ITIL、ISO27001、Prince2

等，以 COBIT 和 ITIL 最受关注。

COBIT（Control Objectives for Information and related Technology，信息和相关技术的控制目标）：即信息系统和技术控制目标。COBIT 从首次发布到现在经过 6 次修订完善，逐渐发展成为全球学术界公认的最先进、最可靠的信息技术管控系统，是国际上权威的安全与信息技术管理和控制的标准，目前已经更新至 COBIT-2019 版。COBIT 框架通过控制过程可以有效实现内部控制的目标，其将有关控制方法应用到组织 IT 治理生命周期的所有流程中，实现了企业战略与 IT 战略的互动，并形成持续改进的良性循环机制，可以有效保证企业 IT 治理质量，使得组织目标与信息系统管理和控制目标一致。

ITIL（Information Technology Infrastructure Library）是 IT 服务管理领域最广为人知的最佳实践，目前已更新至 4.0 版本。ITIL4 认为在数字化时代，每个组织都是一个服务组织，而如今几乎所有服务都是由 IT 驱动的，所以服务管理被作为一组特定的组织能力，最终以服务的形式为客户创造价值。ITIL4 通过在更广泛的客户体验、价值流和数字转型环境中重新塑造大部分已建立的 ITSM 实践，提供了一种端到端的数字化运营模式，并集成精益、敏捷和 DevOps 等框架，支持在积极协作中共同创造价值，支持各组织迈向数字化转型的新世界。

ITIL 4 和 COBIT 2019 都侧重于将最佳实践与 DevOps、Agile（敏捷）和 Lean（精益）等新技术贯通起来。COBIT 2019 关注做正确的事情（do right things），即 IT 团队决定专注于实现业务目标的内容，有助于为业务创造最大附加值，同时降低风险并优化资源。ITIL4 关注正确地做事（do things right），IT 团队专注于正确地做事，也就是说 IT 团队如何执行此任务，组织整体实现 IT 服务，并持续运营完善。ITIL4 详细描述了 IT 服务的各个部分，这些服务涉及服务管理，例如流程活动、组织结构等，以及如何组织 IT 员工工作的实践及流程路线图，其视角是平视的（服务者与消费者）。COBIT 的主要目标是为企业提供对企业 IT 服务的控制，是高层管理人员了解他们应该如何运用 IT 落实企业战略的实践，其视角是自上而下的（控制与治理）。

我们认为，IT赋能自下而上地支持企业变革战略实施。从IT赋能角度开展IT治理，需要重点关注影响国有企业数字化转型的影响因素，也就是快速实现IT与业务匹配的影响因素，并通过构建适合国有企业的IT治理机制，加强对影响因素的治理，有效复用已有IT服务（产品），快速实现IT与业务的匹配，主动满足国有企业变革转型带来的大量且易变需求，视角是自下而上的（赋能与支持）。

2. 战略匹配与IT治理的关系

战略只有在被转化为持续行动时才产生效果。数字化技术是当前组织战略执行中最重要的基础要素之一，而IT治理在很大程度上决定了数字化技术在企业战略执行中发挥的效益。合适的IT治理机制能够有效推动IT架构和流程建设，促进组织架构及流程的调整，从而服务于组织业务战略的落地。IT治理涵盖了组织结构、治理流程和关系机制，通过合适的IT治理机制建立一套将IT与业务融合的流程，能够有力地促进企业战略目标的实现。

从数字化服务企业创新的角度来看，组织战略的执行最终会落到IT的产品或服务。当前，大数据、物联网等新一代信息技术成为企业新产品开发的重要工具，IT治理机制在整合IT能力进行产品和服务创新的过程中具备重要作用。从服务顾客的视角来看，IT治理是确保IT资源有效使用以及满足不断变化的终端用户需求的必要保障，对业务战略的执行效果起到极大的促进作用。从管控企业风险的角度来看，IT治理可以从根本上降低信息资源投入产出风险，进而降低企业管理风险，提高企业战略实施成功的可能性。

相关学者通过实证研究检验了IT治理机制对企业业务战略与IT战略匹配会产生积极的影响，研究人员还通过配对数据，调研了企业的中高层管理者，结果发现IT治理能够促进IT与业务战略匹配。完善的IT治理机制能够厘清业务合作伙伴、IT管理、外包商等利益相关者的角色和职责，进而促进企业各部门间的相互理解。完善的IT治理机制能够让CIO更加准确地理解业务需要，使其能与企业高层管理者对于企业的战略达成共识，更好地实现IT与业务战略匹配。

IT治理是根据企业目标来控制各种企业的IT活动，也就是说，企业需要不断地对企业IT活动进行控制，按照企业目标找出IT活动偏差并进行修正。IT治理有助于建立IT与业务相关部门的沟通和共享机制，促进IT部门和业务部门的相互理解，有助于IT战略随着外部环境和业务战略的变化而做出相应的调整。IT治理能够让企业更好地将IT资源应用到服务业务流程中，促进IT资源的效用最大化，确保企业IT活动支持其商业目标并使信息资源得到充分利用，实现管理风险（安全性、可靠性和一致性）和效益的双重目标。因此，建立有效的IT治理机制是IT赋能国有企业变革，加快实现IT与战略匹配重要举措。

第三章

适配企业级能力复用的平台型企业架构

本书第二章讲到如果在企业架构设计阶段，能够识别业务场景中的共性需求，就有可能在实施阶段构建核心能力复用的平台，从而支持数字化系统快速响应企业变革产生的大量且多变需求，实现 IT 赋能。然而，传统的企业架构仍然存在无法把握分解的颗粒度、无法提炼共性业务等特点，因此我们需要拥有一套支持识别能力复用的企业架构设计方法。

第一节 传统企业架构存在的不足

1. 传统企业架构无法控制业务架构梳理的粒度

经典的企业架构在开展业务架构设计时，主要是基于业务的功能和流程，进行逐层嵌套，但是到底嵌套多少层，业务到底分成什么样的粒度，场景和业务到底有什么区别，并没有较为明确的指导规范。

2. 传统企业架构难以支持识别可复用的能力

当前企业数字化转型架构都在强调分层，比如业务层、中台层（平台层）、基础层，无论是中台层还是平台层，最核心的举措都是通过能力复用来快速响应业务需求，从而快速实现 IT 与业务的匹配。那么，怎样在业务场景或者流程中找到可复用的能力呢？传统经典企业架构并没有解决这个问题。

传统企业架构更没从 IT 赋能的角度，讨论如何使用这些可复用的能力，支持业务的快速上线。在传统的企业架构框架里，虽然它也会引入一些扩展机制，比如 SOA 的概念，但是由于 SOA 缺少抽象的过程，因而与中台能力复用的理念还是存在很大的差异。

第二节 平台型企业架构

平台型企业架构框架遵循战略与业务价值驱动原则，无论是企业级的应用架构还是企业级的技术架构，都以支撑企业级的业务架构为目标，而企业级的业务架构直接对应企业的战略方向，反映企业的业务价值。平台型企业架构框架在吸收经典企业架构框架优秀思想和最佳实践的基础上，融合最新的企业数字化发展需求和新技术、新趋势，跳出TOGAF等设计方法的限制，重新思考和构建一个新的企业架构框架，能够切实解决国有企业数字化转型过程中面临的问题和挑战，建成平台型企业，形成行业生态。

在展开介绍架构之前，我们先了解在企业架构领域非常重要的三个概念：元模型（Meta model），视角（Viewpoint）和视图（View）。

1. 元模型（Meta model）

元模型（Meta Model）又称"模型的模型"，通常用于定义模型中具有哪些基本元素、元素之间的关系或者关系表示，是比模型抽象度更高的模型。元模型体现了方法论的架构观，即如何理解设计对象的方法论。

当我们思考设计对象的架构时也是如此，架构观就是基于对设计对象的观察而形成的对设计对象的理解。观察都需要视角，架构观主要受观察视角的影响。对于架构设计而言，基础的视角就是侧重于分析设计对象的结构、关系、演进原则。架构师可以从这几个点出发去理解所有设计对象。基于此形成的架构观，就是反映了设计对象的结构、内外部关系以及演进原则的一组观点体系。

基于该观点，架构高阶元模型如图3-1所示。

图 3-1 架构高阶元模型

这个高阶元模型说明，事物都是由不同的构件组成的，构件之间具有相互联系，事物拥有或者可以为其设计作用于其构件的规律，架构设计的任务就是处理好这些构件、联系、规律。

以高阶元模型为基础，可以产生各种实例的元模型，比如 TOGAF 内容元模型、DoDAF 元模型、价值链高阶模型等，这些都可以归类为高阶元模型的元模型实例。

掌握高阶元模型向下演化的思路，有助于读者在面对纷繁复杂的设计对象时把握构建实例元模型的关键点。逻辑设计在应对边界日益广泛的开放式架构设计时会变得非常重要，思维的逻辑性是架构师的必备能力。

2. 视角（Viewpoint）

什么是观察对象的视角？视角与你能看到什么和你站在什么地方看有很大关系，同时也会影响你看事物的粒度。如果把视角比作一个坐标点，那它需要一套坐标系，坐标系通常有 4 个维度：广度、深度、视图类型、时间。

广度是指看待事物的宽度，以业务流程为例，根据出发点不同，有时需要看一个部门内的流程，有时需要看多个部门的协作流程，有时需要看端到端跨所有部门的流程。

深度是指看待事物时，要到达哪个细节层次，如看业务流程，需要看到场景级、部门级，还是岗位的操作步骤。看软件系统，需要看到企业级、系统级、模块级还是代码级。广度和深度一般是相互影响的，如果看待事物的广度越宽，那么层次就会越抽象，这和组织架构的设计是相辅相成的，一般高层管理者看问题非常全面，但对细节不关注，一线执行人员，对问题的细节非常了解，但视角却非常窄。

视图类型是为利益干系人量身打造的一组关注点的集合。时间维度就是看待事物的时间点，即过去、现在、未来。

3. 视图（View）

视图是由于不同角色的关注点不一样，因而想要获取的信息也完全不一样，为了把不同人的关注点区分开而形成的。软件视图的分类方法，比较著名的有"4+1"视图模型，包含逻辑视图、过程视图、开发视图、物理视图、场景以及TOGAF的业务架构、应用架构、数据架构、技术架构等。

4. 平台型企业架构元模型

企业级系统的视图可分为：业务架构、应用架构、数据架构、技术架构。其中业务架构是灵魂，应用架构、数据架构、技术架构都是支撑业务架构而存在的，这三者也统称IT架构，如图3-2所示。

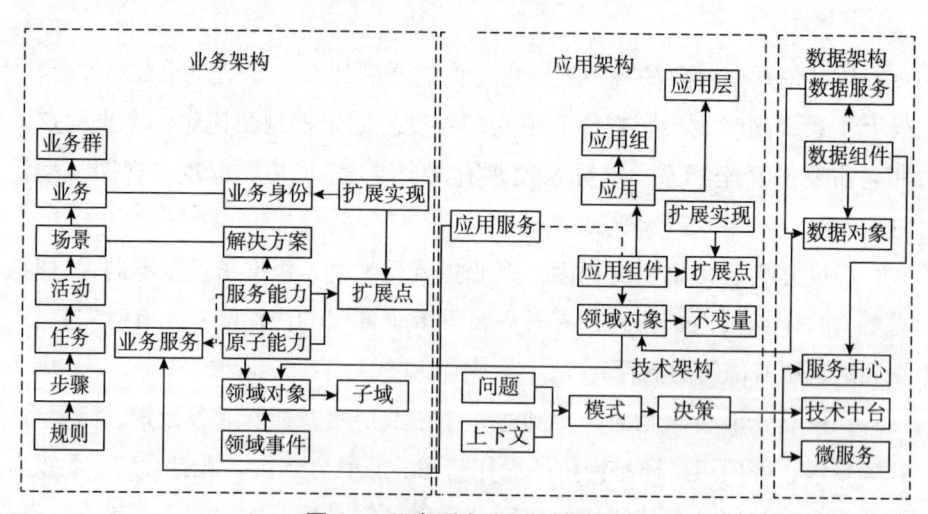

图3-2 平台型企业架构元模型

业务架构。为了实现企业的业务战略，企业将自身业务结构化表达为全面的、多维度的抽象模型，包括业务能力、端到端的价值交付、信息和组织结构。它们之间的关系，以及它们与战略、产品、策略、项目执行、利益干系人之间的关系。

应用架构。基于业务架构，设计出应用系统的层次结构，包括系统、应用、模块、组件等构件的划分规范，它们的定义、边界、相互间的交互协议，以及它们和业务活动的关系。

数据架构。数据架构描述了一系列的模型、策略、规则、标准，它们决定数据如何获取、如何存储、如何分布、如何集成，以及数据如何在系统和组织中使用。

技术架构。技术架构描述了一系列的可部署的软件包、硬件能力，以及它们之间的协作关系，通过它们可以支撑起企业对业务、数据、应用服务的需求。它们包括但不限于IT基础设施、中间件、网络、通信设施、运算能力、硬件标准等。

第4章至第7章，我们将运用企业架构方法，结合平台型企业架构元模型，将企业战略分解设计为适合落地的数字化架构蓝图。

第四章

平台型企业架构之业务架构

业务架构是由企业战略驱动的，是从战略到实施过渡的桥梁。业务架构是企业架构的核心内容，直接决定了企业战略的实现能力。本章我们通过业务、流程、能力的建模，将企业（业务）战略分解为企业组织结构视图和业务流程图。

第一节　业务架构的总体框架

业务架构（Business Architecture，BA）是企业架构的先导，是对企业如何创造价值、如何运营的总体设计和客观描述，重点是分析企业的价值链、业务领域、业务流程（即活动、任务、角色）、业务数据和业务能力这5个关键元素。

简单来说，业务架构是人们为了了解企业业务而经过抽象得到的对于业务的某个或者某些方面进行的描述。对业务运营来说，业务架构是企业战略转化为日常运营的必由之路，宏观的企业战略只有经过业务架构的分解，才能具体为日常的战术，它是战略与日常运营之间的关联桥梁。对数字化建设来说，业务架构是IT战略和IT体系架构的基础，是IT架构的源泉和输入，通过业务架构才能推导出应用架构、数据架构和技术架构。

业务架构的设计包括：价值链、业务领域、业务流程（即活动、任务、角色）、业务数据和业务能力5个关键元素。价值链代表了构建企业能力统一视图的"横向"结构，每个价值链环节中均包含了若干个业务流程；业务领域描述了各类业务流程应如何通过组合实现领域级的目标。

业务流程即业务活动，业务活动是由不同角色分别完成的若干任务组成的，任务执行过程中其必然与业务数据发生联系。数据主题域可以将关系紧密的数据进行聚类，再将与数据关系紧密的行为（任务）整合，形成包含行为和数据的业务能力。

从下往上看，业务能力通过任务与活动的关系、活动与领域的关系，表达了对业务领域的支持，实现了业务能力对企业每个价值链环节能力的支持。企业级业务架构的整体逻辑，可以用图4-1表示。

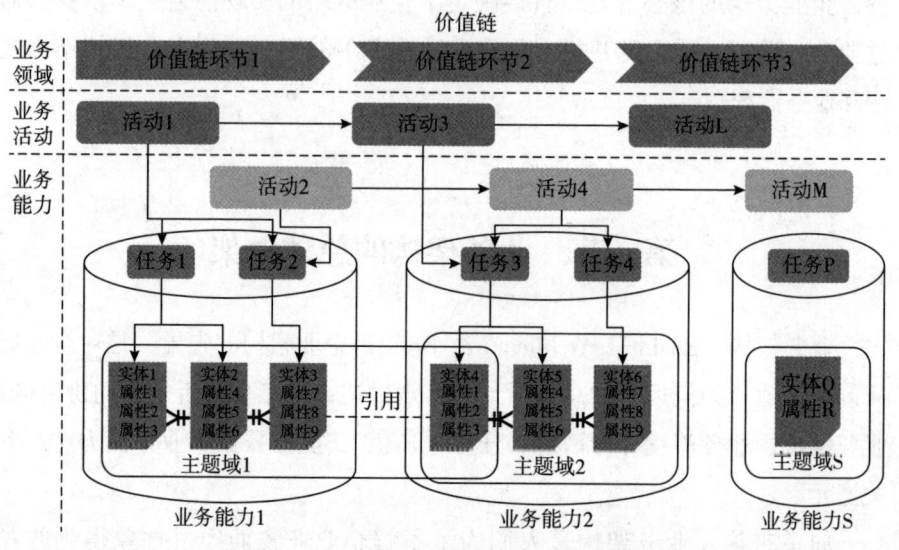

图4-1 业务架构整体逻辑关系图

如果能在后续设计及迭代过程中多注意对任务的企业级分析和对业务能力（服务能力）的共享，就能有效避免因业务能力属于某个主要应用部门，产生对其他应用的自然壁垒。图4-1所呈现的业务架构逻辑，可以支持不同领域的不同活动对同一任务的自由复用，也就是实现IT赋能的企业级能力复用。

对任务边界进行长期的企业级打磨，最终会使业务能力的内聚性增强，职责更集约，从而能够更好地封闭变化，开放调用。对于企业级设计而言，数据在业务能力间是可以根据需要自由流动的，这种流动也是建立在企业级数据模型对数据的统一定义的基础上的。业务能力不能成为过去竖井式开发的"子系统"，互不"买账"，互联互通才可能构建国有企业的核心竞争力，形成以平台为核心的生态系统。

第二节 业务架构的元模型

业务架构（Business Architecture）定义了企业各类业务的运作模式及业务之间的关系结构。它以承接企业战略为出发点，以支撑实现企业战略为目标，通过对业务能力的识别与构建，并以业务服务的方式开放业务能力，实现对业务流程和场景的支持。业务架构是企业架构的核心内容，直接决定了企业战略的实现能力，是其他架构领域工作的前提条件和架构设计的主要依据。

业务架构整体上包括"业务""流程""组织""服务"和"模式"五大部分，其中"模式"部分是"平台型"企业架构业务架构设计的核心业务场景解决方案，包括：流程建模、领域建模、用户建模和能力建模，见图 4-2。

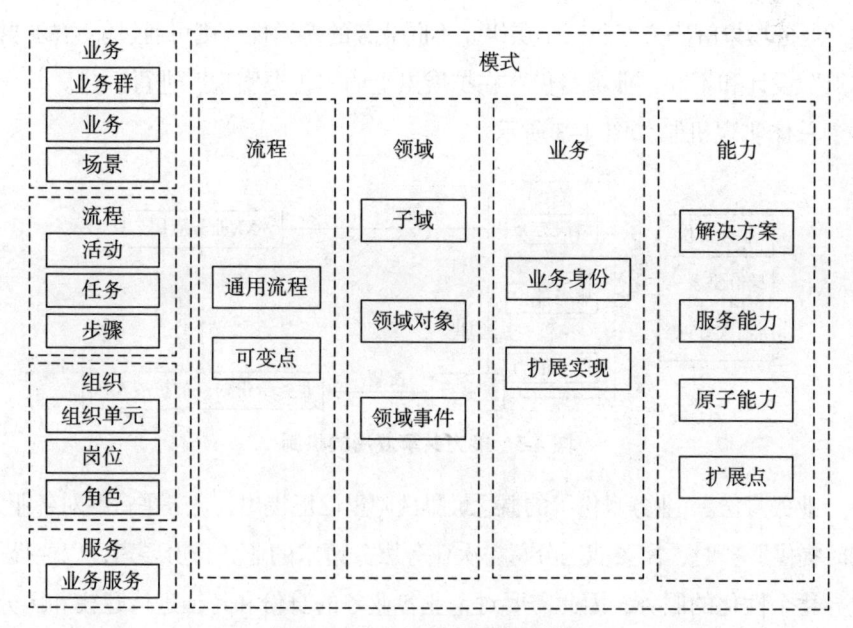

图 4-2 企业级业务架构元模型

第三节 业务架构的设计步骤

1. 业务能力划分

在平台型企业架构中,面向能力的规划超越面向功能与服务的规划成为企业级业务架构规划的关注要点,如何基于能力的识别与规划,最大化地沉淀企业级可复用的能力,并通过扩展、编排和组合等形式应用到更多的场景,是平台型企业架构需要解决的关键问题。企业为了应对领导更换、业务的快速迭代、多场景和不确定性,需要在平台上构建可复用的"能力"以及为能力提供必要的扩展与可变机制,以此提供灵活多变的业务服务,满足不同业务差异化个性化的需求。而"能力"根据粒度的不同,可分为"原子能力""服务能力"和"业务场景解决方案"三个层级。不同业务的差异性,则可通过能力的"扩展点"设计和不同"业务身份"在扩展点上的"扩展实现"进行区分。

总体实现机制如图 4-3 所示。

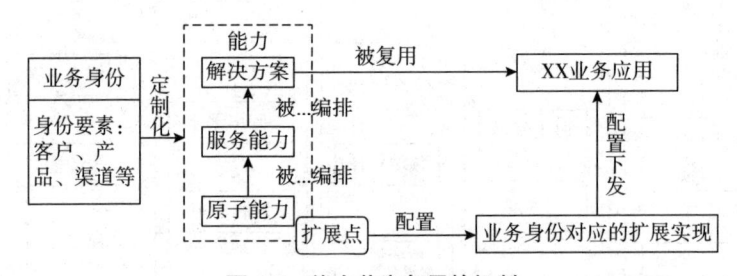

图 4-3 能力共享复用的机制

业务身份。"业务身份"的概念最早由阿里巴巴提出,业务平台在对各业务同时提供服务时,需要能区分每一次业务服务请求的业务身份要素,以便提供差异化个性化的服务,因此需要对企业各业务的身份和特征进行建模和区分,其产出即为"业务身份"。业务身份是业务在平台中的代名词,是在业务运营中唯一区分某个具体业务的 ID。平台基于业务身份匹配该特定业务的流程和业务规则,并基于业务身份实现服务路由、需求溯源、业务监控和业务隔离。

原子能力。是对领域对象的原子操作,完成一个领域对象上单一且完整的职责。

服务能力。服务能力是对原子能力的进一步封装，目的是方便业务的使用。按封装粒度不同分为两类：第一类服务能力是根据业务服务的需要编排封装的一组关联的原子能力。第二类服务能力是针对一系列紧密关联的业务活动设计的能力模板，可基于该模板快速定制某个特定的流程和能力。

扩展点与扩展实现。"扩展点"是对原子能力的可变性设计，在技术侧体现为原子能力实现中的某一个步骤的接口定义，而接口的一个实现即为一个"扩展实现"。

业务场景解决方案。是平台针对一类共性业务的端到端过程设计的能力模板。可基于该模板快速定制业务的特定能力和流程，从而达到业务模式级别复用的目的。

2. 如何识别和构建能力

识别构建能力的过程分为"业务梳理"和"模式设计"两个阶段。在业务梳理阶段：对企业业务、流程、组织、业务服务进行细致完整的梳理，作为后续模式设计的基础和输入。而在模式设计阶段，则会通过流程建模、领域建模、用户类别建模和能力建模 4 个步骤完成企业能力的识别构建。具体过程如图 4-4 所示。

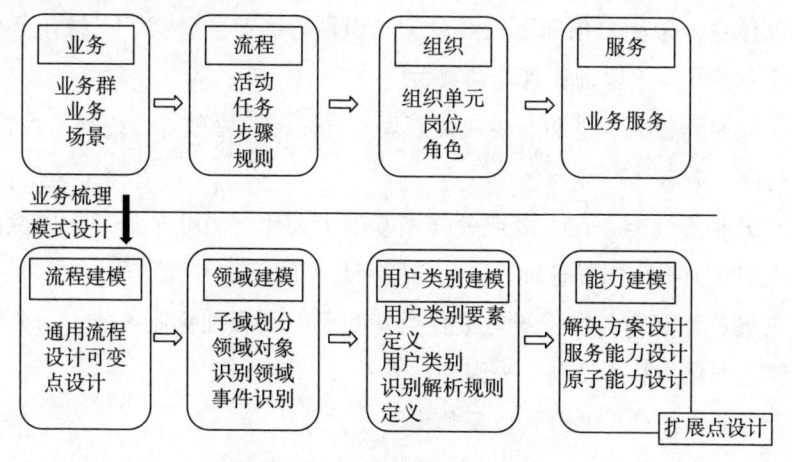

图 4-4 识别和构建能力的过程

①流程建模。负责识别共性业务，并抽取通用流程，设计可变点，作为可复用性分析的基础。

②领域建模。负责基于流程建模结果，识别领域事件和领域对象，并划分子域的边界。领域对象构成了提供可复用能力的基本单元，对领域对象的操作即是原子能力。

③用户类别建模。负责定义用户类别识别的要素和用户类别解析规则，用于给可复用的能力赋予不同的身份要素。

④能力建模。负责完成三类可复用能力的设计，即"原子能力"设计、"服务能力"设计和"业务场景解决方案"设计。

业务架构设计的起点是战略分析，因此基于对业务战略的分析得出未来的业务能力要求后，按照图 4-5 所示步骤设计业务架构。

业务能力梳理 → 业务流程分析 → 业务服务设计 → 通用流程建模 → 领域建模 → 用户类别建模 → 能力建模

图 4-5 业务架构设计步骤

（1）业务能力梳理

业务能力是承接战略落地，建立流程体系的关键基础。在业务能力分析过程中，承接公司发展战略及各专业领域发展规划，结合业务职能和管理制度体系，采用自顶向下三级分解，识别一级业务分类、二级业务分类及三级业务能力，以物资管理领域为例：

一级业务分类。采购与供应商管理、仓储配送管理、合约与品控管理、逆向物流、需求管理等。

二级业务分类。在一级业务分类基础上细化二级业务分类，如逆向物流管理细化为报废物资管理、逆向物资回收、闲置物资管理。

三级业务能力。在二级业务分类基础上识别和细化业务能力，如闲置物资管理细化为利库计划、平衡利库等。

业务能力梳理一共分为以下几步。

①业务域分解。承接公司战略，参考各部门职责定位，识别业务域。主要包括战略规划、基建管理、供应链、安全生产、市场营销、人力资源、财务管理等。

②业务分类、业务能力分解。在业务域视图基础上，依据管理制度体系和业务指导书，进一步分解业务分类和业务能力，如物资管理依次分解为【合约与品控管理】–>【品控执行管理】–>【到货抽检】–>【缺陷处理】–>【设备监造】–>【送样检测】–>【专项抽检】等。

依据业务分类、业务能力清单，形成一级业务分类视图、二级业务分类，如图4-6所示。

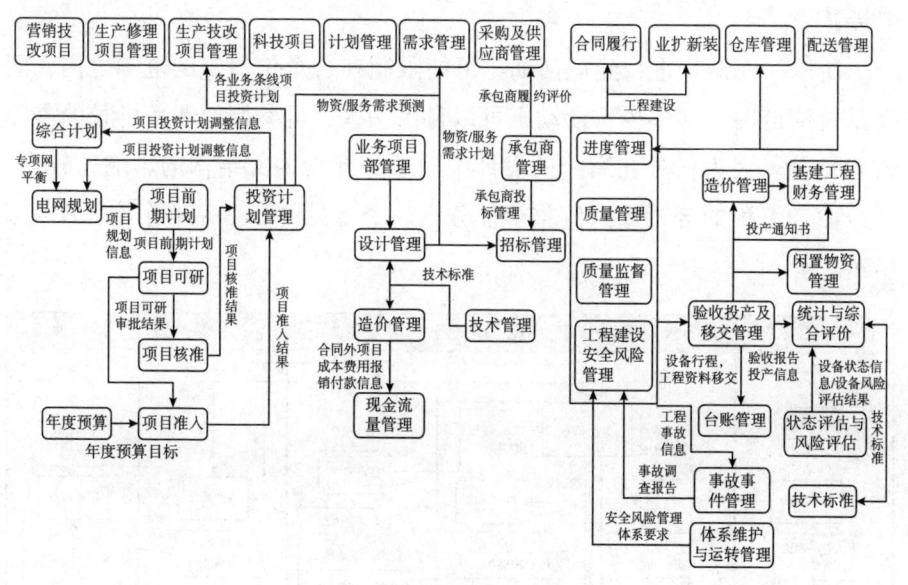

图4-6 资产管理业务全景图

（2）分析业务流程

业务流程的分析实际上是将一个业务领域中的所有业务处理过程按照价值链约定的范围进行分解，形成每一个价值链环节中的一个或者多个工作流。工作流程的设计可以采用常见的VISIO设计工具，既可以遵循BPMN（Business Process Model and Notation）语法标准，也可以遵循其他制作工作流的语法标准。但是整个企业必须统一采用一种语法标准，否则将无法进行企业级整合。

以 BPMN 语法为例，一个工作流在 BPMN 语法中称为一个活动，每个活动都可能有多个不同的角色共同参与，具体会涉及哪些角色由企业的组织结构决定。每个角色在活动中承担的职责称为任务，工作流的分析重点在任务上，活动的范围并不是那么严格。在 BPMN 语法中，活动之间是可以靠事件串接起来的，既然能够串接在一起，那么范围（或者说流程图的长度）就不是特别重要了。我们甚至可以将一个业务领域中不同价值链环节下的所有活动都连接成一个特别复杂的活动，只不过可读性会非常差。

所以，在操作上，建议活动尽可能限制在每个价值链的范围之内，而每个价值链内包含多少个活动则可以自由一些，可参照对业务场景的需要进行划分。因为任务在后续的设计中对业务能力内部结构的影响比较大，所以业务流程的分析重点侧重于任务。一个常见的 BPMN 工作流如图 4-7 所示。

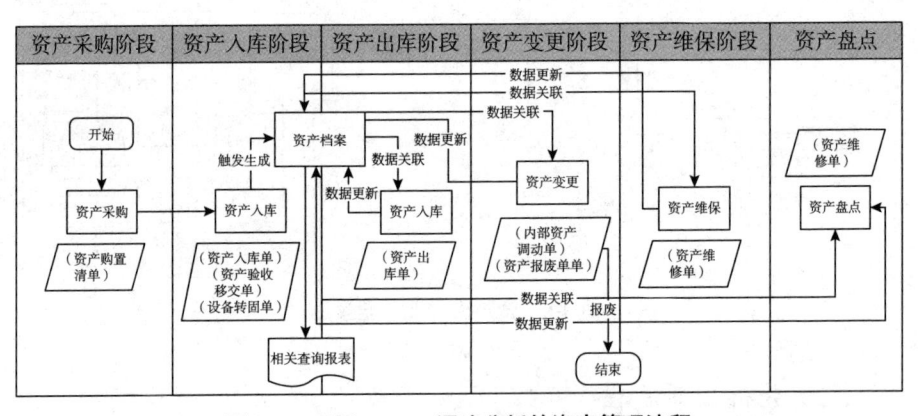

图 4-7 采用 BPMN 语法分析的资产管理流程

业务领域可以是企业以某类产品服务某类客户的一个业务范围，在建模上表现为：为实现这一价值定位，企业在整个价值链上的各种业务活动的组合。一个业务领域实际上就是由一组业务活动构成的，业务活动中的角色和任务，体现了所有参与到价值创造过程中的组织单元的分工协作关系。

通常企业级业务架构设计阶段完成的模型还较为粗糙，在对业务领域及流程的分析中需要注意，不能因小失大，因过于注重细节的完善而忘了大的方向，须知业务架构设计是始于企业战略的。因此，在进行业务领域这一层级的分析时，要注意将企业战略分析过程中梳理出的能力需求落实到工作流中，要时刻提醒自己，业务领域内的活动是否能够有力地支持战略的实现，是否能够有效地服务客户，是否能够有效地应对行业竞争，甚至在同行业中脱颖而出。

（3）业务服务设计

业务服务设计的目的是针对各业务流程，进行数字化系统前、中、后台的业务服务设计，明确业务流程所需的数字化服务和能力。

业务服务设计的主要步骤如图4-8所示。

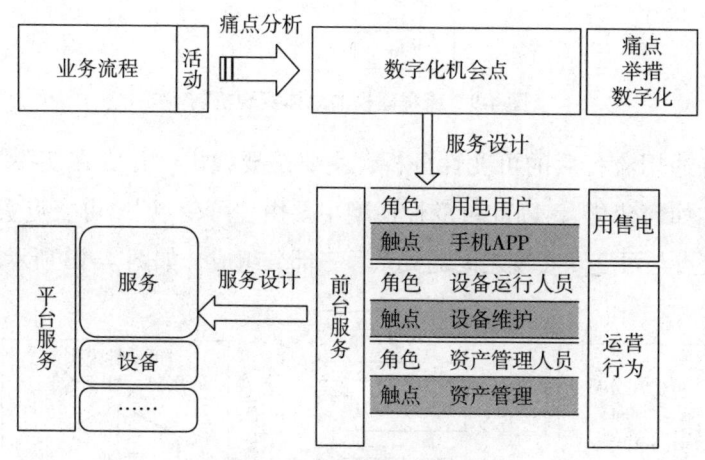

图4-8 业务服务设计步骤

业务服务在企业中台中以服务中心的形式呈现，详细的服务中心设计，我们将在中台设计章节描述。一个中台服务中心需要通过业务模型描述其业务承载逻辑，通过数据模型描述其数据的底层规范，通过服务能力描述其服务接口规范。

（4）通用流程建模

流程建模为了提取可复用的能力，首先需要识别共性业务，然后将同一类共性的业务抽象提炼出通用流程，并基于通用流程进行可变性分析。具体方法是按业务架构中流程部分的元模型（活动、任务、步骤），结合自上而下以及自下而上的方式逐层提炼收敛通用模型和可变点。总体实现过程如图4-9所示。

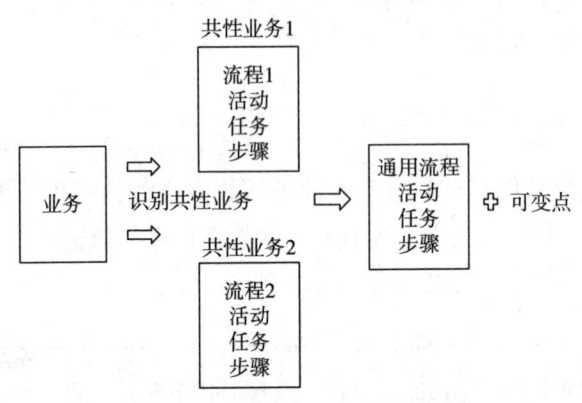

图4-9 流程建模的总体实现机制

提炼通用流程后的可变性分析，主要是要找出"什么在变""变化原因"和"如何变化"，因此可变性模型主要由"可变点""可变点实现"以及"可变点与可变点实现之间的关系"三部分组成，如图4-10所示。

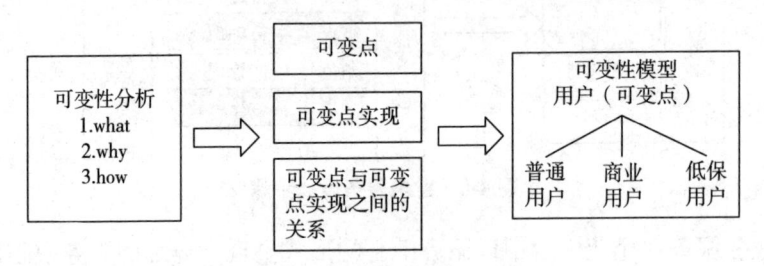

图4-10 可变性模型的组成部分

综上所述，流程建模的主要步骤如下。

①分析业务组合，提取共性业务。

②分析所有共性业务的各流程步骤及其输出对象，抽象提炼通用步骤

和业务实体。识别各业务的差异部分，提炼设计可变点，确定可变点实现和关系。

③分析所有共性业务的各流程任务，抽象提炼通用任务。识别各业务在任务上的差异部分。

（5）领域建模

领域是指组织的业务范围以及在其中所进行的活动，也就是平台能力需要支撑的业务范围。因此，为了构建出平台能力，需要对业务领域进行深入的理解和设计。在业务架构部分，将进行领域战略层级的建模，主要包括："子域""领域对象""领域事件"部分的设计。领域战略层级建模的过程如图4-11所示。

图 4-11 领域战略层次建模的过程

①领域事件识别。

领域事件可以定义为，领域专家所关心的发生在领域中的一些事件。将领域中所发生的活动建模成一系列的离散事件。每个事件都用领域对象来表示。领域事件是领域模型的组成部分，表示领域中所发生的事情。

一个领域事件可以理解为是发生在一个特定领域中的事件，是你希望在同一个领域中其他部分知道并产生后续动作的事件。但是并不是所有发生过的事情都可以成为领域事件。一个领域事件必须对业务有价值，有助于形成完整的业务闭环，即一个领域事件将导致进一步的业务操作。

我们可以通过领域事件对过去发生的事情进行溯源，因为过去所发生的对业务有意义的信息都会通过某种形式保存下来。比如："线路已投运""欠费已结清"等领域事件。

DDD（领域驱动设计，Domain-Driven Design）提供了一套面向对象的方法，给出了一套面向对象的分类框架和架构指引。在 DDD 设计过程中，常常运用事件风暴建模的方式明确系统中不同种类对象的识别过程和方法。

事件风暴建模是一种基于领域驱动设计 DDD 的业务建模方式，它能够直接分析动态业务流程，克服以往静态结构分析方法的局限性。所谓静态结构分析方法，主要表现为使用数据表结构来表达业务需求，虽然也有使用 UML 等面向对象的分析设计方法，但人们的分析思维还是拘泥于静态类图分析。

事件建模通过在分析过程中还原和分析系统，以"聚合"为支点，向上支持开展问题域和限界上下文分析，向下则可以通过聚合的进一步展开进行实体、值对象等相关的战术分析，支持实现战略落地。

事件风暴方法通常有以下几个步骤：

第一，提前准备，包括确定主持人、邀请合适的人、准备白板等。

第二，提供无限制的建模空间，召开风暴会议。

第三，发掘领域事件，可使用橙色贴纸标识。

第四，发掘领域事件的来源，可使用蓝色贴纸标识。多种来源也可以考虑用不同颜色来区分，例如用黄色表示角色，粉色表示外部系统，红色表示时间触发。

第五，寻找聚合，可用绿色贴纸标识。

第六，持续探索，发掘子域、识别核心子域、通用子域、支撑子域等。

②领域对象识别。

领域对象（Domain Object）：是对业务的高度抽象，作为业务和系统实现的核心联系，领域对象封装和承载了业务逻辑，是系统设计的基础。领域建模中重要的部分之一就是对"领域对象"及领域对象之间关系的识别和设计。而领域对象识别将基于前面领域事件识别的结果开展。领域对象通常包含（但不限于）如下内容。

领域事件中出现的名词。

如果没有信息系统，在现实中会看得见摸得着的事物。

虽然在当前业务中看不见摸不着，但是可以在未来抽象出来的业务概念。

在领域驱动设计中一般存在三类领域对象。

聚合根：是领域对象的根节点，具有全局标识，领域对象其他的实体只能通过聚合根来导航，聚合根所代表的聚合实现了对于业务一致性的保障，是业务一致性的边界。

实体：是领域对象的主干，具有唯一标识和生命周期，可以通过标识判断相等性，并且是可变的，如常见的用户实体、设备实体。

值对象：实体的附加业务概念，用来描述实体所包含的业务信息，无唯一标识，可枚举且不可变，如用电地址、合同种类等等。

业务架构只负责初步和整体识别领域对象，而对领域对象的分类（聚合根、实体、值对象）和战术层级的详细设计将在应用架构设计部分完成。领域对象识别的主要步骤如下，领域对象识别的示例如图4-12所示。

对每一个领域事件，快速识别或抽象出与该领域事件最相关（或隐含的）的业务概念，并将其以名词形式予以贴出。

检查领域名词和领域事件在概念和粒度上的一致性，通过重命名的方式统一语言，消除二义性。

如果在讨论过程中，有任何因为问题澄清和知识增长带来的对于之前各种产出物的共识性调整，请立刻予以调整和优化。

重复以上步骤，迭代式的完成全部领域对象的识别。

③子域划分。

子域（Subdomain）：是对问题域的澄清和划分，同时也是对于资源投入优先级的重要参考。比如："订单子域""物流子域"等，子域的划分仍属于业务架构关注范畴。

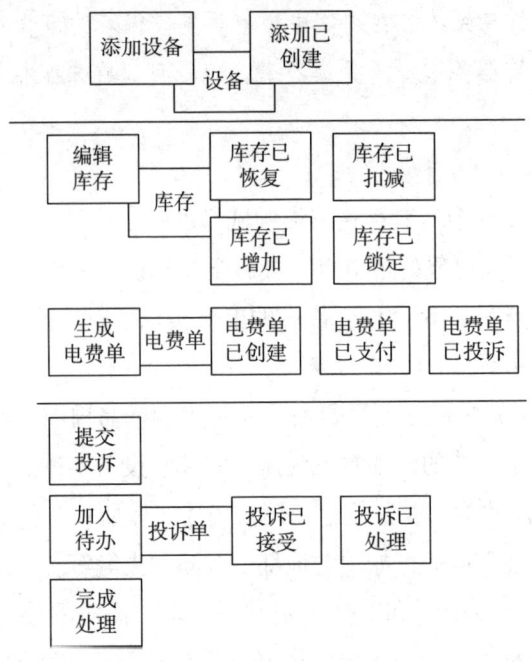

图 4-12 领域对象识别

子域的类型分为核心域、支撑域、通用域等，见图 4-13。

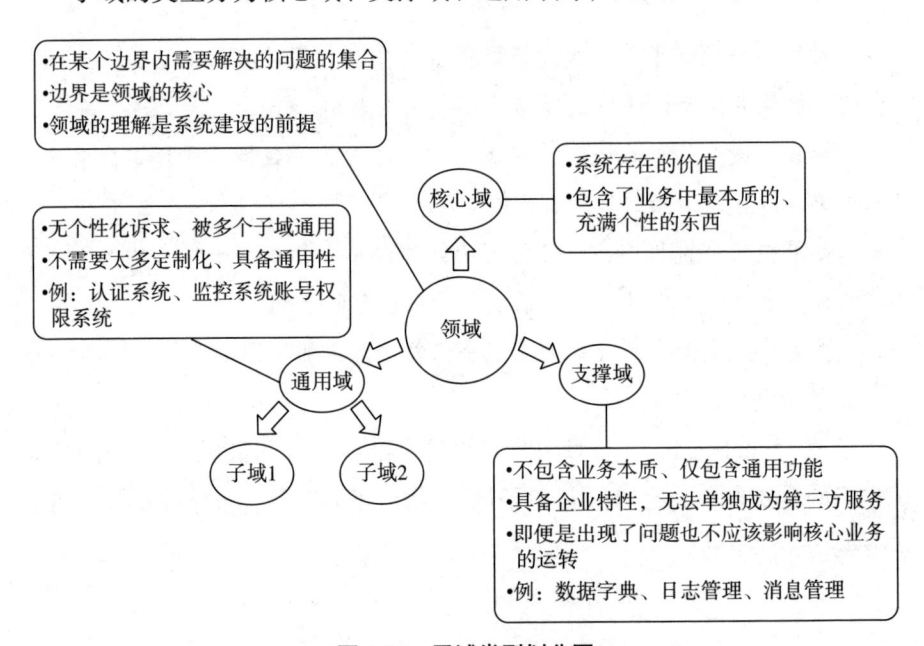

图 4-13 子域类型划分图

核心域是指业务中最重要的那部分,是建设系统的主要目的。核心域体现了企业的个性,比如"电网"中的"调度"功能,这个业务若不存在,"电网"便没有价值。

支撑域主要目的是为了支撑核心业务的运转,关注业务的某一个方面。以一般的电费结算系统为例,"客户中心"用于支撑结算过程,客户是其中的主体对象。"消息中心"用于支撑结算过程中的邮件、短信、消息等功能,这两类中心没有"结算中心"这种核心域业务那么重要,但仍然是非常有用的东西。

通用域的概念相对而言就比较模糊了:如果子域被用于整个业务系统,这个子域就是通用域。比如认证业务,其核心是用户验证等,为了让用户在各类渠道如APP、网站、微信小程序等进行快速认证而引入了"认证中心"。这里的"认证中心"就是通用域,因为它通用于各类登录场景。通用域的内容一般有现成的解决方案,可直接购买或下载开源的工具。

④子域划分方法。

子域的划分是指:确定业务属于"核心""通用"和"支撑"三个域的哪一类。针对每个子域如"核心域"中的内容如何再做细化。

把一个大的领域分成三个固定子域后,每个子域中的内容就与业务相关了。业务子域可能会再分为多个部分,比如核心域中包含A、B、C三个业务子域,A的业务子域又可再分成A1、A2两个业务子子域。细分的标准是每个子域应该有一个明确的边界,这个边界不是以技术作为划分依据的。

业务子域的划分一般来说可以从两个维度出发:功能与流程。根据功能来分域一般是划分子域的一个非常重要的参考,有些业务听起来看起来就可区分其重要性。一个典型的子域划分示例如图4-14所示。

(6)用户类别建模

用户类别建模的目的是为满足不同的业务运营需求,对影响业务运营规则的各维度进行识别。

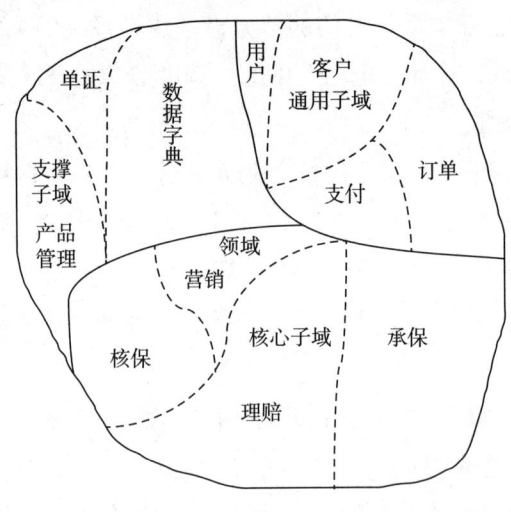

图 4-14　子域划分示例图

用户类别建模的工作任务主要包括四步：①提取用户类别要素维度；②定义用户身份识别解析规则；③指定用户身份名称；④指定用户身份 ID。工作产出为用户建模表。

用户类别由"用户类别 ID""用户类别名称""用户类别要素定义""用户类别识别解析规则"四个部分组成。其中，用户类别要素定义是最基础也是最难的部分。国有企业应根据用户业务特征对用户要素进行识别定义，常见的用户类别维度包括但不限于：用户、产品和渠道等。用户类别要素除了对要素维度进行抽取识别，还需要定义每个要素维度所包含的领域对象及属性，用这些领域对象及其属性来定义用户类别的识别解析规则。

用户建模的主要步骤如下。

分析业务组合，提取用户类别要素维度。

确定各用户类别要素维度对应的领域对象和属性。

确定领域对象各属性的取值条件规则，定义用户类别识别解析规则。

指定用户类别名称。

指定用户类别 ID。

（7）能力建模

能力建模分为"原子能力和扩展""服务能力设计"和"业务场景解决方案设计"三个部分，过程顺序如下。

①原子能力与扩展功能。

原子能力是对领域对象的原子操作，完成一个领域上单一且完整的职责。比如，创建电源点、调整设备属性等。

扩展功能："扩展点"是对原子能力的可变性设计，在技术侧体现为原子能力实现中的某一个步骤的接口定义，而接口的一个实现为一个"扩展实现"。比如：电费结算原子能力中有一个步骤是电费总价计算，而对正常客户的电费计算规则与政策照顾人员的电费计算规则是不同的，因此需要对电费结算原子能力设计"电费总价计算规则"的扩展点，并分别定义对正常客户和政策照顾客户的扩展实现。

不同的业务通过使用同一个原子能力来达成共享复用的目的，而不同业务在业务规则上的差异性，则通过定义该原子能力在扩展点上的不同扩展实现来区分。原子能力与扩展功能的主要步骤如下。

对流程建模步骤中输出的各"任务"下的所有"步骤"，确定其对应的领域对象（领域对象应来自于前面的领域建模步骤）。

根据步骤对领域对象的操作，设计对应的原子能力。

原子能力的设计应遵循如下原则。

完成对一个领域对象单一且完整的操作职责。

原子能力操作的领域对象最大不能超出单个聚合，最小不能破坏业务的一致性要求。

原子能力的输入与输出建议对象化，以规范使用。

根据流程建模步骤中识别出的与该原子能力有关的可变点，以及各业务身份在该可变点上不同的业务规则，提炼设计出原子能力的扩展功能。

确定扩展功能的默认实现。

服务能力设计。服务能力是对原子能力的进一步封装，目的是方便业务的使用。服务能力加快了业务接入平台的速度，让业务侧专注业务本身，不再需要耗费精力在理解平台大量的原子能力上。服务能力按封装粒度不同分为两类：第一类服务能力是根据业务服务的需要编排封装的一组关联的原子能力，从而提供完整的业务服务，如"现场勘察"等。第二类服务能力是平台针对一系列紧密关联的业务活动设计的能力模板，可基于该模板快速定制特定流程和能力，从而达到复用全部关联能力的目的。比如："低压居民新装现场服务"等服务能力。示例见图4-15。

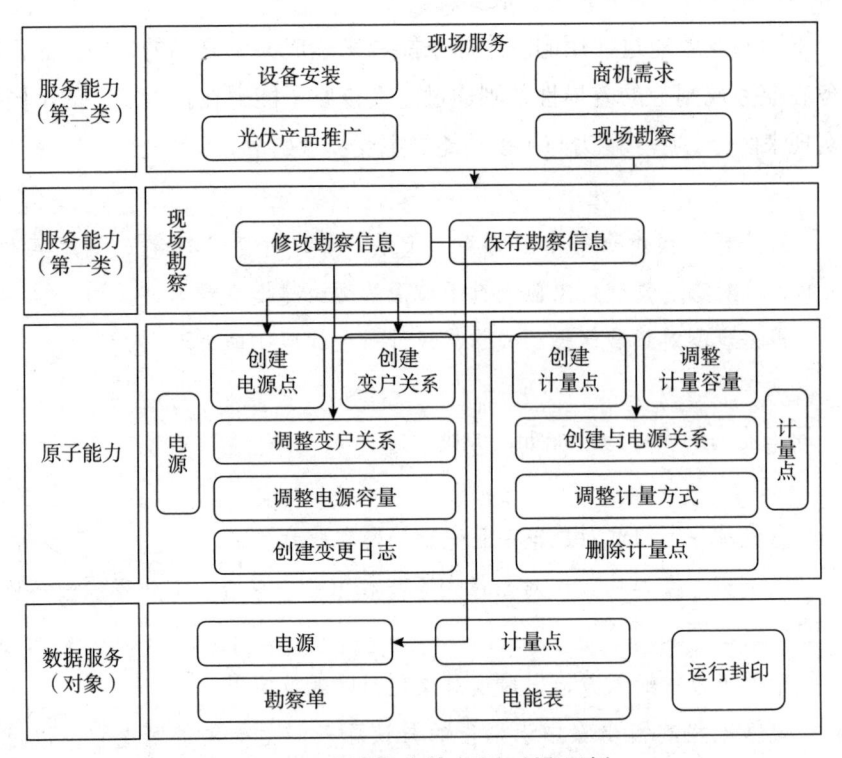

图 4-15 服务能力的实现机制和示例

原子能力与服务能力的设计都基于流程建模和领域建模的结果，各设计产出要素的对应关系见图 4-16。

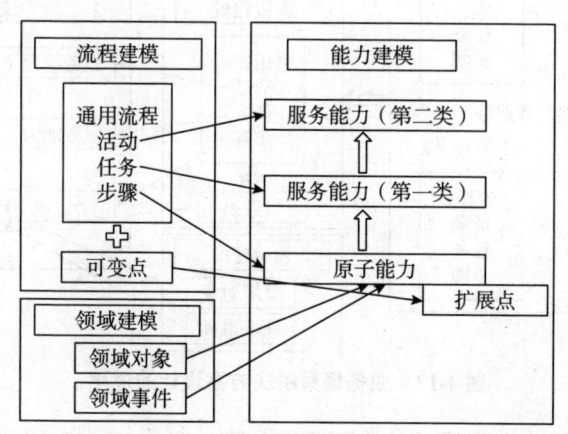

图 4-16 原子能力、服务能力设计与流程和领域建模的关系

服务能力设计的主要步骤如下。

对流程建模中输出的每个任务，设计其所需的业务服务，可采用服务蓝图的方法进行业务服务设计。

对每个业务服务，封装编排满足其需求的一组原子能力成为第一类服务能力。

对流程建模中输出的业务活动进行逐项分析，从价值交付的角度，识别对应的一系列紧密关联的业务活动。将这些业务活动包含涉及的所有服务能力和原子能力封装，定义为第二类服务能力。

（8）小结：业务场景解决方案设计

业务场景解决方案是平台针对一类共性业务的端到端过程设计的能力模板；可基于该模板快速定制某个具体业务的特定能力，从而达到业务模式复用的目的。从以上定义可以看出，业务场景解决方案的核心是对共性业务进行识别提取和对业务全部能力进行模板化封装，见图 4-17。

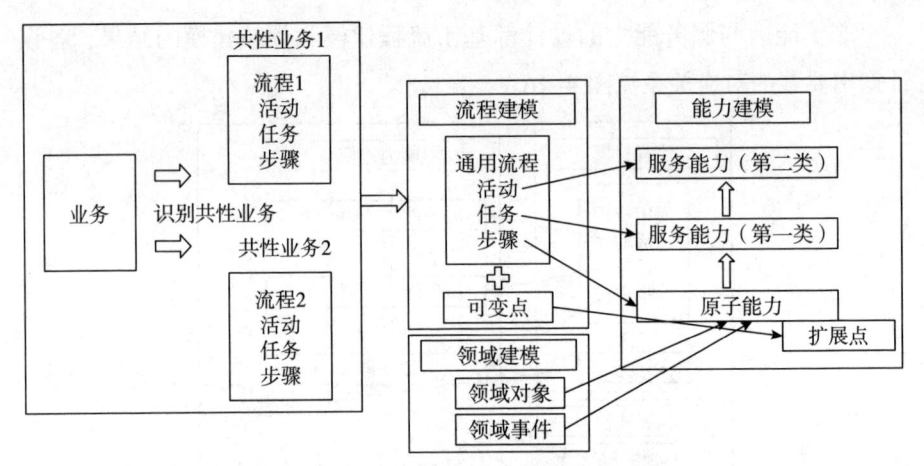

图4-17 业务场景解决方案设计的过程

业务场景解决方案设计的主要步骤如下。

识别和提取共性业务。

对共性业务进行流程建模和领域建模。

进行原子能力和扩展功能设计。

进行服务能力设计。

基于通用流程,将共性业务中包含的所有原子能力、扩展点和服务能力封装定义为业务场景解决方案。

第五章

平台型企业架构之应用架构

应用架构描述了 IT 系统功能和技术实现的内容，可以分为两个不同的层次：企业层面的应用架构起到了统一规划、承上启下的作用，向上承接了企业战略发展方向和业务架构，向下规划和指导企业各个 IT 系统的定位和功能。单个系统的应用架构是包含该系统的前端展示、业务处理逻辑、后台数据架构等。

第一节　应用架构的总体框架

1. 应用架构的内涵

应用架构不是对单个系统的分析与设计，也不是软件架构。应用架构着力于描述应用系统的部署，以及与核心业务流程之间的作用和关系，实现系统中各个业务流程的信息化和自动化，并使得各个应用系统的集成运行成为可能。

应用架构受业务架构驱动，它是从业务功能结合技术因素推导出来的，以支撑业务目的和性能目的为目标。从实现的角度来看，习惯于用系统的视角来看待问题。系统是由一系列围绕某一主题的服务能力组成的，而整体的应用架构则是通过一个个系统的实施来实现的，所以应用架构也常常被看作是总体的系统架构。

2. 应用架构总体框架

应用架构规划是对整个组织的应用格局进行顶层设计，明确组织内各类应用的边界和定位，保证其能够与总体的业务及 IT 战略一致，同时能够指导后期的分析设计和项目实施规划，起到承上启下的桥梁性作用。透过应用架构的规划能够明确未来 IT 系统的边界划分、处理模式、部署分布及关键技术要求。应用架构的总体框架如图 5-1 所示。

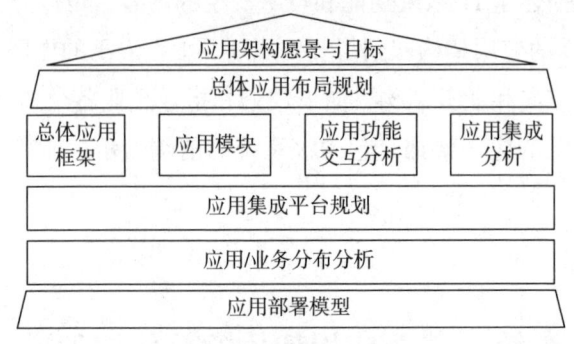

图 5-1 应用架构框架

应用架构包含应用架构愿景与目标、总体应用布局规划、业务/应用对应关系分析、总体应用框架、应用模块视图、应用功能交互视图、应用集成视图、应用部署模型，以及应用架构迁移视图等几部分。

3. 应用架构设计的原则及思维误区

应用架构的设计是一个比较复杂的事情，规划和设计时应坚持以下原则。

①全面性原则：提供一个整体的、全面的应用架构蓝图，覆盖所有的核心业务，并且重点突出。

②前瞻性原则：吸取国内外先进的设计思想中适用的部分，整体架构设计适度超前，避免短期内就被淘汰。

③实用性原则：在考虑前瞻性的同时，充分考虑当前的法律、规程与技术等方面的制约因素。

④灵活性原则：应用架构着重于描述应用边界的切分、相互的关系及基本功能的定义，而不是定义详细的功能和技术实现方式。

⑤继承性原则：考虑现有系统状况，有价值的尽量保留，以保护投资和

平稳过渡。

应用架构是业务与IT匹配过程中的重要环节,但是很多组织在架构实践中,往往存在应用架构设计方面的以下误区。

①把应用架构等同于应用系统架构或软件功能架构,甚至是组织当前已经部署的IT系统的罗列。有不少组织开发的应用架构,都是从当前的IT系统出发,设计面向未来的IT系统迁移路径。这种方法没有从根本上解决组织应用的整体架构设计,更谈不上任何与业务架构的匹配。

②直接开展应用架构设计。应用架构设计的目标是通过搭建逻辑上的应用蓝图,实现应用对业务的支撑和覆盖,确保业务与IT之间的匹配与融合。如果不从业务架构出发,甚至组织的业务架构都没有建立,应用架构的设计原则和面向未来的应用架构就无从谈起。

③应用架构是信息化部门的事。这种情况往往存在于信息化部门在组织内话语权不强的时候,当组织要开展架构设计,应用架构和数据架构就会被定位为信息化部门的任务,使得应用架构往往得不到很好的讨论和验证,变成闭门造车,最后无法达成一致,也起不到承接业务架构和战略的目的。

事实上,应用架构是业务人员和IT人员都要参与的工作,作为一名架构师要既懂业务,还要懂IT,当架构深入到应用架构设计细节时,架构师需要领导组织内部的业务和IT人员充分讨论协调,绝不能把业务和IT割裂设计。

第二节 应用架构的元模型

1. 应用布局分析

总体应用布局分析是整个应用体系规划的起点,也是业务架构与应用架构的交叉点,其关键价值在于完成总体的应用边界划分,明确应用实施和部署的范围,各应用的核心功能,为后续的应用规划提供指导。总体应用布局对国有企业来说更加重要,因为国有企业的业务一般比较复杂和多元,信息系统也相应地会多样化,哪些系统在总部实施?什么样的系统属于全局性应用?某一个应用需要在哪些机构实施?通过总体应用布局分析可以回答这些问题。

总体应用布局规划主要是根据业务架构中的分析结论,同时结合各类非功能性需求,从管理、业务和技术的视角来考虑应用边界的划分,明确各应用的职能定位及应用间的协作关系,具体如图5-2所示。

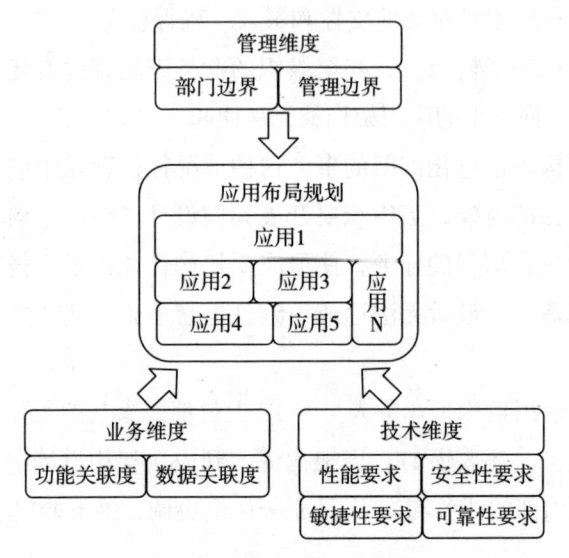

图 5-2 应用布局分析思路

如何划分 IT 系统的边界,以更好地应对变化?边界划分是应用架构设计的重要部分。我们在应用架构设计中融合了领域驱动设计限界上下文与统一语言的概念,延续业务架构部分中对于领域对象的识别和子域划分,结合组织与技术的要素,从多个方面充分考量应用的建模。限界上下文是业务上下文的边界,在该边界内,不会对某个业务概念产生理解和认知上的歧义,限界上下文是统一语言的重要保证。统一语言是用于构建由团队、开发人员、领域专家和其他参与者共享的语言。统一语言是在限界上下文中建模的,在其中标识表达了业务领域的术语和概念。

借助于业务上下文边界和统一语言，我们可以从两个层面分析总体应用架构布局，实现边界的划分。一是从功能需求层面出发，按"单一职责"原则划分逻辑边界；二是加入非功能需求，按架构质量属性调整逻辑边界并划分物理边界。

2. 应用架构元模型

应用架构的元模型包括"接口""逻辑""状态"三个部分，如图5-3所示：逻辑部分用来对IT系统的职责、边界建模，其中包括应用组件、应用、应用组、应用层。接口部分用来对应用的入口建模，其中包括应用服务和扩展点。状态部分用来对应用对象状态的变更建模，包括领域对象和不变量。

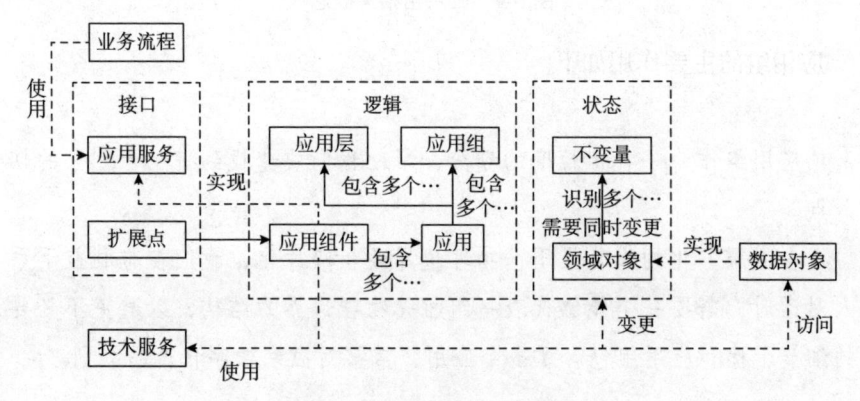

图 5-3 总体应用架构元模型

第三节 应用架构的设计步骤

1. 应用组建模

应用组通常是强相关联的一级应用系统模块的集合，是一系列应用的集合，这些应用都具有相同的数据源，但部署的目标集群或命名空间不同，相关概念如图 5-4 所示。

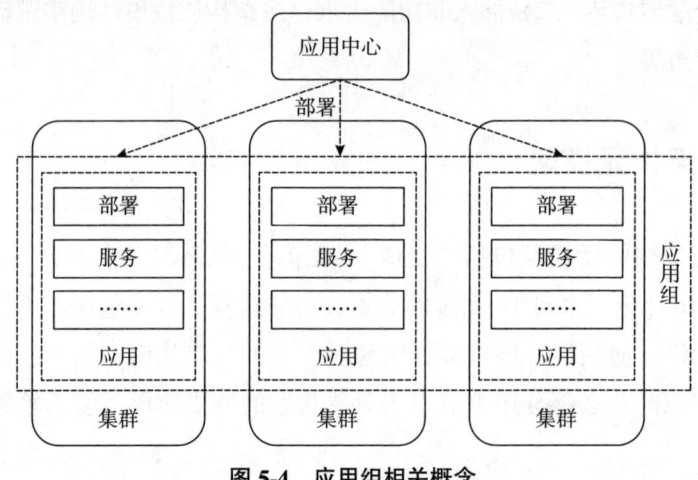

图 5-4 应用组相关概念

应用组的主要作用如下。

应用组作为一种粗粒度的划分，帮助我们快速找到进一步划分的切入点。

在微服务化的大背景下，物理边界逐步碎片化，我们在与利益干系人对话时，需要一个能够代表一组相关物理边界的结构，以避免不必要的细节干扰。应用组包含了多个应用，常常对应到数字化产品级别。

应用组的建模依据主要来自于业务架构的业务、组织两部分成果的输入，在应用架构设计从 0 到 1 的过程中，主要是建立起点，成果不一定要求精确。

2. 应用组件建模

应用组件是一种细粒度的应用逻辑边界划分结构，是对功能、数据的封装。应用组件向上可组成一个更大的应用，向下则是代码实现层面的结构设计。因此，应用组件是架构层面的最小单元。

按职责类型分解，应用组件可分为四种常见的参考类型，如表 5-1 所示。

表 5-1　　　　　　　　应用组件四种常见的参考类型

类型	功能	数据	例子
流转类	支撑某个流程或流程中的一段活动	流程的状态，流转信息和决策依据	如电费结算组件，其支撑的流程是电费结算流程，管理的数据是电费单
规格类	支撑某个业务规则，给出专业意见	一般不管理数据的生命周期，只负责加工给出结果	验证：供电线路是否大分支 筛选：用户数超过两千户的供电线路 计算：线路是否需要分段
视图类	支撑某个业务活动所需的整合信息	一般不管理数据的生命周期，只负责加工给出的结果	设备台账信息的展示
配置类	为前三类提供配置输入	基础的资源信息	设备目录配置管理

一般来说，建议从流转类的应用组件开始识别，再延伸至规格类、视图类，最后再识别配置类。建模依据主要来自于业务架构的业务流程、业务对象、业务规则。其过程可总结为三个子步骤。

子步骤一：功能和数据识别。

逐层分解业务流程，从活动、任务、步骤中可以得到相对细粒度的业务需求，即 IT 系统需要提供的功能。将业务对象转化为不同类型的数据对象。

子步骤二：功能与数据关联，识别应用组件。

按不同组件类型将功能与数据对象关联对应，得出应用组件。在流转类组件建模时，有两个关注点需要特别注意：

一是隐式业务边界的识别。在对业务流程分析时，由于地点、角色变化，我们面对的业务干系人和他们的工作环境不同，其关注点可能不同。通过识别这类隐式的业务边界，可以帮助我们细分数据对象和应用组件。

二是数据对象变更一致性约束的识别。在流转类应用组件的建模过程中，应该尽可能识别业务规则中对于数据对象变更的一致性约束，不变量代表了哪些数据对象需要被同时改变，依此可以复查应用组件拆分是否破坏了事务边界。

子步骤三：识别、调整各应用组件之间的依赖关系。

识别各组件间的依赖关系，尽可能避免两种依赖：一是避免依赖容易变化的组件。二是尽可能避免出现双向依赖，可通过引入第三个组件或扩展点解耦。

3. 应用建模

有了应用组件，应用架构的物理边界设计就容易入手了。下一步设计关键是识别是否存在架构质量属性冲突，作为应用建模的重要参考，调整逻辑边界，并确定物理边界。质量属性冲突包括如下内容。

（1）该边界内是否存在变更频率冲突

我们倾向于将高频变更的应用组件与其他应用组件阻隔开。物理边界意味着部署的独立性，不容易产生发布计划，避免部署所需资源上的冲突。如果一个功能扩展带来的变更集中在某个应用、甚至应用组件内，其协作成本相对更低。

（2）该边界内是否有特别的移植性要求

在实现某一个业务模式时，必然存在该业务模式的特定需求和可以支持多个业务模式的公共需求。我们倾向于将特定需求和公共需求的实现隔离到不同的应用组件甚至应用里，以便新业务模式接入时，方便实现功能扩展。

（3）该边界内是否有特别的弹性要求

该要求指应用是否容易通过调整容量来应对流量变化。在这里应用的粒度决定了容量调整的难度和成本。因为应用的粒度太大，而流量变化只影响其中某个应用组件，则扩容带来了不必要的成本浪费。另一种情况是某个应用组件不能调整容量或者调整得非常困难，这主要是因为其依赖于某个无法扩展的微服务。例如，某应用组件依赖硬件加密设备对报文进行加密，扩容意味着需要采买硬件加密设备。因此，需要将这类应用组件隔离开，使其他组件更容易应对弹性要求。

（4）该边界内是否有特别的性能要求

该要求与弹性要求类似，将不同性能要求的应用组件分开，特别是对于特定问题，可能适合某个技术栈，但出于整体建设、运维成本考虑并不适合大面积使用，我们倾向于将其设计为一个独立的应用，与其他应用组件隔离开。

（5）该边界内是否有特别的可用性要求

该要求与弹性要求类似，将不同可用性要求的应用组件分开，降低保障可用性要求的建设、运维成本。例如，如果某个应用组件支撑的功能尚处在业务探索阶段，那么可以适当降低其可用性要求，这要求将其与承担核心功能的应用组件隔开。或是当故障发生时，能否将故障隔离在局部范围，减少应用失效造成的业务损失。

（6）该边界内是否有特别的信息安全要求

某应用组件需要处理保密性要求高的信息，为降低该信息被非授权访问的风险，我们倾向于将该应用组件与其他应用组件拆开，将其独立部署在一个加固的运行环境中。

（7）该边界内是否有特别的合规要求

有时边界划分会受到法律、法规或行业规定的影响。我们倾向于由已通过认证的应用服务来提供该职责，或是将该职责独立划分为一个应用，减少认证需要花费的时间。

基于以上冲突进行逻辑边界调整，将有特别要求的应用组件独立划分到各自的物理边界，剩余的应用组件原则上保留在一个物理边界，以元模型中的"应用"表述该划分结果。

4. 应用层建模

平台化架构中作为支撑层的 IT 系统在架构属性上需要更多重视和投入。我们常常看到企业仅仅在全景图纸上做了分层，但缺少架构设计、治理中的实际举措，功能上的变更往往会击穿多层，支撑层团队疲于奔命。

企业有多种不同类别的项目，各自有不同项目管理结构，原各部门均设置一个前台团队负责相关项目管理应用的交付和运营。为降低成本，决定将各项目管理应用的进度管控、资金支付、搜索等需求集中起来，设立项目中心作为平台支撑层的应用/应用组。但如果项目中心仅仅是"复刻"各业务部门的原有项目管理结构，而未作相应的抽象和复用设计的话，面对多个部门的项目管理需求，往往不堪重负，成为瓶颈。

因此，项目中心必须设计一个项目管理结构的元模型，可通过运营人员组装的方式，为不同业务线的项目管理结构建模。这样才能将前台各业务线的项目管理进度展示、搜索需求变化就地消化。

5. 应用服务与扩展点建模

元模型中的应用服务最主要的作用是显式地向对外定义一个接口规范。应用服务可用来在应用组件升级/替换、定义 IT 服务级别等架构治理场景中进行功能集合建模。

例如，在电动车充电线上缴费流程中，IT 系统需要支持用户完成充电管理、发起付款、充电状态查看、取消订单等行为，可将它们视为应用架构中的应用服务充电缴费结账需求来源，如果在业务架构采用了"能力建模"，也可以直接将其对应转换过来。

> 业务架构中的"服务能力"转换为应用架构中的"应用服务"。
> 业务架构中的"原子能力"转换为应用架构中的"功能"。

如果说应用服务显式定义了应用组件的入口，那么扩展点则定义了应用组件的出口。扩展点有两个作用。

一是反转对不稳定应用组件的依赖，降低其变化对自身的冲击。

二是增强可移植性，即不同的业务场景下对于同一个应用组件的逻辑存在差异化需求，对业务架构的"变化点"，可以根据当前应用状态上下文中的业务身份，针对性选择适合的逻辑实现。

例如，某公司有普通售电业务和电动车充电业务，我们可以将客户电费结账识别为一个可共享服务。结账后，普通电费订单需要调用用户对应地址和用电量，而电动车充电订单需要调用充电时段和充电量等信息，这需要使用"自动结算履约"这个扩展点，并找到两种业务模式的扩展实现关系，见图5-5。

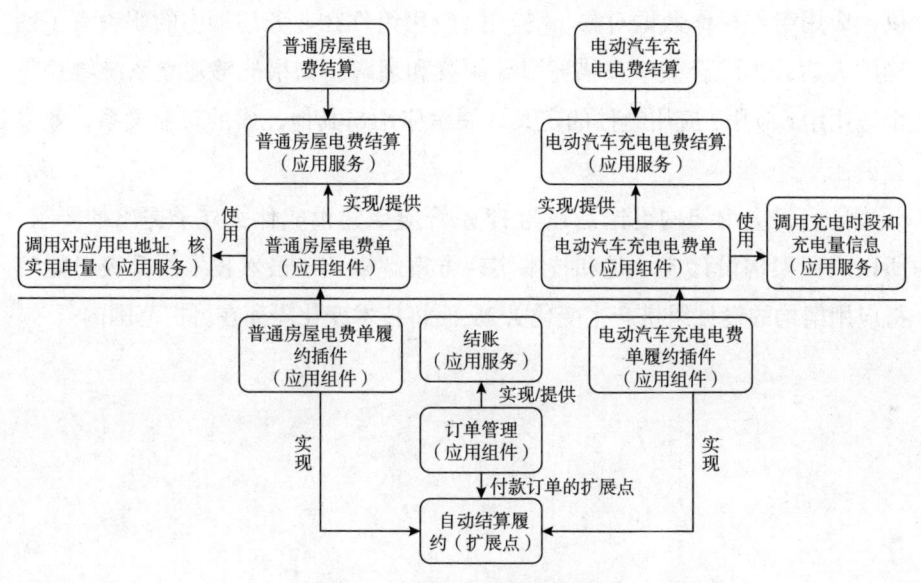

图 5-5 典型的扩展点建模结果

6. 边界划分结果和依据的可视化

可以将边界划分的结果及过程依据保存下来，并可以开放给授权人员访问。这样有助于解决我们常常遇见的问题：新的功能应该放在哪个应用实现？

这个问题背后的原因可能是应用的边界划分不清晰，职责模糊，或者是边界划分的结果及依据丢失了。常见的现象是我们看到一张张应用架构全景图，由若干个方框组成，代表一个应用或应用组件。由于缺少上下文，仅凭方框内的名字很难判断应用的职责范围，所以不好回答"新的功能应该放在哪个应用实现"。

解决这个问题的难点是如何简练、清晰地描述应用的边界和职责。在全景图的基础上，为每个应用/应用组件增加职责描述是一个不错的做法，但仅用文字描述可能存在歧义。可以进一步建立应用架构与业务架构、数据架构的映射关系来解决这个问题。

通过构建映射关系（业务流程使用应用服务，应用服务由应用组件提供，应用组件操作数据对象），应用/应用组件在业务活动中的职责有了明确的表达，再配合文字来描述引导阅读和理解。如果能够建立系统维护每个应用组/应用/应用组件的定义，展示应用与其他元素的映射关系，效果会更佳。

最后，应用架构更像是在为IT系统应该建设成什么样子提出的要求，所以应用架构设计应该是和技术实现方案解耦的（虽然技术的升级可能使得应用架构的设计风格产生变化），从而将技术变化隔离在可控范围内。

第六章

平台型企业架构之数据架构

数据架构描述了组织的逻辑和物理数据资产与数据管理资源的结构。数据架构的目标是将业务需求转化为数据和系统需求，并管理数据及其在企业中的流动。数据架构把"散沙"状的数据变成"网络"状的数据，并在数据与数据之间构建起联系。

第一节　数据架构的总体框架

数据是企业的血液，它属于企业的核心资产，而对数据架构的规划与梳理也是企业架构的核心。提到数据，大家会自然想到数据库分析与设计，而数据架构与数据库设计不同。

数据架构着眼于从总体看整个企业的数据资源，包括数据域与数据子域划分、企业数据模型与标准的定义、从支持业务架构和应用架构的层面看数据分布、数据管理平台架构设计等内容，数据架构的总体内容框架如图 6-1 所示。

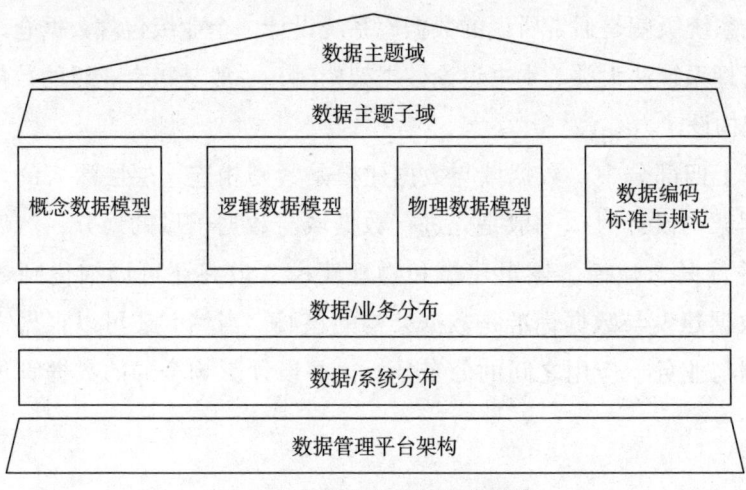

图 6-1　数据架构总体内容框架

数据架构可以分为四大部分。

第一，数据主题域/子域。数据域是对业务进行高度抽象和概括，形成不涉及过多的细节、独立于具体信息系统的主题域模型，包含业务过程中所涉及的所有主题域及它们的关系。主题域模型分为面向分析类应用和面向操作类应用。一个数据域根据需要还可以细分为若干子域，如客户、设备和产品等都可以看作是一个数据域，可以根据需要在此基础上细分数据子域。

第二，数据建模与数据标准制定。企业数据建模是站在全局角度对归纳、整理出来的数据之间的关系进行分析，这种关系分为概念模型、逻辑模型和物理模型三个逐步细化的层面。另外，还要制定企业层面的数据标准，为从根本上解决企业数据分散重复、口径不一致、信息孤岛等问题，推动企业内各类信息系统的整合和数据的共享奠定基础。

第三，数据与业务/系统之间的分布关系分析。数据架构不是一堆静态的文档，而是要在系统中被处理、在业务中被使用的。为了更好地维护、分析和使用数据，需要明确由谁来负责哪些数据的更新？什么样的数据在什么业务环节中产生和处理？数据在系统中如何分布？不同系统间的数据如何交互等。

第四，数据管理平台的架构设计。数据管理平台可以分为企业级和系统级，系统级就是通常所说的数据库系统设计，企业级包含数据仓库和主数据管理系统两大类。本书讨论数据架构时，一般是指企业级的数据管理系统架构设计。

以上四部分中，数据域与数据建模是紧密相连、层层深入的。在进行数据架构设计时，一般是先进行数据域与数据子域的划分，然后再对数据进行概念建模、逻辑建模和物理建模，最终还可以细化到数据标准，数据建模与数据标准是数据架构的核心。当然，还可以根据需要进行数据与业务、应用之间的分布分析，并设计影响全局的数据管理系统架构。

第二节 数据架构元模型

1. 中心化数据架构

业界对数据架构的通用做法是：对于运行类（Operational）场景和分析类（Analytical）场景，使用不同的设计方法和技术支撑。运行类场景以业务事务为主线，关注点是业务事务运作证据的完整性和一致性，以及确保各类数据在各业务单元间高效、准确地传递，实现跨业务单元的事务推进，其设计方法和技术已经沉淀了很多年。运行类场景的数据架构设计，目前的关注点在于分布式架构下，如何建立企业级一致的数据标准体系、数据所有权定义，为企业级的数据治理以及对于分析类场景的支持奠定基础。分析类场景则需要对内外部数据进行收集和加工，用来评估业务运行表现，或者结合机器学习技术给出对于未来发展趋势的预测和判断，尝试构建数据驱动运营的企业组织。其设计方法和技术可分为数据仓库、数据湖两个方向，它们有各自不同的适用场景和技术栈，但共同点是与运行类场景有显著的不同。

许多企业组建了专职的集中式数据团队，将分析类数据处理工作和其背后的复杂性打包成为一个黑盒，提供端到端的统一的数据类企业级服务与支撑，这样就形成了中心化数据架构。这个模式对于业务场景简单的企业没有问题，但对于多业务线、业务平台化的企业环境则稍嫌不足。一方面，随着 IT 建设加速，数据源和分析类场景的数量激增，对数据服务的响应力提出了更高要求。另一方面，想要提供高质量的数据服务，除了分析类数据的专业技能，还要求对于业务场景、现有应用软件的深入理解。如果所有工作仍然只由专职的集中式团队一肩挑，团队承载力的限制必然会拖慢响应力。

因此，我们需要探索如何适当拆分过于集中的分析类数据处理职责，为专职数据团队减负，缓解规模化瓶颈，使其可以将精力投入到高价值的分析类场景中。我们先考虑一下数据服务的过程，不管是该服务的实现方案基于数据仓库还是基于数据湖，数据想要形成分析类价值，背后都需要经过抽取—加工—能力包装三大工序，这便需要数据架构元模型。

2. 平台型数据架构元模型

数据架构在模型里面定义很简单，因为很多都已经在业务架构和应用架构中涉及到了。这里只定义数据对象、数据组件和数据服务。

数据架构的内容元模型包括"逻辑""接口"两个部分，如图6-2所示。

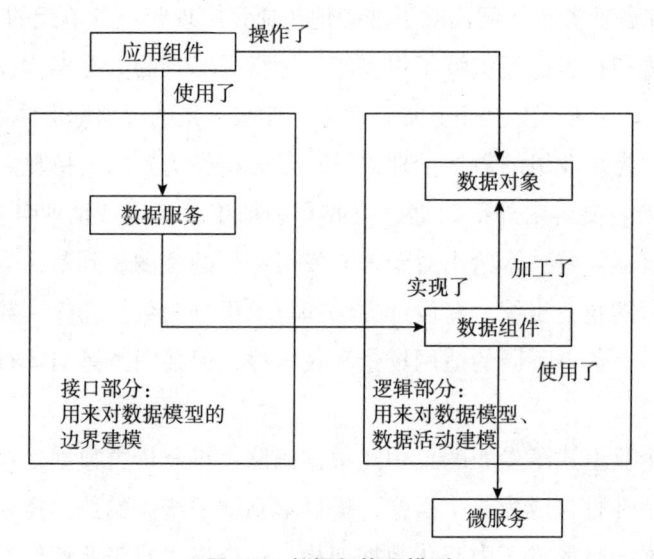

图 6-2　数据架构元模型

逻辑部分用来对数据模型、数据处理建模，其中包括数据对象、数据组件。接口部分用来对数据模型的边界建模，其中包括数据服务。

数据对象是对数据自身的建模，例如业务中使用的各种主数据、元数据、聚合数据、分析数据等。数据组件是对数据活动中所需处理的工序建模，它将关注点聚焦在数据需要经过怎样的处理过程上。数据服务是对业务场景中数据使用需求的抽象，它的实现由数据组件描述。数据服务将关注点聚焦在对需求的定义以及场景中对服务水平的要求。

第三节 数据架构的设计步骤

数据架构设计步骤一般包括数据对象、数据组件和数据服务设计这三大步骤，具体包括数据识别、数据定义、数据加工、数据存储、数据流转和数据应用这六部分，见图6-3。

数据对象	数据组件	数据服务
·数据识别 ·数据定义	·数据加工 ·数据存储	·数据流转 ·数据应用

图6-3 数据架构设计步骤

1. 数据对象建模

数据对象是数据架构的核心模型，是从数据视角对现实世界特征的模拟和抽象。运行类场景的数据对象一般由支撑该场景的应用组件管理，其设计原则往往不适合用于分析。目前主流的处理方式是使用数据流水线将运行类数据从应用组件背后的数据库抽取出来，再进行加工转换，保存到数据仓库或数据湖内。

数据对象建模包括数据对象识别和数据对象定义两部分内容。在融入了领域建模的架构设计中，领域对象可以取代传统的概念对象和逻辑对象设计。具体步骤如下。

（1）业务领域建模

结合所在的业务领域，采用事件风暴方法，找出领域对象，构建聚合，划分限界上下文，建立领域模型。按照事件风暴方法，逐一完成各应用所在业务领域的领域建模。图6-4选取了合同、项目、预算这几个业务域来进行领域建模，共构建了9个领域模型，其中预算域构建了预算编制和预算执行两个领域模型，合同域构建了签订、履约和风险三个领域模型，项目域构建了立项、准备、实施和验收四个领域模型。

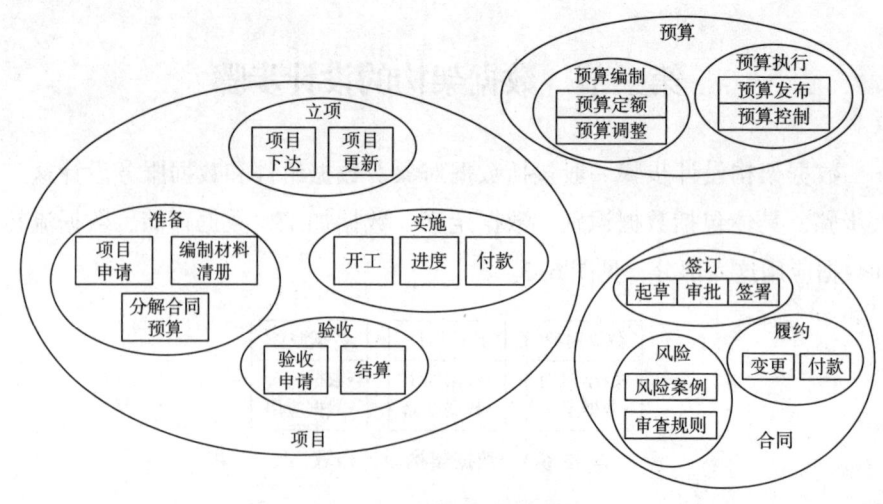

图 6-4 业务领域建模图

(2) 领域对象设计

领域对象（Domain Object）也被称为实体类，它代表了业务的状态，且贯穿展现层、业务层和持久层，并最终持久化到数据库，如果只是简单地理解的话，领域对象可以看做是数据库表的对应 java 类。

领域模型中的实体可以分为四种类型。

① PO（Persistent Object）：持久化对象，表示持久层的数据结构（如数据库表）。

② DO（Domain Object）：领域对象，即业务实体对象。

③ DTO（Data Transfer Object）：数据传输对象，指展示层与服务层之间的数据传输对象。

④ VO（View Object）：视图对象，用于展示视图状态对应的对象。

这四种类型对应了持久层、服务层和展现层，对于简单的模块来说，PO 就可以表示所有的领域模型了。

2. 数据组件建模

数据组件最主要的作用是为数据加工工序建模，一般对应数据流水线，其将数据对象作为加工的输入和输出。在建模过程中，往往还会定义数据源、制定数据标准、定义符合分析需要的数据对象的目标模型。

在中心化的数据架构中，这项工作一般由专职的数据团队承担，但是要完成这些工作，除了专业技能外，还需要对业务场景的理解。随着业务场景不断增多，专职的数据团队对于某个具体的业务场景的理解，往往弱于负责该业务场景的应用开发团队，由于应用开发团队在职责上不承担分析类场景，其对于数据抽取的支持优先级往往不高。由此，对于由应用内部的数据结构改动可能造成的数据分析抽取失效不敏感，致使团队之间的合作比较容易产生摩擦，也不利于数据架构的扩展。

在数据组件建模中，由于读模型的出现频率和复杂性会远超过业务数据对象，应提前识别场景中的读模型需求，并从数据的存储和分布需求出发，设计与需求模式匹配的存储架构，避免盲目的技术选型增加架构复杂度。

3. 数据服务建模

一种模式是将分析类场景的职责（或者是其中一部分职责）交还给应用开发团队。在应用架构元模型中，应将应用服务视作对外显式定义的一个支撑运行类场景的服务接口，那么是否可以将该理念移植到数据架构呢？即对外显式定义的一个支撑分析类场景的服务接口：数据服务。

数据服务可以由应用开发团队承接提供分析类数据原料的职责，提供数据抽取服务。由应用团队与专职的数据团队协作，定义数据原料的格式、质量标准、抽取方案。通过数据服务，在架构层面，我们显式地定义了职责的边界，作为减少合作摩擦并解放专职数据团队的部分精力的抓手。随着大数据基础设施的服务化，应用开发团队负责相对简单的度量分析也是具备一定可行的。如同应用分层一样，分析类数据场景也可以分为两层：贴源层和整合层。

贴源层：贴源代表紧靠数据源，某个业务场景自身的业务运营分析需求绝大部分数据原料，就在支撑这个业务场景的应用中，需求和实现相对稳定。

整合层：在贴源层之上是整合层，这里的分析类场景需要整合多个数据源的数据原料，往往需要经过多次中间处理，实现难度较高，并且需求和实现相对容易变化。

将贴源层的度量分析工作交由负责该数据源的应用开发团队，可进一步使得专职大数据团队可以集中精力承担整合层的工作，从而缓解规模化瓶颈。这个举措目前的瓶颈是专业知识和工具。因为即使是贴源层，我们仍然建议按照运行类、分析类场景区分数据集的建模方式，分析类数据集往往为了存储时间相关的不可变事实，有更大的数据量，还是需要使用大数据技术栈来存储和加工的。

目前对于企业级数据架构尤其是分析类场景的去中心化趋势已经初见端倪，在技术社区逐渐兴起的数据网格也逐渐被社区采纳和实践，企业级数据架构框架元模型为企业响应这样的趋势提供了基础和弹性。

图 6-5 为贴源层与整合层的示例。

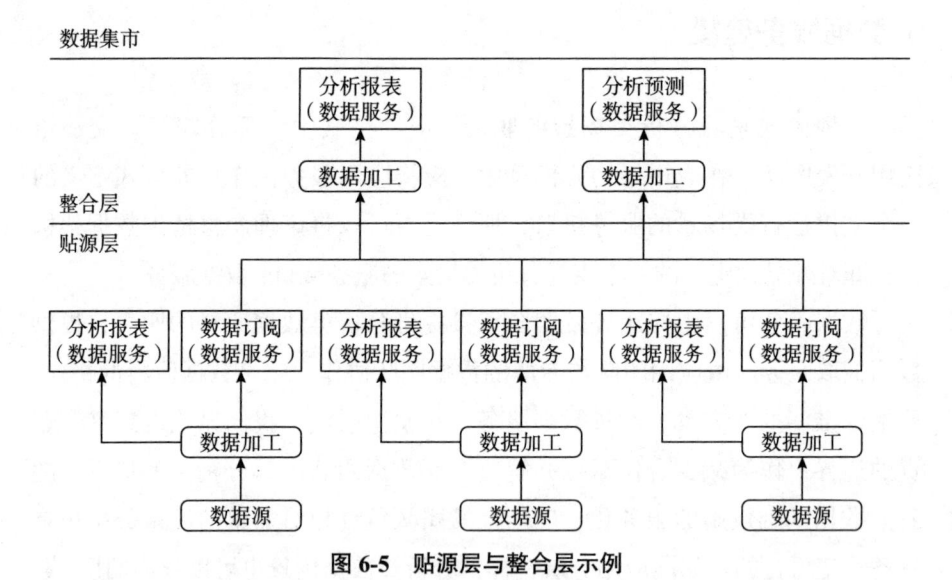

图 6-5　贴源层与整合层示例

第七章

平台型企业架构之技术架构

技术架构是对某一技术问题（需求）解决方案的结构化描述，由构成解决方案的组件结构及之间的交互关系构成。技术架构聚焦在对业务、应用、数据等上层架构设计意图的开发实施方案的结构化描述。

第一节 技术架构的总体框架

技术架构的设计是从IT的视角分析应用和数据架构的实现过程，它更多的是通过专业的IT语言进行描述，技术架构是为了满足应用架构及数据架构的需求而选择的具体技术实现。

技术架构设计主要解决以下三个方面的问题：一是确定总体的技术目标、原则和策略，确定全局性的技术框架、标准和路线等，属于全局性的技术战略。二是支撑应用架构和数据架构的技术实现，包括设计应用实现的参考架构、对重点非功能性需求进行设计验证，以及界定技术性的需求。三是确定IT基础设施的投资需求，技术架构规划了运行业务、数据和应用架构所需要的IT基础设施支撑，包括硬件、网络和中间件等，为IT基础设施投资和建设提供了科学规划。

对于技术架构包含哪些具体的视图，业界的理解并不一致，本书介绍的技术架构从总体看可以分为三大部分：总体技术框架与技术路线、软件技术架构、IT基础设施架构。具体如图7-1所示。

企业级的IT技术架构包含以下三部分。

①IT总体技术框架与技术路线：从企业全局角度对IT的总体技术进行分类和梳理，确定总体的技术框架、组件和技术标准。

②软件系统技术框架：对应用架构涉及的应用系统按照模式进行分类，分析每一类软件的技术架构，以及系统之间的集成关系。

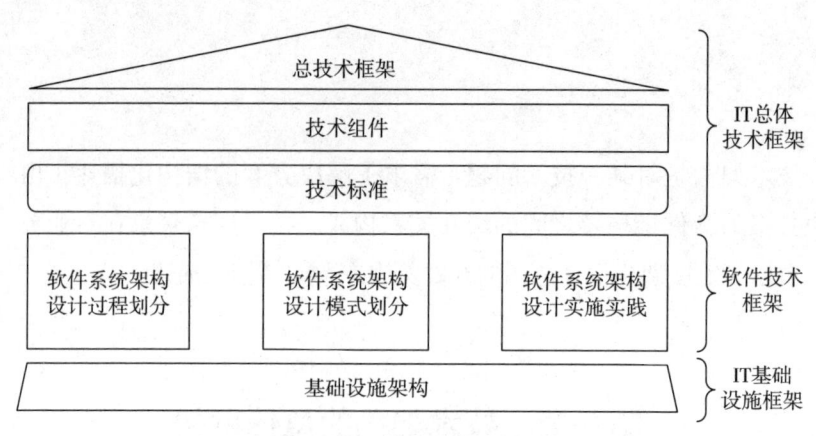

图 7-1　总体技术架构框架

③ IT 基础设施框架：对总体数据中心部署架构和网络架构进行设计，并对单一数据中心内的网络、服务器、数据库和存储等硬件设施进行全局性规划和设计。

第二节　技术架构的元模型

1. 技术架构设计思路

我们经常谈的技术架构、技术选型，比如如何处理高并发，如何处理高可用，如何处理分布式架构，这些都是技术架构要考虑的。那么能不能构建一个智能的技术架构设计平台，就像问答式，你告诉我这个系统用户量多少，并发量是多少，访问量是多少，用的是什么架构模式，我就能自动给你推荐合适的技术架构。

受益于新技术的涌现和不断成熟，以及技术工具的极大丰富，技术架构设计的灵活度和效率都得到了显著提升。在平台型技术架构的设计中，技术架构设计所需覆盖的规模、应对的复杂度今非昔比。架构设计本质上是强依赖架构师的经验和能力的，一个好的技术架构设计的困难度实际上指数级增加。

我们将关注点放在如何做好平台型技术的复用，主要针对的问题包括：如何能系统地分析架构设计的需求，到底有哪些架构的需求，这些需求如何分类，其中有哪些模式，基于这些模式到底有哪些现成的不同粒度的业务场景解决方案？这些不同平台服务或组件甚至方案的组合就是技术架构的沉淀。如何运用这些沉淀的技术架构去设计一个新的系统，而不再从头去建设？是否可以在企业层面制订一些相应的业务场景解决方案，基于一些最佳实践和方案沉淀的技术架构设计，最终让前台或者中台的应用可以实现自助式，也是值得探索的方向。

2. 技术架构元模型

技术架构是对某一技术问题（需求）业务场景解决方案的结构化描述，由构成业务场景解决方案的组件结构及之间的交互关系构成。广义上的技术架构是一系列涵盖多类技术问题设计方案的统称，例如部署方案、存储方案、缓存方案、日志方案等等。企业架构中的技术架构聚焦在对业务、应用、数据等上层架构设计意图开发实施方案的结构化描述上，见图7-2。

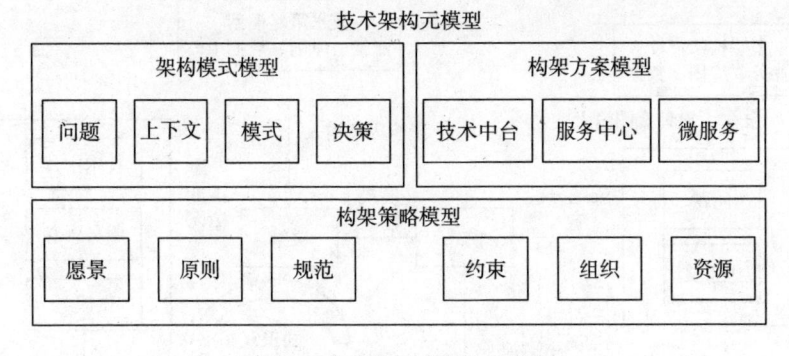

图 7-2 企业级技术架构元模型

（1）技术架构元模型综述

技术架构元模型是对技术架构组成要素的抽象建模，用来定义用于结构化描述架构设计的模型元素,技术架构元模型的定义需要满足当今企业数字化建设的实际需要。为了适应当今企业对技术架构的描述需求,我们在经典企业架构框架方法的基础上对技术架构元模型进行了补充扩展,内容主要由架构模式模型、架构方案模型以及架构策略模型组成。

①架构模式元模型。

模式分析是快速认识问题本质以及经验复用的有效实践,通过在元模型内容中增加架构模式模型,引入模式分析视角,对上层架构设计意图、问题进行分析建模,能够快速、准确定位设计和复用技术方案。

②架构方案元模型。

架构方案模型是描述技术架构设计的核心元模型,包含三个主要核心元素。基于平台型企业架构技术设计的特征,我们使用了中台、服务中心、微服务这三个层次递进的元素对技术架构进行建模。

③架构策略模型。

架构策略模型是为了约束和规范架构设计过程,保证架构设计遵循企业整体的架构设计愿景与需求,符合企业整体的架构设计原则与规范,是对于架构设计过程本身的约束和指导。

技术架构元模型如图 7-3 所示。

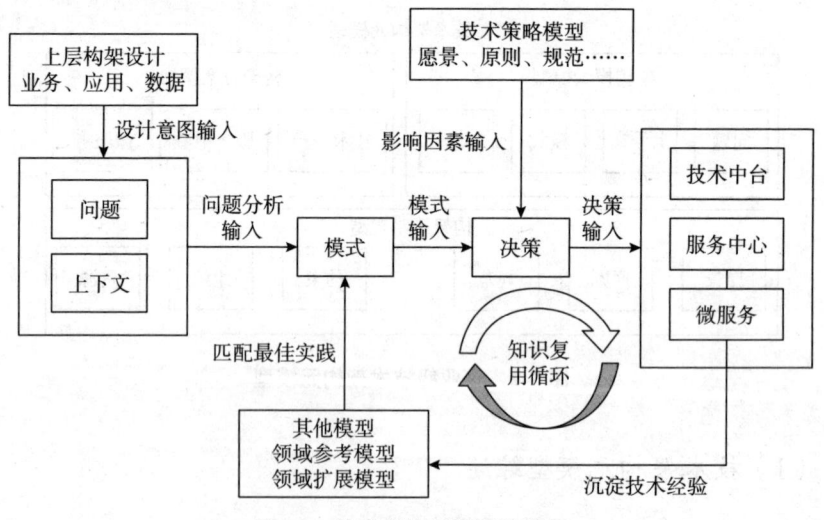

图 7-3 技术架构元模型的应用

第三节 技术架构的设计步骤

1. 系统性的分析架构需求

很多由不良架构引发的问题，其背后原因都指向缺少前期对架构设计需求的系统性分析。当技术团队被问到为什么使用某种设计思路，为什么使用某种微服务时，得到的回答往往跟其自身的主观经验有很大关系。这带来的重要影响是架构质量与设计者经验密切相关，而经验的传递成本很高，架构决策过程中的信息基本都被丢弃，只留下架构设计结果，导致架构最终难以演进和迭代。因此可以在技术架构元模型中增加架构模式元模型，引入模式分析的方法对架构的设计过程进行建模。

问题和上下文是对上层架构设计输入的分析和解读。问题描述了架构需求背后要解决的实际问题是什么，例如业务中台如何保证前台获得一致的服务等级承诺。上下文描述了与问题相关的背景信息，例如问题产生的背景是什么，需要考虑什么样约束条件，期望达到什么样的效果等等。

模式是通过对问题和上下文的分析，快速映射到的业界或企业内的最佳实践。模式是解决某一类问题的方案原理的总结。通过模式，技术人员可以快速理解问题及方案背后原理。在问题不变时，模式具有相对的稳定性，是沉淀技术知识的最佳形式。

决策描述了在模式的基础上，引入与具体架构方案设计相关的影响因素后，形成的符合满足架构建设需求的技术类决策。对决策的建模有助于使企业建立起规范的技术决策管理，规范化决策过程及决策内容，是企业构建可演进式的架构治理能力的关键。通常决策的影响因素包括来自顶层设计的 IT 技术战略、架构策略、技术选型、跨功能需求、IT 实施方法等。

通常使用问题、上下文对上层设计意图进行系统性的分析后，得到的问题如果准确，那么它在业界往往已经存在成熟的业务场景解决方案模式可以参考。架构模式元模型的价值是帮助企业识别和利用已经成熟的最佳实践，提高架构设计质量，降低架构设计成本。

以上四个元模型元素描述了对架构设计过程的建模，实际应用中，每一个元素可以根据企业的架构设计规范，建立对应的参考模型用以规范架构过程的产出物。

2. 结构化的设计架构方案

在复杂的平台型技术架构中，是否能够对架构元素做准确的识别和直观的描述，直接影响架构设计方案是否易于被理解、使用和管理。在现实世界中，结构化是我们理解、记忆和描述复杂事物的最佳方式，我们希望将其应用在架构设计中来增强架构的表现力。相对于经典技术架构元素，我们使用带有明确职责属性的分类方式定义架构元素，同时对元素的职责进行了符合平台化特征的定义，最终组成轻量的结构化的描述元模型，见图 7-4。

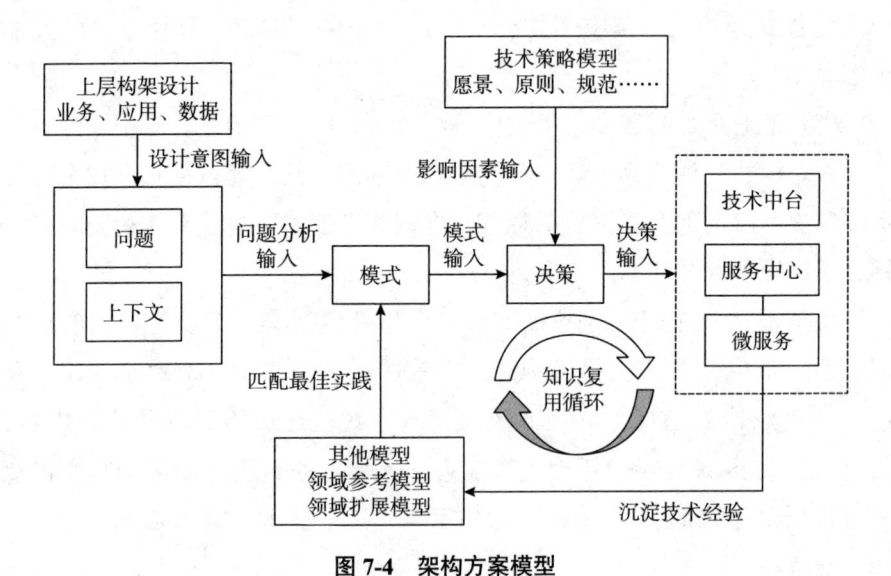

图 7-4 架构方案模型

微服务用于描述服务中心的实现，是可部署的物理组件，例如可运行的软件系统或构建打包后的应用组件。微服务通过架构模式的决策元素，与技术选型进行关联。一般来说，微服务包括 API 网关、前端开发框架、微服务开发框架、微服务治理组件、分布式数据库以及分布式架构下诸如复制、同步等数据处理相关的关键微服务。

图 7-5 为技术架构层与应用架构层元模型关系。

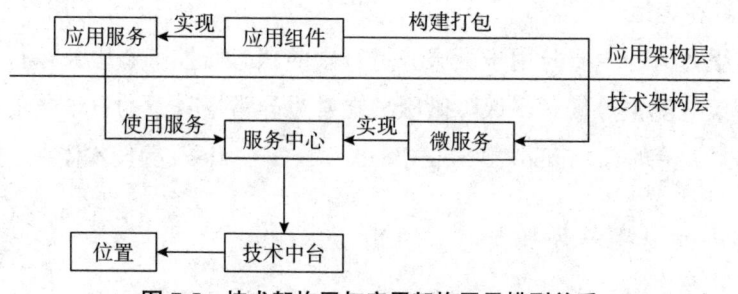

图 7-5　技术架构层与应用架构层元模型关系

（1）API 网关

微服务架构一般采用前后端分离设计，前端页面逻辑和后端微服务业务逻辑独立开发、独立部署，通过网关实现前后端集成。

API 网关主要包括：鉴权、降级限流、流量分析、负载均衡、服务路由和访问日志等功能。API 网关可以帮助用户，方便地管理微服务 API 接口，实现安全的前后端分离，实现高效的系统集成和精细的服务监控。

（2）开发框架

开发框架主要包括前端开发框架和后端微服务开发框架。基于前、后端开发框架，分别完成前端页面逻辑和后端业务逻辑的开发。前端开发框架主要是面向 PC 端或者移动端应用，用于构建系统表示层，规范前后端交互，降低前端开发成本。

微服务开发框架用于构建企业级微服务应用。一般具备自动化配置、快速开发、方便调试及部署等特性，提供微服务注册、发现、通信、监控等服务治理基础类库，帮助开发人员快速构建产品级的微服务应用。

开发框架一般都支持代码自动生成、本地调试和依赖管理等功能。

（3）微服务治理

微服务治理是在微服务的运行过程中，针对微服务的运行状况采取的动态治理策略，如服务注册、发现、限流、熔断和降级等，以保障微服务能够持续稳定运行。

微服务治理主要应用于微服务运行中的状态监控、微服务运行异常时的治理策略配置等场景，保障微服务在常见异常场景下的自恢复能力。常见的微服务治理有Dubbo、Spring Cloud和Service Mesh等技术体系。

（4）分布式数据库

分布式数据库一般都具有较强的数据线性扩展能力，它们大多采用数据多副本机制实现数据库高可用，具有可扩展和低成本等技术优势。

分布式数据库一般包括三类：交易型分布式数据库、分析型分布式数据库和交易分析混合型分布式数据库。交易型分布式数据库用于解决交易型业务的数据库计算能力，它支持数据分库、分片、数据多副本，具有高可用的特性，提供统一的运维界面，具备高性能的交易型业务数据处理能力。主要应用于具有跨区域部署和高可用需求，支持高并发和高频访问的核心交易类业务场景。

分析型分布式数据库通过横向扩展能力和并行计算能力，提升数据整体计算能力和吞吐量，支持海量数据的分析。主要应用于大规模结构化数据的统计分析、高性能交互式分析等场景，如数据仓库、数据集市等。

交易分析混合型分布式数据库通过资源隔离、分时和数据多副本等技术手段，基于不同的数据存储、访问性能和容量等需求，使用不同的存储介质和分布式计算引擎，同时满足业务交易和分析需求。主要应用于数据规模大和访问并发量大，需要解决交易型数据同步到分析型数据库时成本高的问题。

（5）数据处理组件

为了提高应用性能和业务承载能力，降低微服务的耦合度，实现分布式架构下的分布式事务等要求，技术中台还有很多数据处理相关的基础微服务。如：分布式缓存、搜索引擎、数据复制、消息中间件和分布式事务等微服务。

分布式缓存是将高频热点数据集分布于多个内存集群节点，以复制、分发、分区和失效相结合的方式进行维护，解决高并发热点数据访问性能问题，降低后台数据库访问压力，提升系统吞吐能力。典型的开源分布式缓存微服务有 Redis。

搜索引擎主要解决大数据量的快速搜索和分析等需求。将业务、日志类等不同类型的数据，加载到搜索引擎，提供可扩展和近实时的搜索能力。

数据复制主要解决数据同步需求，实现同构、异构数据库间以及跨数据中心的数据复制，满足数据多级存储、交换和整合需求。主要应用于基于表或库的业务数据迁移、业务数据向数据仓库复制等数据迁移场景。数据复制微服务大多采用数据库日志捕获和解析技术，在技术选型时需考虑数据复制微服务与源端数据库的适配能力。

消息中间件主要适用于数据最终一致性的业务场景，它采用异步化的设计，实现数据同步转异步操作，支持海量异步数据调用，并通过削峰填谷设计，提高业务吞吐量和承载能力。它被广泛用于微服务之间的数据异步传输、大数据日志采集和流计算等场景。另外，在领域驱动设计的领域事件驱动模型中，消息中间件是实现领域事件数据最终一致性的非常关键的微服务，可以实现微服务之间的解耦，满足"高内聚，松耦合"设计原则。典型的开源消息中间件有 Kafka 等。分布式事务主要是解决分布式架构下事务一致性的问题。单体应用被拆分成微服务后，原来单体应用大量的内部调用会变成跨微服务访问，业务调用链路中任意一个节点出现问题，都可能造成数据不一致。分布式事务是基于分布式事务模型，保证跨数据库或跨微服务调用场景下的数据一致性。分布式事务虽然可以实时保证数据的一致性，但过多的分布式事务设计会导致系统性能下降。因此微服务设计时应优先采用基于消息中间件的最终数据一致性机制，尽量避免使用分布式事务。

服务中心用于描述实现上层架构设计意图所需的技术能力（或功能），例如网关、防火墙、数据存储、缓存等。服务中心属于逻辑模型，作为一种对服务能力的描述，与之相关的 SLA 等跨功能性需求会同时作为其参考描述信息。服务中心的价值在于将上层架构中的技术需求与实现相分离，以保证架构设计的稳定性和实施上的灵活性。在技术架构治理中，服务中心是企业 IT 的核心能力对外的重要展现形式，也是 IT 的核心资产之一，从服务中心的角度实施管理将有助于提升企业整体 IT 服务水平。

技术中台是用于描述由一组服务中心构成，提供解决特定技术领域能力的逻辑模型，它主要用于从更高的层次对服务中心进行管理，简化架构参与者对复杂架构的理解和使用。

结构化的架构描述有利于企业从多种视角对架构进行管理和治理，实际架构设计过程中，可以由服务中心为切入点展开高阶设计和详细设计。首先明确上层架构设计意图中对技术能力的依赖是什么，进而定义出服务中心所需提供的服务承诺等级，结合架构模式中的决策模型确定微服务的选型。对于需要多种服务中心组成的能力描述加入技术中台进行统一描述，在高阶设计中以技术中台和服务中心为主描述清楚架构意图和逻辑，进而在详细架构设计中展开微服务级别的设计。

3. 沉淀可复用的技术知识

技术架构中的复用涉及两个方面：①通过微服务、平台提供可共享的服务中心；②架构设计过程中产生的可重复利用的技术知识。服务中心共享在企业中可以通过技术中台得以实现，要关注技术知识的复用。企业架构设计背后都是成本的投入，从技术管理的角度，管理者希望一次投入可以在更长的时间里产生更多的价值；从技术设计的角度，架构师希望用更短的时间完成更高质量的架构方案。因此很多企业在技术治理策略中，将技术知识作为重要的技术资产进行管理，可以从技术架构知识管理关注的两个核心问题展开对元模型知识复用：

当完成架构设计后的产出是什么？
有什么产出在以后的设计中可以被重复利用？

当完成架构设计后的产出是什么？通过元模型可以看到，架构设计的产出物包含结果产出物和过程产出物，过程产出物往往在设计过程中作为隐性内容被忽视了，对架构过程建模的目的之一就是将过程产出物表现出来。结果产出物的价值主要体现在对建设实施的指导，而过程产出物则代表了对问题、方案的思考分析过程，其价值主要体现在技术知识传递环节，在知识管理领域中"渔"比"鱼"价值更高。架构模式元模型中元素同样是对"经验"的结构化表达，使仅存储在少部分设计者大脑中的信息得以可视化的展现，便于经验的传递和学习，这也是架构模式元模型的重要作用之一，见图7-6。

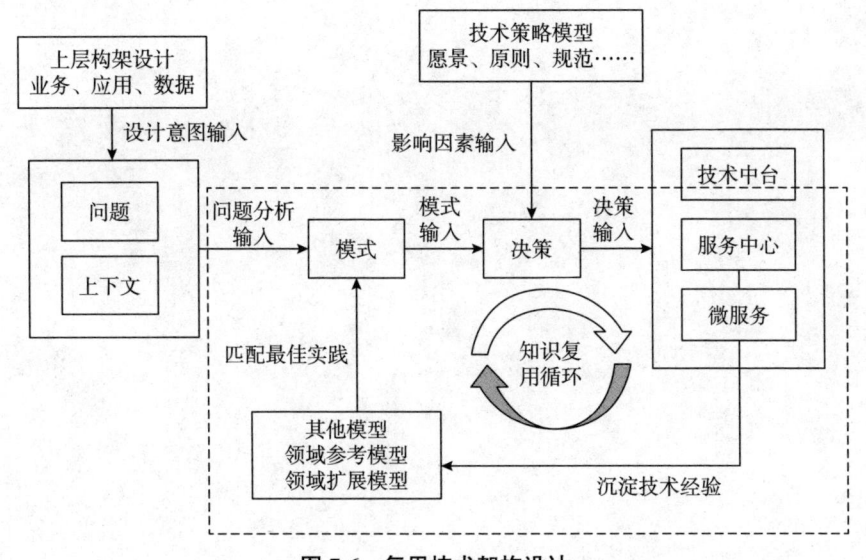

图7-6 复用技术架构设计

有什么产出在以后的设计中可以被重复利用？在现实世界中，能够被广泛重复利用的事物都有一个共同的特征，就是在较长的时间里具有很高的稳定性。稳定是可复用的基本前提，复用的价值是从外部变化时而自身可以不变中获得的。在技术架构元模型中，架构方案是架构模式在特定场景下的实例化结果，其中特定场景包含上层架构输入的设计意图、影响决策的技术策略等，这些因环境而变的信息是不稳定部分。因此在一个架构设计中，问题、上下文、决策都是变量，只有模式是稳定的。

第八章
IT 与战略快速匹配的治理模型

在第二章中，我们已经讲到战略匹配是国有企业进行数字化变革的愿景目标，IT赋能则是促进国有企业快速完成数字化变革的动能。那么，哪些因素影响IT与业务匹配呢？本章我们将采用扎根理论方法逐步探索出答案。

第一节 IT与战略匹配关键治理因素

1. IT治理因素分析方法

影响IT与战略匹配的关键因素，属于探索过程或机理"如何"的范畴。战略与IT匹配是一个动态的过程，也是属于需要深入研究代表性案例管理实践的范畴。笔者采用扎根理论，以单案例纵向分析与多案例横向对比分析交叉验证得到IT与战略匹配的关键影响因素。单案例纵向分析以特定国有企业不同阶段的IT治理为案例对象，多案例横向分析以多个国有企业当前阶段的IT治理为案例对象。

由于国有企业涵盖的行业面广，为了满足扎根理论对采样适用性、可行性和相关性方面的要求，笔者采用中关村信息技术和实体经济融合发展联盟（原中国两化融合服务联盟）、中国企业联合会共同发布的《2021年国有企业数字化转型发展指数与方法路径白皮书》（以下简称"白皮书"）中，关于重点国有企业数字化转型指数三个梯队的划分，选择对应的国有企业作为案例对象，见图8-1。

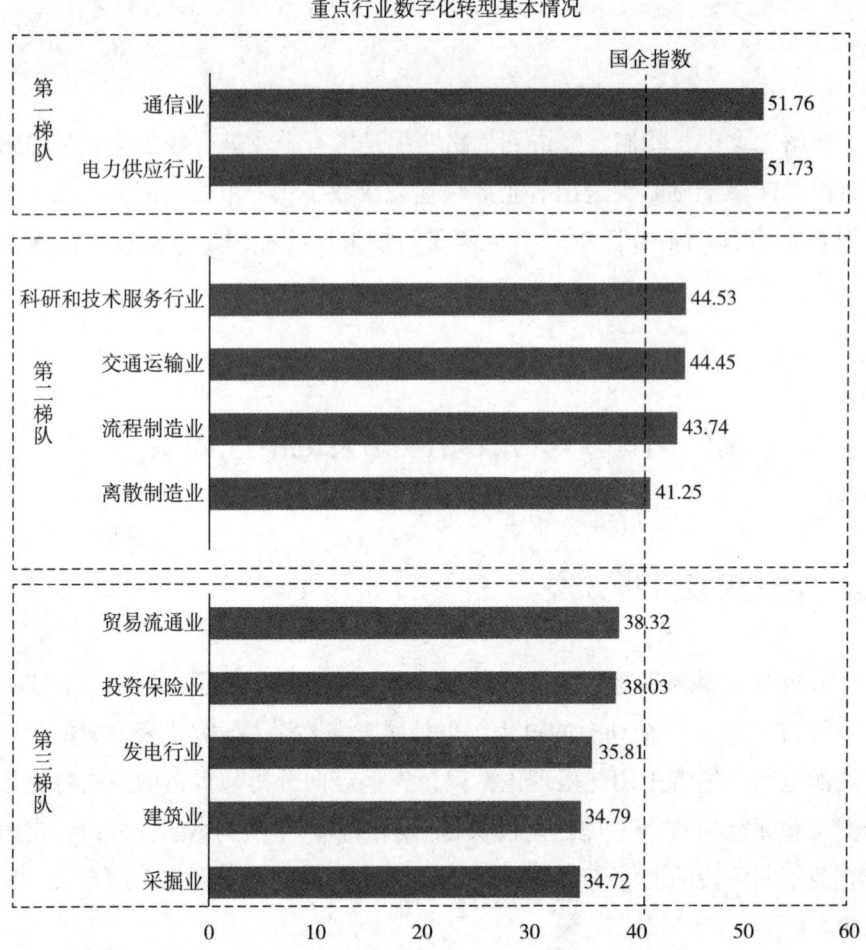

重点行业数字化转型基本情况

梯队	行业	国企指数
第一梯队	通信业	51.76
第一梯队	电力供应行业	51.73
第二梯队	科研和技术服务行业	44.53
第二梯队	交通运输业	44.45
第二梯队	流程制造业	43.74
第二梯队	离散制造业	41.25
第三梯队	贸易流通业	38.32
第三梯队	投资保险业	38.03
第三梯队	发电行业	35.81
第三梯队	建筑业	34.79
第三梯队	采掘业	34.72

图 8-1　国有企业数字化转型（指数）水平

"白皮书"指出，新一代信息技术加速向各行各业渗透，国有企业因发展基础、企业组成结构等不同，数字化转型发展现状、模式、路径及发展趋势不尽相同。从数字化发展水平来看，通信业、电力供应行业数字化转型指数明显高于国企平均水平，正在稳步推进数字化转型，处于数字化转型第一梯队；科研和技术服务业、交通运输业、流程制造业、离散制造业数字化转型指数略高于国企平均水平，处于数字化转型第二梯队；贸易流通业、投资保险业、发电行业、建筑业、采掘业数字化转型指数低于国企平均水平，处于数字化转型第三梯队。

2. 单案例纵向分析

"白皮书"显示，电网公司正在稳步推进数字化转型，代表着国有企业当前高层次的数字化转型水平。为了确保所提炼理论的有效性，始终以问题为导向，遵循典型性和可行性原则，笔者选取S电网作为本章的纵向分析案例对象，选择依据如表8-1所示。S电网信息化可分为三个阶段，第一个阶段为2000—2010年，这个阶段，地市单位各自建立了大量本地运行的信息系统，实现了支持本地业务信息化的"八大系统"，但是不同地市单位系统之间差异较大。第二个阶段为2010—2017年，S电网与其所辖的地市单位试点共建信息系统，构建了实现业务信息化的"6+1"系统。第三个阶段为2017—2022年，S电网试点构建"4321"数字化系统，应用大数据等新技术进行数据分析和应用，推动业务发展。

表8-1　　　　　　　纵向案例对象选择依据

序号	案例选择指标	特定情境	有利于理论构建
1	企业的典型性	①S电网是典型的国有企业，属于国资委控股企业，其生产经营活动兼顾效益和社会公益，具备许多国有企业运作的共性特征 ②S电网连续多年在公共服务公众满意度评价中排名第一位 ③电力行业是重要的能源类企业，对其他行业的发展有举足轻重的影响，是国家重要的基础行业	是国有企业的典型代表，有利于行业规律性挖掘
2	数字化转型代表性	①在数字化转型战略下，国家致力打造能源企业数字化转型示范，电力企业是重要的组成部分 ②沿海省份是改革开放的先锋地区，受区位经济发展环境影响，S电网积极响应数字化转型战略，出台了一系列举措，并不断完善IT治理机制	S电网明确了数字化转型的顶层战略，并出台一系列举措，是国有企业数字化转型的典型代表
3	IT治理的长期性	S电网自2000年公司化改革起便逐步系统地进行战略规划和信息化规划，建立了IT治理机制，相关资料有档可查	可保证各项核心资料的连续性

续表

序号	案例选择指标	特定情境	有利于理论构建
4	数据可获得性	笔者所任职单位为电网，且从事信息化相关领域工作，对该领域的发展已有较深的实践认识。在电网组织实地调研和深度访谈方面具有较大的优势	深入调研的可行性有益于实现有效的理论提炼

根据单案例纵向分析结果，S电网公司在战略变革中影响IT与战略匹配（即快速响应业务实现IT与业务匹配）的因素有战略管理、组织管理、制度管理、企业文化、资源管理（人力资源管理、IT生态伙伴管理、架构管理）、建设与运营管理、企业中台，见表8-2。

表8-2　　　　　　　　纵向分析选择性编码结果

主范畴	初始范畴	初始概念
战略管理	企业战略	企业愿景、管理策略、IT角色
	IT战略	IT策略、IT规划、数字化目标
	创新战略	产品和业务创新
组织管理	组织架构	领导者参与度、业务组织模式
	IT组架构	IT组织模式
制度管理	业务制度	业务指导书
	IT制度	建设管理规范、运维管理规范、项目管理规范
企业文化	企业IT文化	数字化氛围、数字化思维
	企业党建文化	价值观
资源管理	IT生态伙伴管理	IT供应商资源库管理、IT供应商选择管理
	人力资源管理	激励机制、复合型人才、岗位胜任能力
	架构管理	系统架构
建设与运营管理	需求管理	需求跟踪管理、需求分析管理、需求确认
	沟通管理	横向协同
	开发管理	敏捷开发、数据开发
	质量管理	阶段成果评审
	运营管理	建设与运营一体化、IT运维、数字化运营、建设转运维
	服务管理	业务工作自动化、个性化工具软件、可独立运行的工具
	数据管理	数据模型管理、数据服务管理
企业中台	业务中台	共性应用服务
	数据中台	共性数据服务

3. 多案例横向分析

为了确保样本选择能够涵盖一定的理论广度，提高案例分析的周延性与外在效度，笔者选择分属于"白皮书"中三个不同梯队的国有企业，作为横向对比分析案例样本。为方便数据统计和分析，为每个样本编制代码，分别用英文字母 BCD 代表三个横向对比的国有企业。

公司 B 为通信行业的国有企业，属于"白皮书"中第一梯队。B 通信公司成立于 1998 年，最早开通了第一台移动电话，首开我国移动电话的先河。1995 年，该公司最早开通了 GSM 数字移动通信服务，并最早在国内先后提供了移动互联网业务、GPRS 业务和 EDGE 等移动通信服务，率先推出粤港澳大湾区通信服务计划，持续以创新引领通信业发展。当前，B 通信公司正按照部署，全面落实"5G+"计划，大力推进 5G+4G（协同发展）、5G+AICDE（人工智能、物联网、云计算、大数据、边缘计算融合创新）、5G+Ecology（生态共建）、5G+X（应用延展）。

公司 C 为流程制造业的国有企业，属于"白皮书"中第二梯队。C 公司是华南地区最大的现代化石油化工企业之一，由炼油、乙烯主业组成，现有年炼油 1300 万吨、生产乙烯 22 万吨的能力，石油化工主要生产装置 50 套，拥有 20 万千瓦自备热电站、30 万吨原油码头，以及相配套的贮运设施和产品出产设施。C 公司现为国内首家全部加工进口原油企业，产品销售网络覆盖整个华南地区，部分产品出口港澳和东南亚，在用户中享有较高信誉。目前企业全面推行 ERP、ISO9000 质量管理体系、HSE 管理体系和 TNPM 管理体系。

公司 D 是发电行业的国有企业，属于"白皮书"中第三梯队。该公司注册资本 230 亿元人民币，资产总额超 1500 亿元，在职员工 1.4 万人，可控装机容量近 3700 万千瓦，可控航运运力近 220 万载重吨。D 公司全年实现营业收入近 500 亿元，上网电量超 1100 亿千瓦时，年代输天然气量超 62 亿立方米，煤炭供应量超 3700 万吨；拥有全资、控股、参股单位 239 家，控股 1 家 A 股上市公司。

根据多案例横向分析结果，B、C、D 三家国有企业战略变革中影响 IT

与战略匹配（即快速响应业务实现IT与业务匹配）的IT治理因素有：战略管理、组织管理、制度管理、企业文化、资源管理（人力资源管理、财务管理、IT生态伙伴管理、架构管理）、安全管理、建设与运营管理、企业中台，见表8-3。

表8-3 横向分析选择性编码

主范畴	初始范畴	初始概念
战略管理	企业战略	管理策略、IT角色
	IT战略	IT策略
组织管理	组织架构	组织模式、信息部门职责、领导者参与度
	IT组织架构	专业管控委员会职责、IT组织模式、IT职责、测试职责
制度管理	IT制度	IT治理规范、项目管理规范、运维管理规范、需求管理规范、供应商管理规范、数据标准管理规范
企业文化	企业IT文化	数字化思维、IT团队文化
资源管理	人力资源管理	人力资源管理	激励机制、复合型人才、岗位胜任能力
	财务管理	财务管理	成本管理、成本优化、预算管理
	IT生态伙伴管理	IT生态伙伴管理	IT供应商选择管理、IT供应商服务评价、IT供应商分级分类管理、IT供应商变更管理
	架构管理	架构管理	系统架构、企业架构、项目成果管理
安全管理	安全管理	系统安全管理
建设与运营管理	需求管理	需求分析管理
	沟通管理	横向协同
	开发管理	敏捷开发管理、传统开发管理
	质量管理	系统测试、测试环境
	运营管理	IT运维、数字化运营
	数据管理	数据质量管理、数据整合管理、数据服务管理
企业中台	企业中台	业务中台、数据中台

4. 关键 IT 治理因素

为探索既有共性又有趋势的国有企业 IT 与业务匹配影响因素，笔者针对横、纵向编码结果进行了交叉对比分析。通过将横向与纵向分析得出的 IT 治理影响因素拆分至各企业进一步分析，如表 8-4 所示，√表示该因素是该企业 IT 治理关键影响因素，○代表不是关键影响因素。

表 8-4　　　　　　　　各企业主要影响因素对比

影响因素＼企业	S 电网	B 通信公司	C 石化公司	D 发电集团
战略管理	√	√	√	√
组织管理	√	√	√	√
制度管理	√	√	√	√
企业文化	√	√	○	√
财务管理	○	√	○	√
安全管理	○	√	√	○
IT 生态伙伴管理	√	√	√	√
人力资源管理	√	√	√	√
架构管理	√	√	√	√
建设与运营管理	√	√	√	√
企业中台	√	√	√	√

通过四家国有企业的影响因素对比，可以看出企业战略变革中影响 IT 与战略匹配（即快速响应业务实现 IT 与业务匹配）的关键 IT 治理因素为：战略管理、组织管理、制度管理、IT 生态伙伴管理、人力资源管理、架构管理、建设与运营管理、企业中台。

第二节　快速实现 IT 与战略匹配的治理模型

数字化转型是一个持续发展的过程，会随着社会和科技的发展，不断适应、发展和演变。同时企业也处在一个动态变化的环境之中，企业的战略目标是不断变化的，IT在企业中担当的角色也是不断变化的。根据IT与战略匹配的关键IT治理因素，我们可以构建国有企业IT与战略匹配状态转换模型，见图8-2。

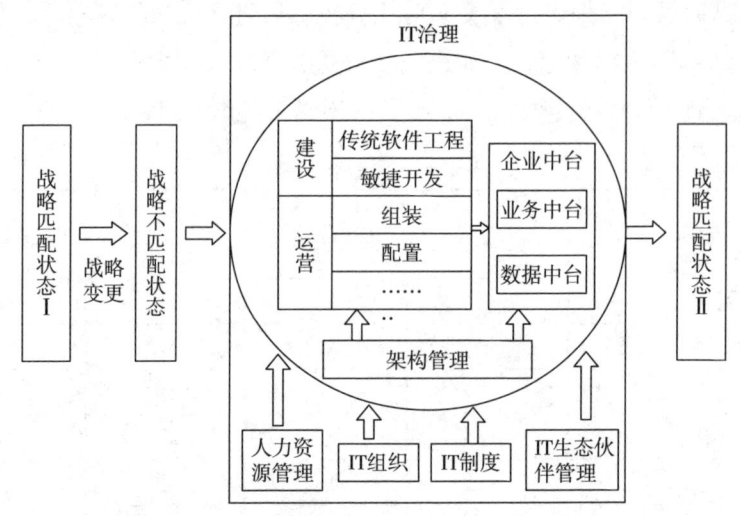

图8-2　国有企业IT与战略匹配状态转换模型

国有企业在实施战略变革过程中，往往会采取组织架构调整、资源重新分配等举措，来实现对生产、营销、管理等业务流程的再造。数字化技术则是国有企业打破业务职能壁垒，建立新业务管理模式的利器，也是各类企业流程再造过程中的核心。因此，企业战略经过企业架构分解会带来大量新的数字化需求，导致IT与业务由匹配状态变更为不匹配状态，迫使IT快速响应业务需求，加快实现IT与业务的再次匹配。

1. 高效的组织沟通方式和大量的复合型人才，有助于业务需求的准确理解

企业战略变更带来的数字化需求，是面向企业全局业务，属于不同业务域的业务需求，往往会由不同的团队进行处理。一个数字化产品的版本周期包含准备期和交付期，准备期的目标是让参与该产品版本周期的所有角色（包括业务人员、产品及运营人员、开发人员、测试人员、运维人

员），对业务需求及可行方案达成共识；交付期则是通过传统软件开发或快速迭代解决业务需求。业务需求一般以需求规格说明文档的形式呈现，产品经理在撰写完成该文档后才会召集相关的技术人员，召开需求评审会议。面对大量的需求文档描述，团队在评审会议的这几个小时内，很难对需求内容进行充分的讨论，给予开发人员和测试人员的思考时间也较少，产品经理也很难回答棘手的需求疑问，即使会上每个人都认为对需求的理解已经达成一致，但事实上每个人的理解可能都不一样。

因此，如何发现和识别用户的真实需求是目前所有企业数字化面临的难题，一方面要解决沟通不畅导致彼此对需求理解不一致的问题，毕竟准确理解业务需求是推进数字化转型的基础。准确地解读业务需求，才能有效地推进数字化转型发展，实现业务战略目标；另一方面要培养复合型人才，复合型人才是保障企业业务需求准确理解的关键，职能型组织模式会影响业务人员和技术人员的有效沟通。

2. 改进项目立项、软件开发等机制，是快速实现IT与业务匹配的有效方式

一旦团队就需求理解达成一致，团队将针对当前所处环境进一步分析需求，明确需求是通过立项或者运营解决。国有企业数字化项目立项机制一般是按照"先需求评审、再可研立项"流程管理，其优点是需求和立项管理规范，缺点是效率较低。对于通过立项解决的需求，典型的软件产品实现方式有传统开发和敏捷开发两种。敏捷开发是针对软件开发过程中诸多的不可预见性，强调的是适应性。而传统开发则在开发早期和客户洽谈，获取详细需求，主要强调协议、计划、过程、文档等。

3. 沉淀共性服务、建运一体化机制是快速实现IT与战略匹配的关键

如果需求是通过运营解决的，则会最大效率地提升系统建设效率和稳

定性，将原有的业务系统建设由"冷启动"模式变成"热启动"模式。此时业务层面的复用能力至关重要，只有在架构设计阶段将企业核心的业务进行科学的梳理，并将共性业务进行高质量的沉淀，才会在前端业务有需求时，能够基于已有的业务能力快速进行组合和扩展，最短时间将软件产品投入市场，通过市场和用户反馈进行迭代和调整。

数字化转型需要一个科学的架构和体系，来支撑共性业务的沉淀。中台架构是目前国有企业数字化转型过程中，实现共性业务沉淀和运营的首选架构。企业中台通过提供配置工具，能够实现共性服务的编排与重组，把需求响应时间大幅缩短。运营团队依托企业中台架构和共性服务的支持，可以开展服务的编排和重组，主动响应战略变革产生的业务需求，自下而上地主动实现IT与战略的匹配。

常规软件系统开发后，系统上线进入运维状态，这时开发团队大部分人员会撤走，只留下少部分人员配合企业IT部门进行小型的维护。这种传统的软件系统运维模式，将会使运维团队对应用服务、企业架构和关键技术掌握不足，无法提炼并沉淀共性业务或者通用的业务组件，导致后续服务优化完善缺乏有力技术支撑。要解决传统软件系统运维模式存在的问题，需要加快信息建设运维一体化体系建设，实现标准化运维管理，促进信息运营能力的提升。建设与运营一体化是实现信息技术与业务有效融合的保证，有利于信息人员对业务系统的技术支撑，有助于培养高素质的复合型人才队伍。

4. 数字化生态伙伴是构建数字化生态体系的关键

互联网时代的社会趋势已经体现出显著的跨界和融合特征，各种组织都会在一定程度上开放数据及服务给整个社会，企业一旦能够将丰富的开放性资源进行有效的整合，并拥有良好的外部生态伙伴，将会迎着社会发展的方向快速崛起。高质量的生态伙伴能够为企业提供丰富的外部资源，使企业在专注于自身核心业务的同时调动和利用外部资源，达到"四两拨千斤"的效果。

从发展的角度来看，国有企业围绕着企业核心能力构建生态的竞争将成为常态。数字化转型是一项长期的系统性工程，国有企业应以数字化转型为契机，让各类数字化供应商以战略性生态合作伙伴的角色提供服务，提升数字化产品的响应速度和质量，加快实现IT与业务的匹配，支持企业战略变革。当前，国有企业数字化供应商存在难以管理、人员变更频繁、素质参差不齐、代码质量差等问题。要解决这些问题，应建立内外供应商竞争机制、明确考核要求、预防供应商变更等举措。让内外部供应商感觉到压力，能有效地促使其成长，更能促进国有企业数字化转型发展，加快融入开放共享的数字经济时代。

第九章
国有企业 IT 治理机制——数字化生态体系及解决方案

第九章　国有企业IT治理机制——数字化生态体系及解决方案

IT治理机制是国有企业数字化转型的基础，数字化转型依赖于有效的IT治理机制。本书第八章，我们以单案例纵向与多案例横向分析交叉验证得到IT与战略匹配的关键影响因素，构建了IT匹配状态转换模型。在本章至第十二章，我们将围绕IT匹配关键影响因素，构建国有企业IT治理机制——数字化生态体系。

第一节　数字化生态体系

在数字化时代，大型互联网公司、科技巨头都围绕自身核心业务打造聚合平台，并依托聚合平台打造聚合生态。企业中台通过搭建一个灵活快速应对变化的架构，快速实现前端业务需求，避免重复建设，从而提升研发效率，降低创新成本，加快实现IT与战略匹配。企业中台能够支持企业层级的访问控制和外部协同操作，为企业与外部组织的沟通协助、信息交互提供强大的支撑，让业务管理跨组织传递更加有效，有效解决不同组织异地协作的难题，助力实现产业链协同。

要实现数字化转型，国有企业就要先把自身变成全连接的智能企业。这样企业才能以某一业务为支点，整合上下游业务，撬动整条产业链释放价值，实现上下游产业链协同，让企业的核心能力获得进一步发展和强化。建设聚合上下游的企业中台，企业才能够跨产业链整合其他上下游业务，打造形成以企业中台为核心，以数据为连接，以产业链交错为脉络的生态圈，让上下游产业链之间高效协作。

因此，基于企业中台构建国有企业数字化生态圈，能够实现数字化各业务板块之间的链接和协同，让国有企业IT与战略加快匹配，保障企业战略变革实施落地。

企业中台的建构是通过平台内各主体的分工调整和新生产关系的形成

实现的，需要全新的制度体系来适应分工效率和经济价值，以协调不同生态主体之间的关系。结合 IT 匹配关键影响因素，笔者认为快速实现 IT 匹配（需求响应）的数字化生态体系应包含解决方案子体系、建设与运营子体系、技术架构子体系、人才子体系，如图 9-1 所示。

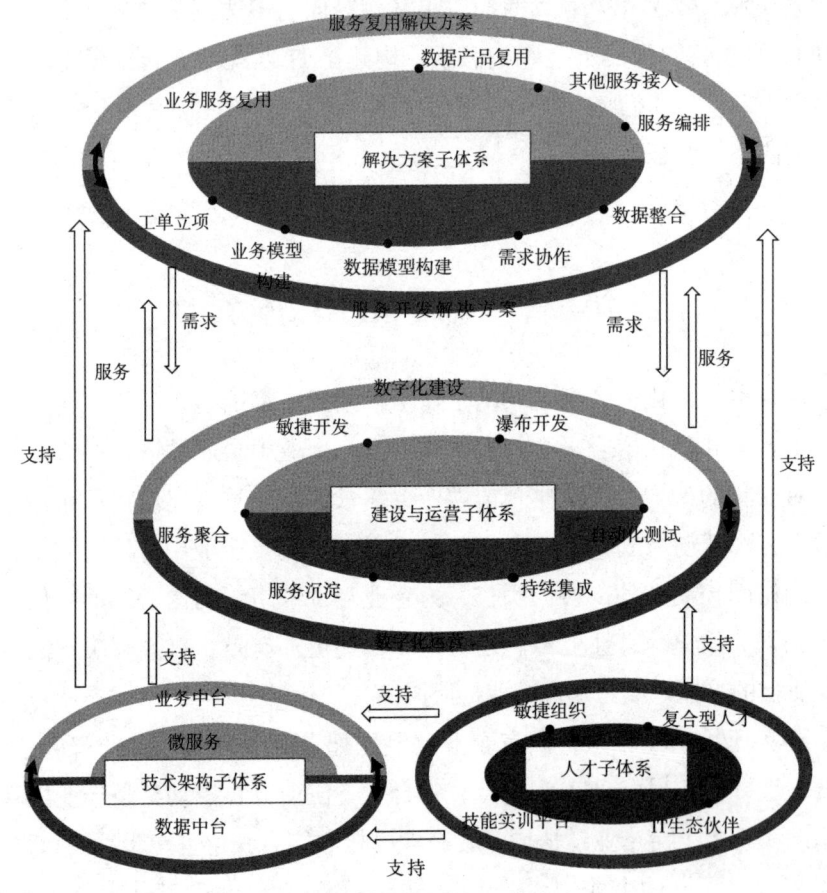

图 9-1 数字化生态体系

解决方案子体系：通过准确解读业务需求，满足个性化、定制化应用创新需求，分析需要使用的资源和服务。在该子体系中，外部企业也会被整合到解决方案中，以加快解决方案落地。通过分析，影响该子体系快速响应的因素包括需求分析和管理、立项管理制度。

建设与运营子体系：运用敏捷开发模式，快速迭代实现解决方案，并沉淀共性服务来响应需求；或者通过有效运营前期沉淀的共性服务，以编排、重组服务来响应需求。企业建设与运营所涉及的外部合作伙伴，包括服务开发商、运营合作伙伴、咨询顾问等，都是该生态体系的一部分。通过分析，影响该子体系快速响应的因素包括敏捷开发、持续集成。

技术子体系：该生态子体系涵盖IT架构、服务接口及有关数字技术，推动或支持另外三个子体系的改进和突破。主要涉及大数据、云计算、物联网、移动应用、区块链、虚拟现实、人工智能等关键技术。通过分析，影响该子体系快速响应的因素是企业中台。

人才子体系：该支持体系涵盖企业组织和企业能力，涉及组织模式、人员技能、思维模式、职业发展等促进数字化转型的因素。通过分析，影响该子体系快速响应的因素包括IT组织、复合型人才、IT生态伙伴。

数字化生态四大子体系覆盖了企业数字化活动的方方面面，并通过数字化的连接和实践将这些活动联系在一起，是国有企业数字化价值链提升的基础。国有企业凭借对解决方案、建设与运营、技术和人才子体系的融合贯通，将会建立起独一无二的数字化优势，实现数字化各业务板块之间链接和协同，确保IT与业务持续匹配。

解决方案子体系通过准确解读战略变革产生的业务需求，合理使用国有企业资源和服务，从而快速满足业务需求。以下两节针对解决方案的制定和落地，重点阐述需求管理机制、项目管理机制。

第二节 解决方案子体系——需求管理

1. 需求管理的必要性

企业战略变更将会导致各业务域战略变更，进而涌现大量的业务需求，让原本处于匹配状态的IT与业务变得不匹配。为了让IT与业务再次处于匹配状态，首先要从业务领域角度出发，由信息人员和业务人员共同对业务需求进行研讨分析，了解需求的本质，准确地定义业务目标和指标，找出解决方案。如果需求描述不清晰，则很有可能使得最终开发的软件与业务需求不匹配，既浪费开发实施成本，又可能延期交付软件，因此做好需求管理是把事情做对的关键，也是实现IT与业务匹配的关键。

需求管理是对需求从前期收集、分析、澄清、实现、变化的全过程管理，是软件开发过程中最重要的系统工程方法，目前已发展成为软件工程的一个重要分支——需求工程。准确获取用户的需求，实施富有效率的需求变更，是需求工程研究的核心内容。

2. 需求管理分类

需求管理可以根据软件开发项目通常会采取的模式，分为瀑布模式和敏捷模式两种。

瀑布模式的需求分析主要集中在项目刚开始阶段，一般按子模块、子功能、子系统来划分需求，在解决方案阶段力图把所有的需求细化，并输出正式规范性的需求文档，信息传递靠文档，有严格的需求变更管控流程，后期需求变更成本巨大，害怕需求变更。

敏捷模式的需求分析在每个迭代过程都存在，一般按最小的、独立的业务场景划分成可迭代交付的用户故事，每次细化一个迭代内的需求，文档主要是为了需求交流沟通，通常用DEMO验证需求。鉴于敏捷模式更能快速实现IT与业务的匹配，本书接下来将会把敏捷模式作为重点进行阐述。

3. 需求分析与协作管理

在敏捷模式中，一个软件产品的版本周期包含准备期和交付期。准备期是让所有的参与角色对业务需求及最小可行解决方案达成共识。交付期是通过快速迭代，最终验证或解决该业务需求。

在准备阶段，需求来源主要是业务人员根据业务需要提出的业务需求，这种业务需求是整个需求管理的基础；还有为了能够保障业务需求顺利的实现而必须存在的潜在需求，也就是常提及的非业务功能需求。在交付阶段，需求来源主要是不断迭代过程中产生的新的需求，以及前期预研需求、自动化测试需求等。

为了规避瀑布模式交付周期太长的弊端，敏捷模式尝试从业务视角出发，让需求分析师等有关角色共同将大块的业务功能需求拆分成多个小的业务功能需求，再对小的功能需求进行评估，判断每个功能需求的优先级，最后根据排序情况进行迭代交付。业务人员在小的需求开发过程中了解业务开发进展，在发现需求理解有偏差时，业务人员能够及时与信息人员沟通进行修正，可以更快地响应需求变化，灵活的面对临时性修改。

敏捷模式的需求拆分不像传统开发模式中只有产品经理才能撰写需求规格说明书，而是让更多的角色融入进去，包括开发人员、测试人员等信息人员，也包括需求的提出方业务人员。这样能够让信息人员更加了解产品需求的背景，更准确的了解产品需求，从而更快速地找到需求解决方案。

常见的敏捷模式需求管理工具有用户故事地图、用户故事树、依赖关系图等。用户故事地图作为需求分析管理工具，也是一种团队沟通工具，利用结构化的二维视图令团队成员的思维模式保持一致，主要维度为用户主流程和业务紧急程度，并将地图定期进行重新审视和修订。用户故事树是一种可以看到产品特性全貌的树状管理方式，即按照产品、用户、特性集、用户故事等多种级别进行组织，通过标记完成情况来将产品进展情况展示给所有人。依赖关系图是通过用户故事间的依赖关系构建，这些依赖关系会对产品的迭代交付产生一定的影响，依赖关系图就可以使这些需求和交付进度更加容易组织和管理。

敏捷源自英文 Scrum，是橄榄球运动的一个专业术语，因而团队协作在需求沟通管理中具有非常重要的作用，成熟的数字化需求管理工具将是提升团队协作效率的有效手段。数字化需求管理工具能够在需求被拆分成用户故事之后，提高团队内相互协作的效率，更好地保存与组织用户故事和需求内容，还可以将需求和源代码之间进行自动关联，最终达到利用数字化系统开展需求分析、管理和展示的目的。

第三节 解决方案子体系——敏捷项目管理机制

国有企业常规信息化投资计划下达窗口期几乎都是一年两次。这样即使完成了需求的拆分、明确了小的功能需求迭代次序，数字化项目仍需等待漫长的投资计划审批过程，才能开展后续采购、实施等工作。因而，建立与敏捷模式匹配的项目管理机制非常迫切。

1. 立项机制

在数字化项目立项阶段，针对需求不确定或者是需求随时变化的业务应用，采用先计划后立项的方式，即按"计划池—需求池—项目池"的敏态模式进行立项。每年年初根据历年投资金额或者一定比例直接匡算一定投资金额作为下年度的投资总盘子，下达投资计划后通过需求池管控机制，如图9-2所示。

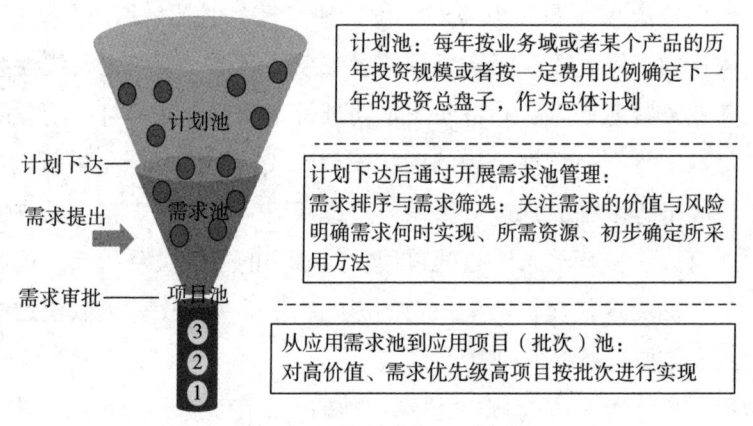

图 9-2　数字化项目立项机制

对于数字化项目采购和结算机制，按照不同业务领域提前进行框架招标，若后续业务需求变化，允许进行项目变更，用概算的方式核算最后交付的应用和服务，计算相关费用。结算应由具有造价资质的第三方单位进行，但不建议使用前期进行可研估算的同一家单位。

2. 验收与投运机制

对于数字化项目投运机制，采用分批投运的方式开展，每个批次投运的功能需经过阶段性业务验证、性能测试和安全测试，最后一个批次投运前，开展项目整体验收方可投运。初步验收前，需完成功能测试、性能测试、安全测试后，方可提交初验申请。投入运行1个月以上，在满足业务部门实用化要求后，可申请竣工验收。数字化项目验收与投运如图9-3所示。

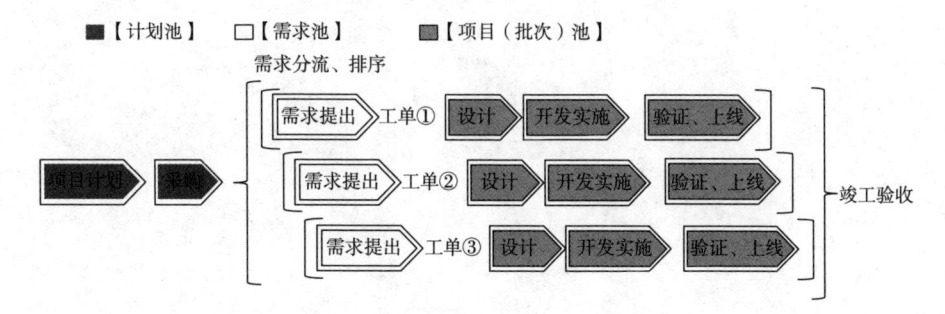

图 9-3 数字化项目验收与投运机制

3. 评价机制

强化数字化项目后评价机制，针对"计划池—需求池—项目池"敏态立项的项目，将系统功能实用化和应用效益作为项目考核评价核心内容，对于评价不合格的单位，取消相应单位的"计划池—需求池—项目池"敏态立项权限或者调减相应计划预算额度。

敏捷项目管理机制能够针对不断增加、不断变化、复杂多样的业务需求而进行快速响应，将需求提出、立项、开发、测试整个项目的全过程进行标准化管理和监控，使得交付速度和质量更加有保证。

第十章

数字化生态体系之建设与运营子体系

建设与运营子体系要求快速实现达成共识的需求解决方案。鉴于软件开发和运营都是由团队共同完成的，本章重点介绍提升团队效率的敏捷开发机制，以及管理多个团队并行作业的持续集成管理机制。

第一节　敏捷开发管理模式

当今社会的数字化转型在不断提速，要求生产的所有数字化产品速度快并且质量高，互联网产品的快速迭代，使得敏捷开发（Agile Development）得到了广泛应用。

1. 敏捷开发的定义

敏捷开发模式是将 PDCA 方法论应用到了软件开发中而产生，之后还持续出现了 Scrum、极限编程、自适应软件开发、特性驱动开发、动态系统开发等不同的轻量级开发方法，最终形成了共同的敏捷方法论，即《敏捷宣言》的发布。敏捷开发是一种增量迭代、及时交付的开发方法论，是为了交付符合用户价值的产品，也是一种应对需求快速变化的软件开发能力。针对原有的传统开发模式，敏捷开发更加注重信息团队和业务团队的协同和沟通，更加注重软件开发过程中人的作用。

2. 敏捷开发过程

敏捷开发过程主要包含版本规划、迭代计划、迭代开发、迭代评审、迭代总结和版本发布，其整体流程图如图 10-1 所示。

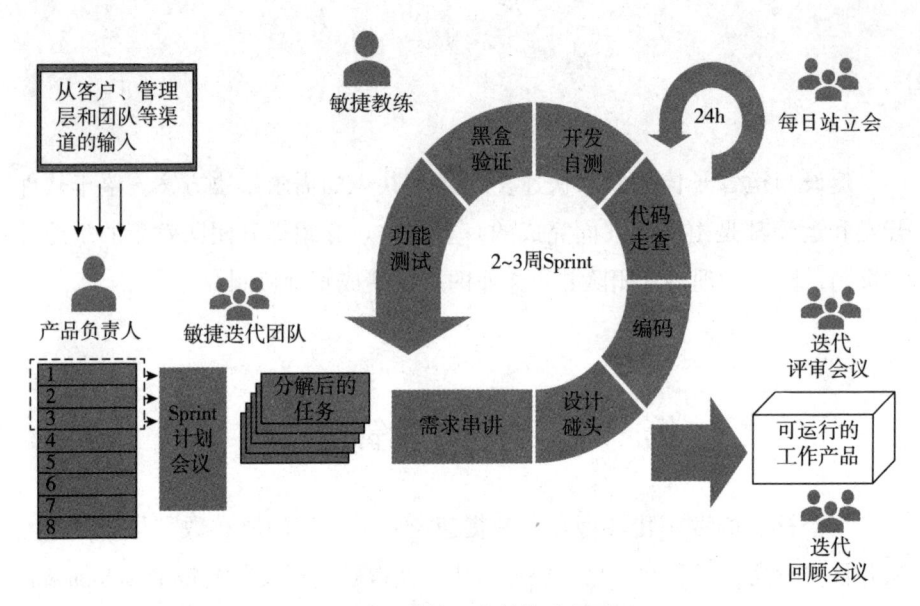

图 10-1　敏捷开发整体流程图

（1）版本规划

在需求分析阶段，产品经理（PO，Product Owner）需建立 PBIs（Product Backlog Items，按优先级排序的需求列表），按条目形式编写用户故事（Story，一种需求描述规范，包含角色、活动、价值三要素），明确操作角色、功能、业务约束规则和协同类型，并根据业务重要程度以及与其他模块的协同程度初步确定优先级。其中 Product Backlog（产品需求清单）至少梳理清楚第一轮迭代需要完成的用户故事，且在整个项目周期，产品经理需要不断完善 Product Backlog。根据 Product Backlog 初步估算项目的整体工作量，并根据工作量估算表规划版本的迭代周期、每个迭代需完成的用户故事数量、投入的人力资源，设置里程碑、迭代交付标准及版本发布标准。

（2）迭代计划

PO 和 Scrum Master（敏捷教练）根据版本总体计划、Product Backlog 规划下一个迭代需要完成的 Story。被规划入下一迭代的 Story 和相应界面原型应完成组内同行评审和转设计评审。转设计评审是指由 Scrum Master 和核心设计人员从系统设计角度进行需求评审，主要确认需求的可行性，并商榷合适的方案。

之后则进入迭代计划会，其准入条件为：PBI已编制，且已确认内容至少能满足一个迭代开发的需要；分析人员清楚该迭代中所有用户故事的细节；用户故事已排定优先级。在迭代计划会上，PO逐一讲解每个Story，开发、测试人员理解需求、提出问题，PO进行澄清，然后开发团队进行估算，确定每个故事的估算工作量。团队根据故事的优先级，对照团队生产率（可用资源投入程度），协商领取本迭代需完成的用户故事；并与PO达成一致意见，最终确定本次Sprint（迭代周期）目标。

（3）迭代开发

根据迭代计划会确定的站会时间，团队所有成员每天固定时间到任务墙前围成一圈，召开站立会议。每日站立会是敏捷团队自我驱动的日常会议，团队成员主动回答三个问题：昨天做了什么，今天要做什么，遇到了什么困难？并更新任务墙上的故事卡片——移动故事卡片至当前状态、更新故事卡片的完成比例、工作量是否要调整（如果需要，新增故事卡片）。站立会不是向PO或SM汇报工作进展的会议，而是团队成员之间要了解彼此工作进展，同步信息，暴露问题的短会。对于遇到的障碍，SM帮助推动解决（可在站立会后召集单独的讨论会），清除障碍。若出现了进度偏差，团队自己要控制，采取措施纠正。

在迭代计划会上，已经能够保证PO、开发人员和测试人员对需求的理解是正确的且一致的。理解完需求，对于比较复杂或工作量较大（一般大于3人天）的Story，开发人员可以将实现的思路描述出来，形成详细设计。也可以召集PO、Scrum Master、技术管控组及其他开发人员一起评审和讨论，判断设计思路是否正确，以减少设计的偏差，提前发现并纠正设计工作中的问题。

开发人员完成Story的编码后，可以召集Scrum Master、其他开发人员或固定的结对人员一起走查代码，发现不符合编码规范、实现逻辑、场景遗漏、安全性和性能等问题。团队可以选择系统关键或业务复杂度高的模块，以及代码质量较差员工本周开发的代码进行团队代码走查，以便尽早识别代码中的潜在问题。通过代码走查还能促进团队内部知识共享学习，统一团队的代码风格，提高团队代码质量等。

测试组要在迭代开发过程中并行编写测试用例。测试用例包括两大类，分别是：A 类测试用例（覆盖基本功能和流程等）、B 类测试用例（覆盖异常场景、特殊场景等）。迭代测试用例要在开发人员完成功能前编制完成，A 类测试用例将提交给开发人员进行自测。编写完成测试用例后，测试人员需要召集 Scrum Master、PO、开发人员进行测试用例的评审，确保用例的覆盖度和准确性。

通过自动化持续集成，尽快地发现并处理代码集成的错误，确保主干版本的代码质量。集成发现的问题将通过邮件发给对应的开发团队 / 开发人员，相关责任人要积极处理集成中的问题。上一次集成中的问题，在下一次集成中要处理掉。代码集成成功率将作为团队代码质量评判的依据之一。

开发人员提交 Story 测试前，需在测试环境依据 A 类测试用例进行自测，并在测试用例表填写开发自测时间和结果，自测通过后才能提交测试组进行测试。开发自测统一在测试环境进行测试，避免有些问题在开发本地环境中测试没问题，但在测试环境却存在问题，导致测试人员无法启动测试。开发人员将 Story 提交测试后，测试人员可根据实际情况要求开发人员针对具体功能进行演示，演示通过后，测试人员根据 A 类 +B 类用例完成功能测试，将发现的问题录入缺陷库。开发人员及时对测试发现缺陷进行修改，确保满足"完成"标准。

每个迭代周期内都必须预留一定时间作为迭代交付成果的集成测试时间（对于 2 周的迭代，需至少预留 1.5 天，对于 4 周的迭代则需预留 3 天），测试人员补充完善集成用例，在迭代测试期间将本迭代的所有用例全部执行一遍。通过集成测试后，该迭代才能标记为完成。

（4）迭代评审

在迭代的最后一天，Scrum Master 召开迭代评审会，通报迭代 Story 的完成情况、遗留的问题等，由 Team 演示迭代成果，PO 及相关干系人验收迭代的成果。PO判断是否通过验收,能否进入下一迭代。除了每个迭代最后的正式评审(演示),建议Team每周都对当周完成的功能进行非正式的演示,以提前识别对需求理解的偏差,演示可邀请PO和测试人员参与。如果条件可以,开发人员每完成一个Story都可以给同伴或PO进行简单演示。评审会前确定问题记录人和跟踪人员,问题做好记录并且跟踪直至闭环。

(5)迭代回顾

迭代的最后一个仪式是迭代回顾会。迭代的最后一天Scrum Master召集团队成员召开迭代回顾会议,总结本轮迭代的强项和不足,驱动团队自我不停地改进和提升。迭代回顾会议一般只有团队成员参与,通过迭代度量数据等客观数据,以及头脑风暴等方式,总结出本次迭代做得好的地方,以及做得不好的地方。团队共同从问题中挑选5项(可少于5项)优先级最高的问题分析原因,制定改进措施;对做得好的地方也要分析原因,继续坚持。

(6)版本发布

为保障阶段版本或最终版本的高质量,在发布前,团队需要预留至少4~6周时间用于大版本测试。大版本测试原则上安排两轮全量测试,一轮回归测试。各版本满足发布标准后才能发布到客户现场的仿真环境和生产环境。发布标准包含发布功能范围内高等、中等缺陷为0个(包括新建、打开、重新打开、已修正、待验证的缺陷)和低等缺陷≤0.15个/千行代码(包括新建、打开、重新打开、已修正、待验证的缺陷)。正式发布都需要走发布审批流程,只有收到完成签字的发布申请单后方能发布。

在当今快节奏变化的时代,企业面对的市场瞬息万变,市场驱动企业战略变革,进而导致企业需求的变化也非常迅速。敏捷开发拥抱变化,用技术的变化、流程的变化、实践的变化来快速响应需求的变化。敏捷开发模式践行快速迭代、持续交付理念,鼓励团队之间的合作与协同,及时得到用户的反馈,认为业务人员及信息团队的协同合作比流程和工具价值更高,更能对研发的质量和效率提供保证,提升用户体验。

第二节 持续集成管理机制

大型软件开发项目都是由多个小团队共同完成的，敏捷开发能够一定程度上提高开发的效率，因而在保证代码质量的前提下，怎样提高整个团队的效率才是至关重要的。一个持续集成的环境就能实现这种目标，持续集成要求开发团队中的成员都尽量频繁地把他们所做的工作提交到源码库中，并且还要验证新提交的变化不会造成任何破坏。持续集成从代码开发之初就不断集成、测试、修复，从而保证在第一时间发现问题，解决问题，使得代码质量从一开始就保持在一个较高的水平线上。

1. 持续集成的定义

持续集成被正式提出之前就有微软的团队提出一种开发实践，称为每日构建，即每天定时自动执行一次软件构建工作，将当前系统中源代码检出到没有安装集成开发环境的干净机器中，进行编译、链接、打包的过程。这种每日构建开发实践，有助于确保技术人员确认是否在代码编码过程中引入了新的问题。2006 年 Martin Fowler 给出了持续集成相对正式的定义：持续集成是一种软件开发实践，团队成员频繁将他们的工作成果集成在一起（通常每人每天至少提交一次）；每次提交后，自动触发运行一次包含自动化验证集的构建任务，以便能尽早发现集成问题。总而言之，持续集成代表着一种软件产品质量反馈机制，主要目的是为了及时发现代码中存在的质量问题。

2. 持续集成过程

一次持续集成的流程首先由开发人员将代码提交到代码仓库。持续集成服务器会按照预定的时间间隔对代码仓库进行检查，如果发现有新的代码出现，持续集成服务器就自动将新代码检出到已准备好的专用服务器上。

在专用服务器上运行由集成服务器指定的构建脚本或者命令，对新代码进行检查测试。最后由持续集成服务器将验证结果反馈给开发团队。每当开发人员完成一项开发任务后，就可以通过持续集成服务器进行自动化的质量检查，验证是否达到了所需的质量标准。所以持续集成这一实践充分体现了快速验证和快速反馈的工作原则，如图10-2所示。

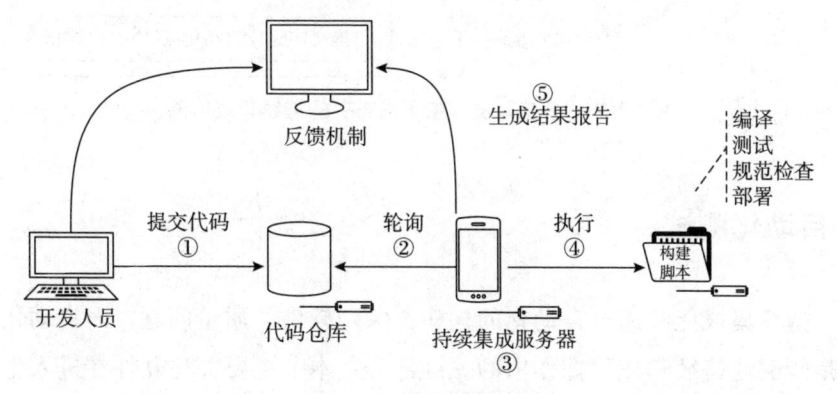

图 10-2 持续集成过程

大型复杂软件往往需要多个团队协作开发，团队间的持续集成方式与团队所采纳的代码分支策略密切相关。常见的代码分支策略包括："主干开发、主干发布"策略，"主干开发、分支发布"策略，"分支开发、主干发布"策略，"多组件集成"策略。其中，"分支开发、主干发布"策略是多见于大型复杂软件产品的团队分支开发方式。

当团队人员较多，且采取团队"分支开发、主干发布"策略时，为保证团队之间高效的工作，持续集成要求团队都要遵循以下步骤：首先在开始工作时，把最新的已经验证成功了的代码版本从团队开发的主干中检出到自己的工作开发区中；在个人的工作区中，当开发工作完成时可以提交代码进行构建，构建成功则运行自动化测试用例进行自动化测试。自动化测试成功后才能进入用户验证测试（UTA，User Acceptance Test）。持续集成服务器会自动轮询主干和每个分支的代码变更情况，一旦检测到这次的代码提交，会自动地进行构建，完成代码的质量验证。如图10-3所示。

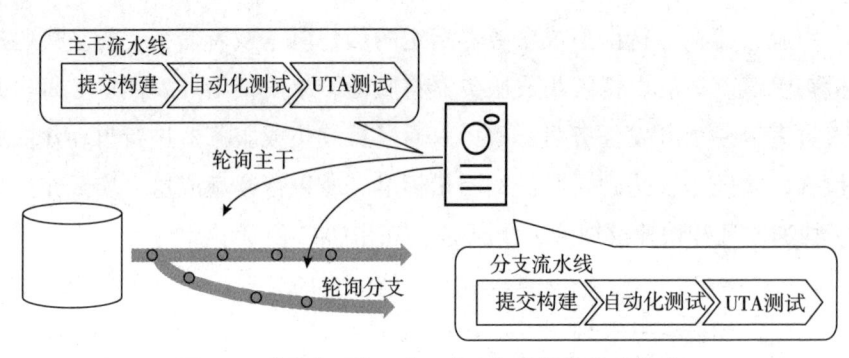

图 10-3 "分支开发、主干发布"的持续集成策略

3. 自动化测试

持续集成能够通过自动化的构建，保障软件的质量问题，而自动化测试是能够让持续集成发挥作用的关键部分。本节主要关注软件在进入生产环境之前要进行的自动化测试管理。

自动化测试已经有着悠久的历史，从软件诞生以来，为了消除手工重复劳动，很多团队都会投入对测试用例的自动化活动，当开发部门完成开发任务之后，首先会运行自动化回归测试用例，达到通过的标准之后，再交给测试部门进行手工测试以提高效率，如图10-4所示。

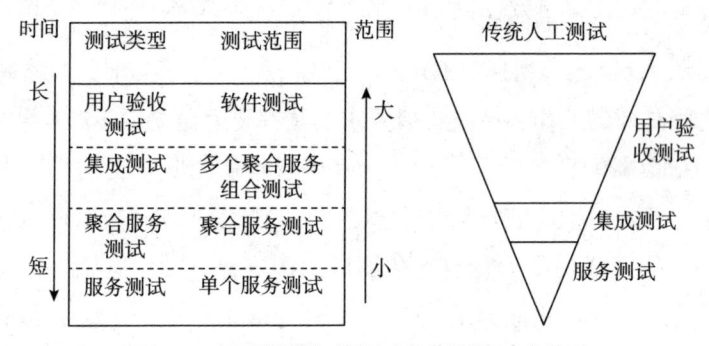

图 10-4 测试类别与被测对象范围的对应关系

传统的自动化测试方式产生的测试用例类型多为用户验收测试和系统

集成测试，其测试用例的被测对象范围较大，单个测试用例运行时间较长，用例数量也较多。由于开发人员通常不参与自动化测试的建设，因此必须由开发人员才能完成的单服务测试和聚合服务测试，往往自动化测试数量较少。

这就直接导致传统的测试用例一般执行成本较高，为每个用例准备的数据较多；自动化测试执行频率低，质量反馈滞后，测试环境的准备成本非常高，测试的结果无法保证完全信任，人员依赖性强。这种传统的自动化测试用例比较适合版本发布周期较长、使用传统开发方式的团队。随着软件需求多变性增加、软件功能复杂性提高等，软件版本的迭代速度越来越快，传统的自动化测试用例的投资回报率越来越低。

持续集成要求在提交代码前后都要执行自动化测试用例，并且要能够提供快速且准确的验证反馈，因此持续集成就要求自动化测试能够保证快速、便捷、及时和可信。快速指的是测试用例的执行速度要快，能够在速度上匹配持续集成的要求。便捷是指团队中的每个人在不需要别人的帮助下都可以随时随地方便地执行自动化测试用例，保证整个团队都能高效运转。及时是指自动化测试用例能够及时地针对功能的改变进行验证，并反馈出变更对软件质量的影响。可信指的是自动化测试用例运行后的结果是可以依赖的。

因此，为了达到快速和可信，就必须改变单服务测试、聚合服务测试、系统集成测试、用户验收测试等不同类型自动化测试用例的测试数量比重。系统集成测试、用户验收测试等被测对象范围较大的上层测试用例，数量应该越少，而被测对象粒度较细的单服务测试、聚合服务测试等下层测试用例数量应该增加。下层测试用例的成本明显低于上层测试用例，下层测试用例的运行速度也比上层测试用例的运行速度快很多，因而鼓励使用下层测试用例来验证功能逻辑，更容易满足持续集成对自动化测试的要求，如图10-5所示。

图 10-5 服务测试比重金字塔

（金字塔从上到下：场景测试、集成测试、聚合服务测试、单服务测试）

第三节 建设与运营一体化

1. 建设与运营一体化的定义

建设与运营一体化（DevOps，英文 Development 和 Operations 的组合）是一组过程、方法与系统的统称，主要用于促进开发、技术运营和质量保障部门之间的协作、沟通和整合。DevOps 是一种重视"软件开发人员（Dev）"和"IT 运维技术人员（Ops）"之间沟通合作的文化、运动或惯例，通过自动化"软件交付"和"架构变更"的流程，使得软件构建、测试、发布能够更加快捷、频繁和可靠，确保软件产品持续交付、持续运维，如图 10-6 所示。

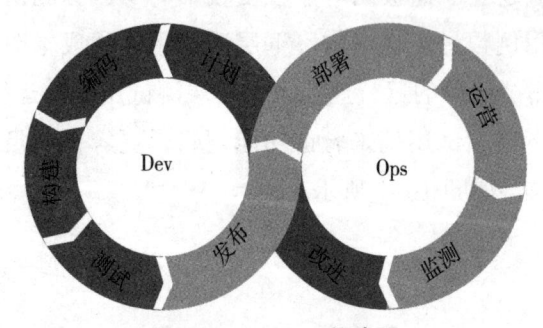

图 10-6 DevOps 概念图

DevOps将敏捷的思想延伸到了运维，消除了研发与运维之间的界限，让研发和运维相互贯通，实现了更可靠的持续交付。在软件研发项目中，从一开始就考虑软件部署和运维的需求，在系统架构设计阶段将系统运维的需求融入，甚至完成系统部署的逻辑设计和物理设计，并开发运维工具。软件部署之后，研发部门也给予大力支持，而且进行全过程质量保证。在软件产品的整个生命周期，都以客户需求为中心，实现运维和研发的贯通、协作，杜绝在两个部门之间形成一座高高的隔离墙。

2. 建设与运营一体化的主要内容

DevOps主要包含四大部分内容，第一部分是践行敏捷开发理念，需求拆分成用户故事；第二部分是进行迭代开发，包含敏捷过程活动（迭代会议、评审、回顾）和看板方法；第三部分是按照敏捷模式重建团队，主要包含敏捷教练、PO和成员三种角色，不再按传统方式划分开发、测试、配置、需求等多种角色。第四部分包含了CI/CD的主要流程，包括代码扫描、自动化测试、版本和分支管理、自动部署等。支撑上述体系和活动的系列工具，统称为"DevOps工具集"。

DevOps不仅打通开发运维之间的部门墙，更多的是从应用的全生命周期考虑（图10-7），实现全生命周期的工具全链路打通与自动化，以及跨团队的线上协作能力。一方面，DevOps通过应用全生命周期（需求、设计、开发、编译、构建、测试、打包、发布、配置、监控等）的工具集成，实现跨工具链的自动化，最终实现全部人员的自助化。项目团队成员可以通过DevOps的平台，自主申请开通需要的各种服务，比如开通开发

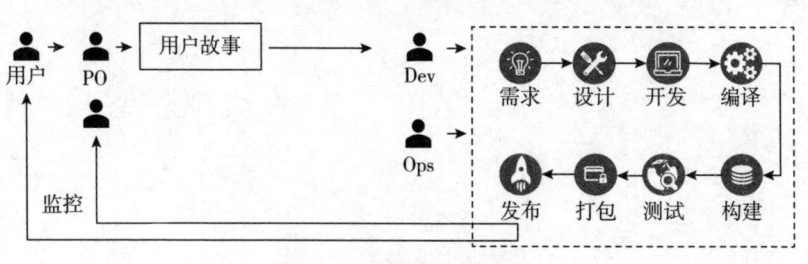

图10-7 应用全生命周期

环境、代码库等。另一方面，DevOps 通过 IT 系统，实现信息的精确传递，支持跨团队的线上协作。

在传统开发模式中，开发人员、测试人员与使用的业务人员之间是缺乏协作沟通的，往往存在问题发现不及时，最终影响业务。DevOps 通过快速的部署，使产品能够快速的交付到客户手中，进而快速的从客户那里得到反馈，让团队能够快速的响应，利用小步快跑的方式不断地发现问题、处理问题，从而保证产品的质量，快速满足业务需要。

DevOps 针对传统开发模式的部门分离缺乏协同问题，将开发、测试和运营各部门联系在一起，解决了上游环节制约下游环节，进而导致开发流程延期的问题，通过工具支持快速流动，协同合作，有效地缩短了开发周期，达到了高效交付的目的。DevOps 强调的协作与沟通，不仅仅是信息人员之间的沟通协调，而是在数字化转型过程中所涉及到的所有信息人员和业务人员相互之间的协作与沟通。DevOps 是一种以开发、测试和运维协同为导向的模式，这种模式能形成学习和沟通氛围，促进员工之间的沟通，提升员工参与数字化转型的获得感和满足感，加速团队高效运行，从根本上提升 IT 的生产效率。

第十一章

数字化生态体系之技术架构子体系

在解决方案和建设与运营两个子体系中，我们讨论了国有企业战略变革产生的业务需求，如何通过需求分解、敏捷立项、敏捷开发、持续集成等机制快速变成可部署的软件产品（服务）。本章将重点介绍通过支持服务复用，更快响应业务需求的企业中台架构，该架构也是当前众多企业数字化转型的首选架构，是企业构建平台型生态组织的核心。

第一节　中台架构总体建设思路

1. 中台架构建设必要性

"烟囱式"系统建设模式，是困扰企业信息化近二十年的问题，其典型弊端有三：一是造成功能重复建设和重复投资；二是打通"烟囱式"系统间集成的成本高昂；三是无法实现业务沉淀，不能快速支持业务发展。

尽管很多企业通过 ESB（Enterprise Service Bus，企业服务总线）实现了多个独立系统间的打通，但是这类项目落地后，往往无法体现 SOA（Service-Oriented Architecture，面向服务架构）的价值。企业实施 SOA 的方式是先确定贯穿多个系统的主业务流程，再要求各系统进行服务的封装和改造，是典型的"自顶向下"模式。SOA 成功实施并进入运维期后，面对新的业务需求会出现两种情况，一种是运维人员没有能力（或者心理上拒绝）更改已经进入稳定期的 SOA 服务，进而无法满足新的服务需求；另一种情况是运维人员态度积极，但却担心改造会带来风险，因而选择放弃对新业务需求的支持。这样就会导致业务需求方需要开发新的服务（尽管功能差不多），导致新的烟囱产生。

中台架构是摆脱烟囱式系统建设发展的利器，其建设核心思想是从业务全局视角贯穿业务链，沉淀可复用的核心数字资产，实现业务需求快速响应和创新探索。业务中台能够将国有企业核心业务资源持续沉淀输出多个公共的、通用的共享服务，形成共享服务中心，从而消除传统烟囱系统和部门壁垒，实现核心能力的共享和复用，帮助企业不断提升用户需求响应能力和前台规模化创新能力，从而有效解决企业面临的业务重点变化导致系统重复建设，垂直建设导致系统间壁垒厚重的问题。

中台架构的基石是共享服务，如果企业的业务架构能够基于共享服务体系构建，那么企业相关业务领域的业务功能和数据模型原生就和业务层汇聚到了一起，因而基于共享服务中心建设的IT架构能最大程度避免"功能重复建设和成本浪费"，也不存在需要系统交互带来的集成，更能有效支持服务沉淀和体现业务价值。

中台架构是打造平台型生态组织的核心。为了实现客户满意，提升经营效益，平台型生态组织系统全面地整合了各方合作资源，将内外部资源与业务职能模块变革成为前台、中台为基本模式的组织形态。平台型组织通过开放共享机制，赋予一线员工相当的自主权，使其能够通过灵活的项目运作形式组织调配相应资源，为客户提供更快更好的解决方案。

因而，中台架构是能够解决国有企业"烟囱式"系统建设模式的有效方案。国有企业通过逐步将企业的核心能力以服务化的形式沉淀，构建业务中台和数据中台，可以培育出利于业务创新的土壤，赋予业务快速创新和试错的能力。中台架构也是国有企业加快转型，携手合作伙伴构建合作共赢生态，并在未来的国际竞争中真正取得竞争优势的关键。

第二节　中台架构建设原则

1. 服务中心建设原则

中台架构一般由多种服务中心构成，这些服务中心分属于业务的不同领域，例如用户中心、交易中心、设备中心等。不同的企业因为行业和业务模式的不同，中台服务中心的覆盖面也会有所区别，但本质上都是从现实业务中抽象出来的共享业务模型。哪些业务能够抽象成为具备企业级共享价值的业务模型，进而沉淀形成业务中台里面独立的服务中心，需要遵循以下的建设思路与原则。

（1）业务功能和业务数据需要具备共享价值

在中台架构中，能够提供公共和共享的功能是在架构底层的功能，如果这些功能和上层的业务没有很强的耦合性，并且具备共享价值，那么，就可以将其沉淀到中台，成为一个独立的共享中心。如果某个业务能力没有展现出对前端多个业务系统提供公共和复用的价值，或在业务链环节间也没有起到重要的枢纽作用，就可以让其在前端业务中独立发展，等到该业务能力凸显出共享价值时，再沉淀到中台。

（2）不断沉淀有价值的业务数据

中台服务中心很重要的一点就是能否在业务不断发展的过程中，不断沉淀该领域有价值的业务数据，为将来大数据的应用提供重要支持。随着业务的不断发展，企业将来运营的主体必然是数据，而数据是服务中心展现价值的主要呈现形式。如果一个服务中心没有核心的业务数据汇入，就失去了值得持续运营的价值。

（3）功能有不断完善和丰富的需求

中台架构肩负着让企业核心的业务能力随着业务的不断发展而逐步沉淀的职能。中台服务中心建设的初衷就是要响应业务逻辑复杂、创新多变，需要服务功能不断进行完善和丰富的场景。一些简单且单一的服务则可以通过相类似的功能服务中心进行合并，从而提高中台建设的效率。

（4）服务中心边界清晰，且具有独立运营价值

随着有价值的业务数据不断汇入，功能不断完善和发展，服务中心

必将需要企业投入大量的人财物进行独立运营。有价值的数据,是服务中心运营的主体。功能的不断完善和发展,使得团队成员拥有足够的环境学习,从而培养出深度了解业务的复合型人才。每一个服务中心的边界要足够清晰,明确的边界可以减少沟通的成本,实现服务中心高效运营。

2. 服务中心的服务设计原则

在设计服务中心的过程中,对服务中心内服务接口和数据模型的设计非常重要,良好的设计原则和方法能够保障服务中心最大化的可扩展性。

(1)常用技术方法和模式

在具体服务设计时,常采用 Façade(外观)模式和 DTO(Data Transfer Object)两种技术方法。

外观模式的优点主要体现在:一是可以使前台应用与中台服务中心进行松散耦合,让服务中心内部的模块能更容易地扩展和维护。二是简单易操作,前台应用只需要与外观进行交互,不需要了解服务中心众多的功能模块的具体实现。三是将外观和内部服务进行访问隔离,划分出了访问的层次,将内部使用和系统外部使用的方法进行区分,既方便客户端使用,也很好地隐藏了内部的细节,如图 11-1 所示。

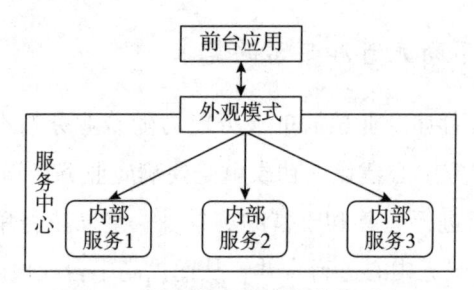

图 11-1 外观模式在中台的典型应用

DTO(Data Transfer Object,数据传输对象)可以将服务中心复杂或易变的数据对象对前台应用屏蔽,让前台具备更好的稳定性。DTO 是系统分层设计和服务化架构中经常使用的技术，如图 11-2 所示。

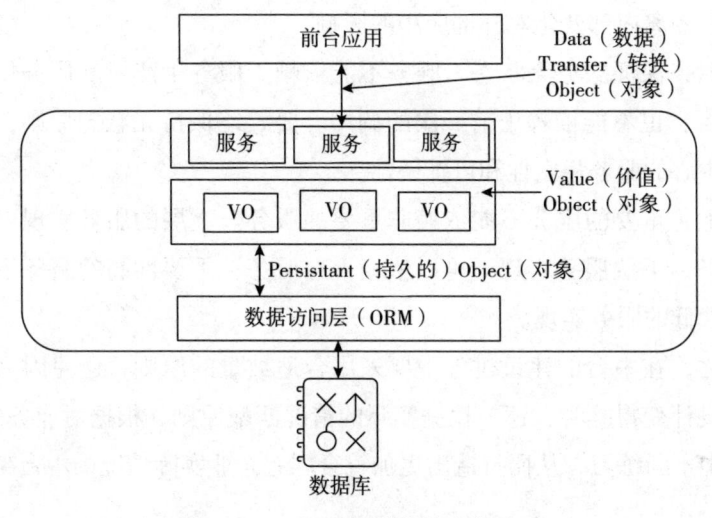

图 11-2　DTO 在系统架构中的使用

（2）设计原则

第一，明确契约。为了保证服务间的交互高效协同，最好的方法就是在服务化架构中先制定好服务契约的设计，并且保证服务契约的稳定性，再升级重构时要最大可能地保持兼容。

第二，服务功能内聚原则。为实现通过业务拆分降低系统复杂性的目标，同一服务库内服务相关性高、依赖性高，创建功能内聚的服务接口，同时必须将可能影响到业务正确性的逻辑在对应的服务中提供。

第三，服务颗粒度要适当。一般来说，服务的使用者没有服务中心内部的人员对特定的业务流程了解，所以在服务的接口设计时，要注意使用粗粒度的方式进行设计，保障可以一个操作就能对应到一个完整的流程，从而减少远程调用次数和减低学习成本。

第四，保证通用性。一般服务会支持不同的语言和平台的客户端，这些客户端会存在很大差异性，所以在设计服务契约时要有广泛的兼容性保证通用性。

第五，隔离变化。要避免内部重构或者模型变更导致前台应用跟着一起变化，从而影响到服务外部的用户，可以采用外观模式或者 DTO 模式进行缓冲，隔离内部变化对外部应用的影响。

第六，保证服务无状态。服务不能依赖于服务生产者和服务使用者之间的关系，也不能依赖于前一次的调用。要始终保持无状态原则，从而保证服务中心的服务稳定性和可扩展性。

第七，重要的服务不能依赖非重要的服务。上层的服务实现可以依赖下层服务，下层服务实现不可以依赖上层服务，重要性高的服务不可以依赖重要性低的服务实现。

总之，在中台的建设过程中要采用合适数量的原则，避免因为原则过多导致设计变得臃肿，还要根据实际的情况匹配原则，根据对业务的理解，在实践中不断练习，从而打造出更加符合国有企业实际情况的中台架构。

第三节　中台架构的设计与建设

1. 中台架构设计

中台设计一般分两个阶段：业务中心分析和业务中心设计。业务中心分析是从业务流程纷繁复杂的业务场景出发，分解出企业应该有几个业务中心及每个业务中心的边界。业务中心设计的核心是对业务的抽象建模，用统一的模型去支持前台不同业务场景的需求。

（1）业务中心分析

业务中心的分析工作要求架构师对行业业务有深度理解，同时具备行业领先的软件分析设计能力。因为中台是前台业务的坚强后盾，因此其分析一定要基于业务和流程。

首先，针对业务框架体系识别业务流程，如图 11-3 所示。以业务流程为起点，对涉及各环节的关键业务活动、业务对象等进行逐一梳理，从而得到完整的企业业务链条全景图。业务流程梳理应尽可能地精细，在梳理过程中需要摒弃个人对于业务中心的界定，坚持从具体业务场景出发，重点聚焦于流程和实体，忠实于用户期望，跳出现有流程和系统的思想束缚。

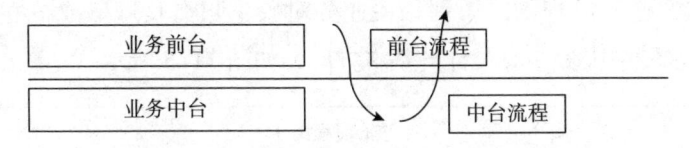

图 11-3 中台与前台、后台系统流程梳理

以线上采购业务为例，逐一梳理从企业营销活动的发起到客户确认收货的各项流程，从而得到完成的业务流程图，如图 11-4 所示。

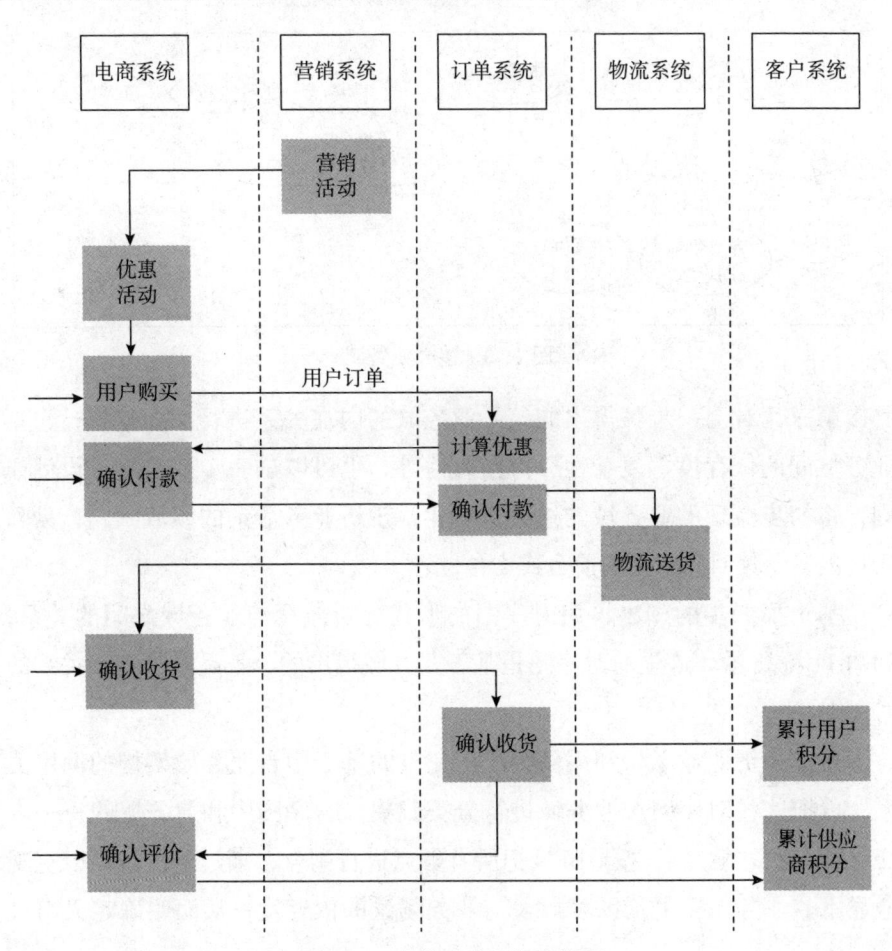

图 11-4 在线采购业务流程图

其次,针对上一步骤得出的业务流程图,开展核心业务域提炼工作。一般而言,通过比对业务和流程,能够发现核心业务往往与大部分的流程相关,涉及到多个业务场景,这样就能比较明确得出合适中台的业务领域。基于上文的业务流程图,识别相关业务对象,归类整理形成核心业务域,作为下一步骤中服务中心设计的基本方向,如图11-5所示。

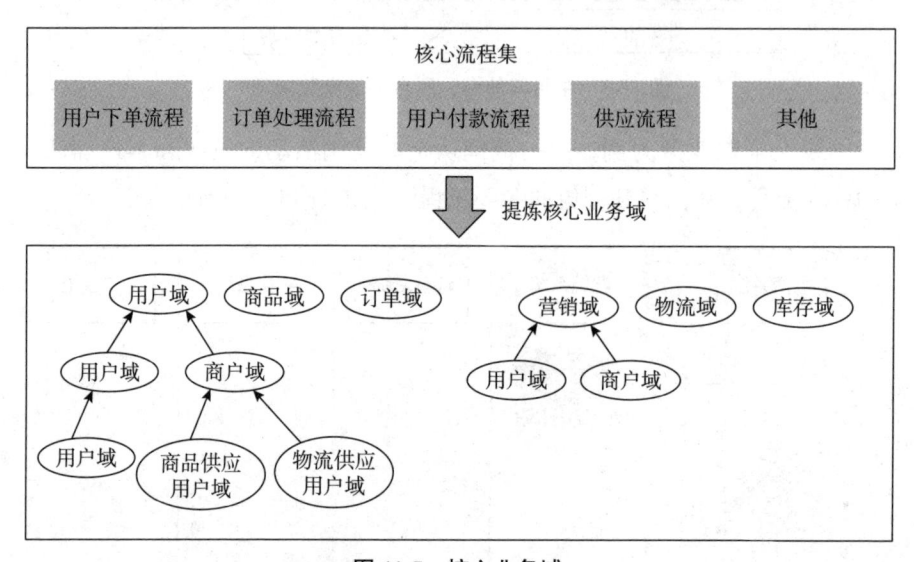

图 11-5 核心业务域

第三,对上一步骤得出的核心业务域的内在关系进行深度挖掘,包括业务域间的依存度、复杂性、协作黏性等。也可以进一步基于服务设计原则,将初步梳理的业务域的边界清晰化,辨析业务活动的领域归属,剔除干扰项,令其回归本来的前台或中台位置。

基于第二步的产出再用时序图的形式分析应用与业务域之间的关系,如图11-6所示。这里的时序图是基于业务域得出的,不是系统依赖关系的时序图。

通过分析业务场景和用例会产出完整的基于中台业务域架构的调用关系,再把这些时序图按业务域进行分类归集。时序图中和业务域的每一次交互算一次"触点",按业务域把所有触点进行聚合,通过触点数可以直观地显示"业务域"的活跃度以及与业务场景的依存度,从而明确定义出可以划分到"中心"的业务域。

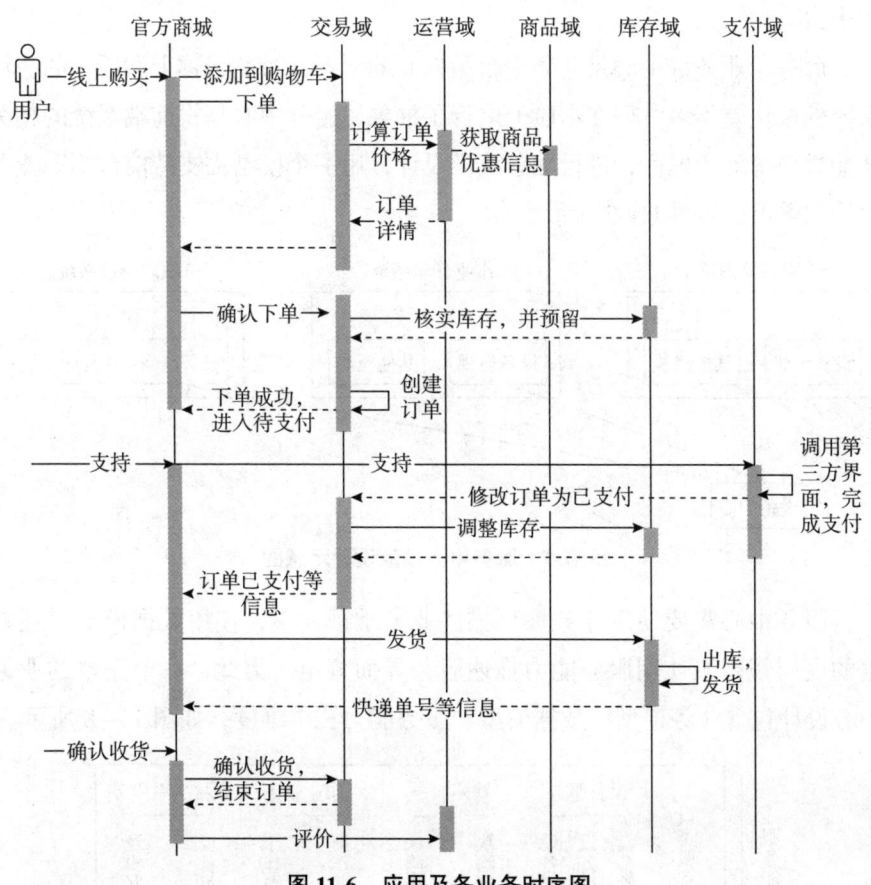

图 11-6 应用及各业务时序图

完成上述步骤后，我们可以统计出每个业务域和企业全部应用场景的交互次数。交互次数高的业务域可以考虑成为独立的服务中心，这样中台的业务中心数量和方向就很明确了。

（2）业务中心设计

业务中心分析明确了中心数量及其自身的边界。在业务中心设计阶段，业务中台必须经历从具体业务到抽象模型的过程，中台设计的核心就是对业务抽象建模。简单按照业务需求划分模块并把模块落到中台层的结果并不是中台，这种设计方法形成的中台只是具体的业务模块下沉，缺乏抽象建模的关键步骤,这种中台的能力和扩展非常有限,不能成为真正意义上的中台。

服务(业务)中心是业务中台最核心的元素,虽然名称上和原来的应用系统的模块差不多,但在本质上进行了抽象。服务中心是将前端系统的相关功能模块统筹考虑后,进行抽象建模设计,用一个模型去支持前台不同业务场景的需求,如图11-7所示。

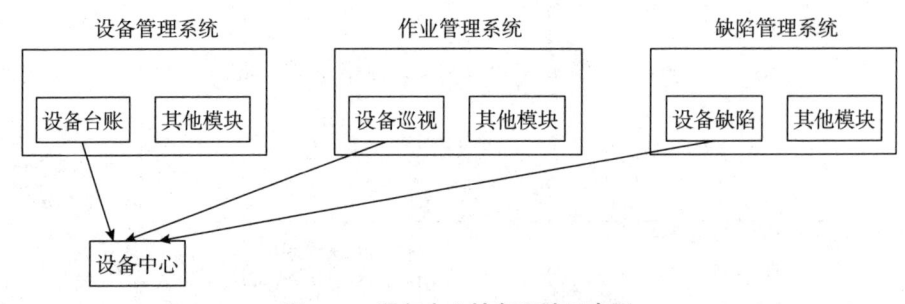

图11-7 服务中心抽象设计示意图

服务中心需要使用业务模型描述业务承载逻辑,使用数据模型描述数据的底层规范,使用服务能力描述服务界面规范。因此,一个完整的业务中心设计包含业务模型、数据模型、服务能力三个维度,如图11-8所示。

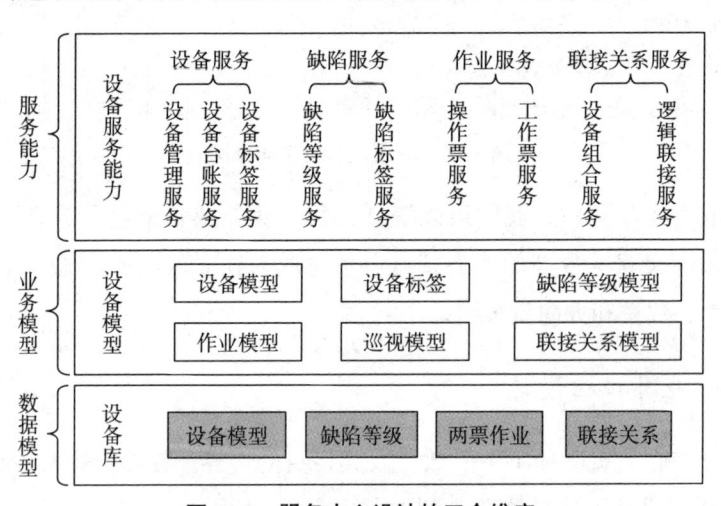

图11-8 服务中心设计的三个维度

业务模型设计,往往需要对几种不同的模型进行抽象,用一个通用模型支撑多种场景需求。设备、库存、缺陷这类的名词都可以称之为模型,缺陷可能分为一般缺陷、严重缺陷、紧急缺陷等，一个好的缺陷业务模型抽象能够让你适应众多不同的缺陷类型。消缺、巡视、出库、入库等这类的动词往往含有业务流程，消缺过程涉及到停运、作业、出库等多个流程，一个好的模型抽象能够使得你通过配置服务即可重新编排流程，而不用去过多更改代码。如果做不到模型抽象统一，就只是业务模块下沉，难以发挥中台价值。

数据模型的首要职责就是明确数据的业务规范，为业务数据化和数据中台建设打好基础。数据模型是服务中心的数据层实现，如果要求扩展性，还可能要应用分布式数据库技术。

服务能力是中台业务能力对外的服务规范，外部系统要通过接入中台服务来使用中台。服务设计包括两部分：一是服务界面设计，主要针对服务中心的外部用户，要明确用户使用服务的界面规范，包括通信协议、权限、服务的请求、异常情况等。二是服务本身的设计，主要是针对服务开发实现，要明确服务的业务流程和边界、异常处理等。

全面梳理业务链能够明确中台设计方向，但在实际经营活动中，大部分企业是通过照搬一些互联网企业的现行经验或"拍脑袋"进行中台设计决策，无法构建与企业自身匹配的中台。因此，国有企业要对自身业务链进行实事求是、客观科学地分析后，再开展中台设计工作，在具体实施开发之前，最好将中台服务放入具体的业务流程中验证，以保证设计的中台模型能满足真实的业务场景。

2. 中台架构建设

中台架构设计的过程，是把企业的现实业务场景进行抽象化的过程，也就是从现实态转换为模型态。模型态中的业务场景与现实业务场景对应，业务活动则主要是对应现实中的各种业务流程，业务单元对应流程中的节点，业务对象是现实中具有核心业务价值的人、事、物。

中台架构建设的重点是完成设计的模型态与实现的系统运行态之间镜像，逐步进行服务沉淀，推动共享服务、微应用建设。在模型态中的业务对象通过镜像化转变为运行态的逻辑对象，逻辑对象在数据库中的持久化存储称为物理对象。通过聚合逻辑对象有关的服务，可以形成高度内聚的业务服务组件，也是中台沉淀的共性服务。通过聚合物理对象相关的服务，同样也可以形成数据服务组件。

为了更快速响应业务需求，中台往往还会提供服务编排引擎，将中台业务服务中心、数据服务中心，甚至其他如人工智能服务、外部服务等进行组合编排。服务编排形成的微应用，可以参考模型态的业务单元设计。微应用再次与其他服务、微应用整合，就能形成满足客户具体应用场景的应用产品。整体流程如图 11-9 所示。

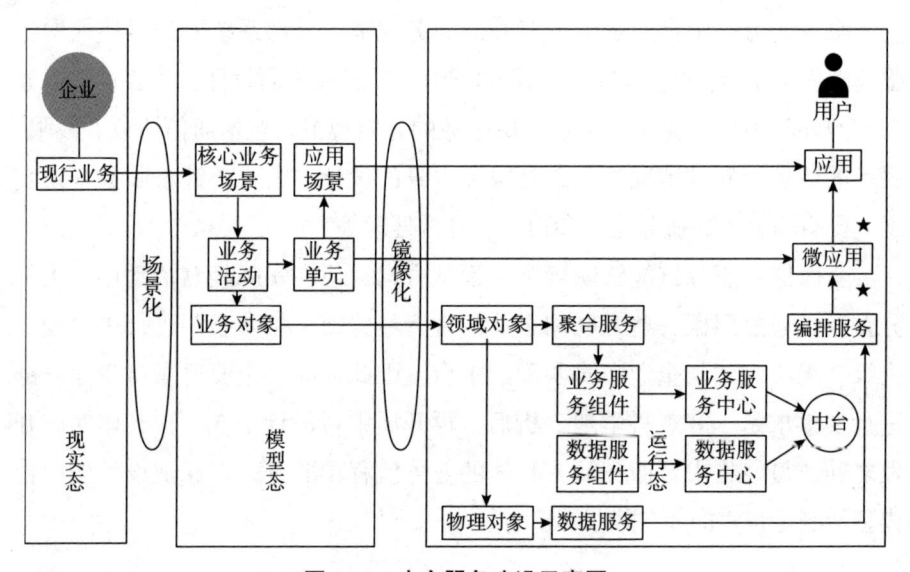

图 11-9 中台服务建设示意图

第四节 中台架构运营体系

平台化是当前企业数字化转型的核心，成功的数字化企业，都借助于数字化平台形成了覆盖上下游生态的强大能力。企业中台自身定位并不直接面向市场客户，而是在响应组织内部变革产生的需求时，通过逐步沉淀共性业务服务而形成。中台架构为整个平台提供了最基础和最核心的服务能力，这些服务能够针对生态体系业务链的不同环节提供不同的应用产品。企业中台为国有企业快速响应业务需求提供复用的平台，因而必须建立与中台相匹配的业务运营机制，才能保证持续快速响应业务需求。

1. 中台业务运营体系

笔者以企业中台为核心，建立了一个三层的业务运营模式，包含企业中台能力运营子平台、服务运营子平台和租户运营子平台。

中台服务团队通过企业中台能力运营子平台提供的可视化运营功能，保证运营团队可以对所负责服务中心进行针对性的运维，也可以对所有在本服务中心的租户进行运维。产品服务团队通过服务产品运维子平台保证各个业务线的工作人员，能够从产品功能的角度进行可视化运维，快速解决用户遇到的问题。租户可以通过租户运营子平台，让本单位掌握系统配置和操作能力的人员，能够解决用户在使用产品中遇到的简单问题。如图11-10所示。

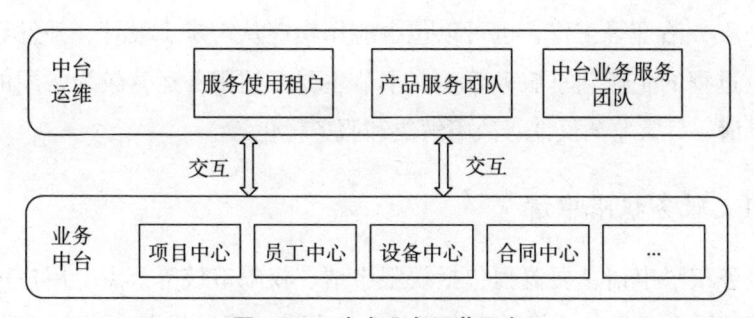

图 11-10 中台业务运营平台

数据是核心资产，企业中台上的核心数据归属于三类用户，分别为提供中台业务服务的团队、提供产品服务的团队、产品服务使用租户。在实际运维的过程中，需要保障在没有租户的同意授权之下，其他人不能随意改变租户的原始数据，只有当租户遇到无法解决的问题时，向运维人员进行求助，通过请求单的方式向服务产品运维人员发布请求，如果仍不能及时解决问题，则需要将问题反馈至中台，让中台专业技术人员进行解决，在此过程中需要全程以请求单进行操作，以保证数据不会被多人处理而产生错误和混乱。

基于中台架构可以增加设置产品层，用来解决一些能力方面是各个业务产品线都需要的共性能力，但又无需放入中台沉淀为服务中心，通过产品层就可以将这些共性的业务能力聚集在一起，从而形成产品共享服务层，能够让产品快速复用这些能力。中台依托服务沉淀和业务运营体系，可以使得新产品不断融入进来，保证用户在使用产品时，能够感受到中台服务的流畅性，不会因为逻辑不一致造成混乱的体验感。同时，完善的业务运营体系也能保证整体架构运营的稳定性，避免对整体架构的频繁调整，逐步沉淀，共性服务。

2. 共性（共享）服务运营

企业中台是通过逐步沉淀共性服务形成的，因而共性服务的运营规范，是中台业务运营体系的重要组成部分。企业共享服务运营体系包括：定期发布共享服务目录，常态化开展共享服务注册、服务发布、服务监控、故障处理和服务治理等工作，也可以包含应用功能从需求、设计、开发到上线运行全过程的企业共享服务管控。本节主要介绍服务运营较为常用的服务权限申请、日常监测反馈、故障解决和服务优化等。

（1）服务权限申请

服务权限申请主要流程包括权限申请、权限审核等节点。用户可以在服务管理平台查看、选择需要调用的共享服务，通过提交申请表申请权限。权限审核由服务运维团队征求业务专家组意见，在规定的工作日内审批调用申请，申请通过后服务管理平台将访问秘钥发送给用户。

（2）日常监测管理

通过开展共享服务的日常监测，一方面及时修复共享服务异常情况，另一方面监测共享服务的性能表现和业务应用调用情况，为服务治理提供依据。

服务监测管理流程主要包括统筹计划、监测记录、异常告警三个流程。

统筹计划阶段，服务监控管理组负责定义好数据日志格式与收集标准及规则，并统筹制定共享服务日常监测的要求。

监测记录为运维支撑组根据服务监控管理组的要求，负责开展共享服务的日常监测工作。运维支撑组应每天查看共享服务的日常监测数据，形成日常监测记录。根据监测内容的不同，可以分为共享服务资源监测（服务器负载、网络连接与拥堵状态等）、共享服务技术监测（调用成功率、平均调用时长等）、共享服务业务监测（累计调用量、调用频率等）。

运维支撑组监测过程中，如发现异常情况，及时发出异常告警，触发共享服务异常修复工作。

（3）故障处理

服务故障处理可分为共享服务管理平台自动修复及人工进行修复两种情况。

当共享服务的运行出现异常时，共享服务管理平台能够通过知识库匹配，自动找出故障的原因；若是无法确认故障原因时，则进行人工干预和确认。

针对能够自动识别原因的故障，由共享服务管理平台自动生成故障处置策略，并通过程序脚本自动完成故障修复。运维支撑组应在异常修复后向服务管理组提交共享服务异常报告。当无法确认故障原因时，运维支撑组需将告警情况告知技术开发组，形成共享服务故障处置策略后，由技术开发组进行故障修复。

（4）服务优化

服务治理的第一步，是对存量的共享服务进行全面评估。服务管理组需要构建共享服务评估体系，以单个共享服务为对象，以共享服务管理平台的服务规格信息、代码扫描结果、运维过程数据、运维事件、服务日常监测数据等为依据，考察共享服务的性能、异常、资源、容量、调用关系、协同效率等方面，形成服务性能、容量、健康、调用等分析报告。

每季度由服务管理组制定服务治理计划，开展服务评估工作。在形成服务治理建议后，服务管理组应组织服务设计组和技术开发组从技术和业务两个方面考虑服务优化的策略，形成服务优化方案。

技术优化的策略包括但不限于服务流程编排与优化、服务流量控制、服务路由、服务升降级、黑白名单、代码重构等；业务方面的优化策略包括服务的拆分合并、服务边界的重定义、服务调用链的重构、核心服务优化等。

第五节　数字能力开放平台

1. 数字能力提升

中台架构建设是站在企业业务链的全局视角，对各业务领域进行完整梳理，是业务解耦、共性和个性需求分离的过程。随着业务的发展，会有新的需求汇聚到中台，也会有个性化的定制需求，哪些需求应由中台服务中心实现，哪些需求应由前台实现，以及如何能够更高效地满足个性化的需求，对于数字化各专业条线与中台运营团队间的协作提出了更高的要求。基于中台构建的数字化生态体系应通过全方位提升数字能力来解决影响中台持续发展的问题，数字能力提升应重点围绕能力可视化、服务自助接入能力、服务沉淀能力、服务分析能力、扩展点管控能力、服务聚合能力等开展。

（1）能力可视化

为保障前台详细地了解中台所能提供的服务能力，更加清楚地知道满足当前业务需求需要中台提供哪些支持，从而确定哪些需要在前台实现，哪些可以与中台团队确认最佳实现方式，中台的服务能力应该以透明的方式开放给前台。要实现中台服务能力的可视化，首先要构建能力地图，明确每个能力提供哪些功能、如何接入、参数如何等。其次要清晰地展现企业中台上构建的应用、能力域、能力依赖关系，以及服务调用等运行数据，让用户直观地了解当前中台的能力现状。

（2）服务自助接入能力

能力地图仅仅只是将企业的中台服务能力展示出来，若能搭配提供服务使用者自助接入服务的能力，就会让服务的使用者得到更佳的服务体验，也能够清晰掌握各个服务中心和前台应用之间的依赖关系。服务依赖信息能让中台运营团队对整个业务架构全景有更加清晰的认识，从而加快问题的判断和解决，提升业务支持效率。

（3）服务沉淀能力

中台架构在进行服务能力沉淀时，需要一套标准的方法和流程将服务进行沉淀。对于前台业务人员提出的服务能力需求，无论是更新需求还是新增服务需求，都可以采用流程化的方式沉淀服务到中台中去。标准化的需求处理机制，能够高效的将业务人员和信息人员协同起来，减少了需求沟通中产生的不必要成本，将中台对应前台应用的支撑做到有迹可循，业务服务的沉淀做到标准化，将协同过程中的信息、处理方式数据化，既能体现中台的能力，又能提高工作人员的效率。主要流程如图11-11。

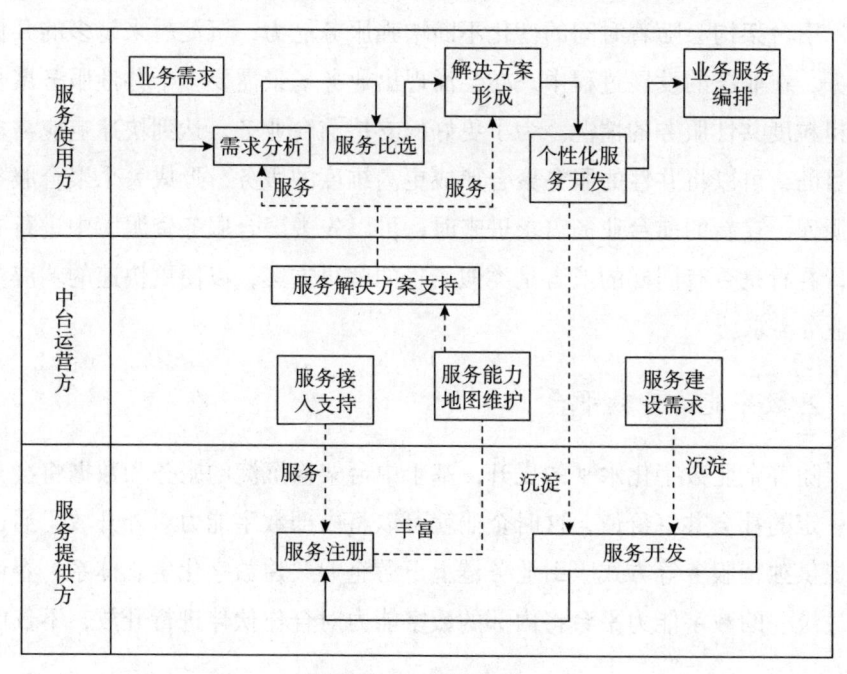

图 11-11 服务沉淀

（4）服务分析能力

中台运营过程中，一个非常重要的功能就是服务分析。服务分析可以展现中台提供的服务数据，包括能力数量、调用服务次数、响应时间、需求响应等。通过服务分析，能够及时的发掘出中台架构在运营过程中产生的有价值的信息，并针对这些信息提出优化方案，提升中台服务能力。

（5）扩展点管控能力

中台建设最重要的功能就是可以快速的响应前台业务需求，然而未来的业务是不可预测的，中台抽象的模型可能不能满足未来的业务场景，这种情况往往需要引入能力扩展点机制解决。扩展点机制将未知部分作为扩展的方式实现，能够有效地满足个性化业务需求。扩展点的滥用可能会使越来越多的需求绕过中台实现，给中台持续发展产生较大障碍，因而对于前台业务的扩展点实现要加强管控。

（6）服务聚合能力

中台架构会随着时间的变化不断增强服务能力，沉淀越来越多的共性服务。在业务的发展过程中，亦会涌现出业务场景需要多个共性服务聚合成粗粒度共性服务的情况。为了更好的支持前台业务，达到快速响应需求的目的，可以将共性的服务聚合形成更高维度的服务，形成一个聚合服务资源库。在新的前台业务需求进来时，可以先去聚合服务资源库中进行寻找，看看是否有同样的或者是类似场景的解决方案，以便更快速的响应前台业务需求。

2. 数字能力开放平台

随着企业数字化水平的提升，基于中台架构沉淀的服务和数据将会具备一定的社会共享价值，这时企业就可以将内部数字能力对外开放，通过如提供独特服务等方式吸引业务链上下游企业共建数字化生态体系。企业通过统一的数字能力平台将内部的数字能力对合作伙伴进行开放，不仅能够给合作伙伴带来利益，亦能吸收这些合作伙伴在产业内的丰富经验，更能让用户得到功能和体验更好的产品。

数字能力开放平台在满足能力开放的同时，要保证平台数据的安全性，避免核心数据被恶意使用或者外泄；能支持进行精准的把控，确保内外部服务调用和开发都要基于平台完成，使平台成为链接外部合作伙伴的枢纽。此外，为保证合作伙伴客户端的体验感，数字能力开放平台要保证服务的稳定性，避免不同产品之间的服务调用干扰；提供自助服务能力，让合作伙伴可以基于平台自主开发构建自己的产品。

通过数字能力开放平台将数字化产业链上下游的企业聚合起来，从而使得企业有效整合上下游业务资源，实现产业链上下游的协同，打造出以企业中台为核心的数字化生态体系。

第十二章
数字化生态体系之组织人才子体系

古往今来，人才都是第一资源，是源头活水。国有企业数字化转型势必会对现有数字化组织、人才、生态伙伴提出新的要求。打造良好的数字化生态人才子体系，是支持国有企业数字化转型的关键举措，也是快速响应业务需求的关键举措。

第一节　国有企业 IT 组织管理

传统的国有企业组织架构多数按照业务流水线上不同的职能来设计，从职能角度来看确实可以让各个部门的分工更清晰。但是部门管理者很少从全局的视角去考虑企业的发展，部门之间的协同效果也非常差。数字化转型过程中，各业务部门往往只基于自身业务提出数字化转型需求，直接导致业务系统难以集成和共享。

在组织架构和人才选择上，一般传统企业思考相关问题的出发点是"权责对等"，但在数字化生态圈环境下，企业首先要考虑的是统筹和协作。组织要适应转型与跨行业价值网络能力要求，打破组织边界，并通过信息平台变得更加开放与协作，与合作伙伴、客户无缝协作，才能够快速反应并高效支持变化。面对当今复杂多变的业务需求，国有企业迫切需要建立能够快速响应业务需求的 IT 组织架构。本章通过梳理分析敏捷组织的形态、数字化组织的主流模式，结合国有企业 IT 组织管理需求，探讨构建国有企业敏捷 IT 组织。

1. 敏捷组织分析

（1）"部落和小队"模式

"部落和小队"模式是通过"小队—分部—部落—公会"模式，实现人员跨部门合作。"小队"是由跨业务领域成员组成的最小数字化产品开发团队，拥有决策自主权，对客户需求承担端到端的责任。各小队中有相同专长的人构成"分部"。几组相关"小队"合并为一个"部落"。小队的组成可动态改变，一旦完成某个使命，小队立即解散。在组织里面创立多个"公会"，任何人都可以加入，就像一个个自发形成的"兴趣小组"，促进大家的沟通交流和学习。

"部落和小队"组织模式主要特点表现在：一是灵活度高，小队组成的不断变动，可提高组织灵活度；二是创新性强，跨业务领域成员模式有助于擦出灵感火花；三是避免组织僵化，创新小队模式可有效克服组织结构惯性；四是增强团队合作，客户需求导向使团队团结一心完成任务。

"部落和小队"模式适用于跨部门合作的项目，项目需要跨专业的成员合作完成；适用于效率导向性的工作，既要保证质量，又要保证高效完成；也适用于创新拉动性工作，在完成基本任务之外，团队要有创新产出。

（2）"事业合伙"模式

"事业合伙"模式通过建立多层级合伙人和合伙人持股实现事业合伙，与公司同舟共济。通过事业合伙形式，持有公司股份，有助于提高员工忠诚度和工作热情，团结一致，共享成果。一般情况下，"事业合伙"模式要求骨干员工持股，普通员工依据"自愿"原则进行项目跟投，且员工初始跟投份额不超过项目资金峰值的5%。

此组织模式的特点体现在员工亲手掌握自己命运，与企业形成背靠背的信任，共同做大事业，分享成就。

"事业合伙"模式适用于三类企业，一是知识个体性企业，企业知识掌握在个人手中；二是股权分散性企业，公司各大股东所持有股份相对均衡；三是业务封装性企业，业务可分解成较小单位，各单位可单独进行核算。

（3）"小微企业"模式

"小微企业"模式由平台主、小微主和创客构成，同时进行平台化管理。平台主提供创业资源支持，小微主经营小微，创客是创业的员工。通过小微模式，可以提高团队创新意识和商业敏感度，便于有针对性地调整战略布局，提高企业竞争力。

"小微企业"模式的特点体现在创客具有企业家精神，嗅觉敏锐，善于抓住市场机会；拥有良好的自我组织能力，善于接纳优秀人士；属于自我驱动型组织形式，有发展动力。

该类组织模式适用于战略调整性企业，让企业根据市场变化即时调整战略；也适用于市场导向性企业，抢占商品的市场份额，赶超对手。

2. IT 组织模式分析

目前，常用 IT 组织管理模式主要有分散模式、集中模式、混合模式三种，不同类型管理模式有各自特点和适应范围。随着集团规模增大，企业常常采取混合型 IT 组织模式，见表 12-1。

表 12-1　　　　　　　　管理模式类型分析表

模式	特点	优点	缺点
分散模式	集团下属的子公司分别拥有自己的信息部门，集团公司不管理下属公司的信息化建设。特点是分散资源、分散控制，由业务部门制定政策和 IT 标准，执行并监控绩效	子公司由于资质的分散和控制力的下放，在本机构内可以充分发挥监督作用，可见性好，控制力强，效率也高	由于 IT 人力资源和其他信息资源的分散，以及控制力的下放，导致集团对信息部门的控制力削弱，并且信息部门真实运营状况的可见性比较差，对信息部门的治理效率比较低下
集中模式	信息部门作为和子公司平行的部门存在。特点是集中资源、集中控制，企业的一切信息化都在 CIO 的领导下进行	集中资源、集中控制，由于 IT 决策权集中在集团层面，IT 的投资、应用、维护等都集中控制，因此集团层面的可见性较好，控制力较强	缺乏对子公司 IT 状况的了解，制定的流程不能以最大效率运营，整个企业的效率会受到影响
混合模式	集团和子公司都有信息部门，子公司的信息部门既受业务上级领导，也受集团信息部门领导	在集团层面和子公司分别设有信息部门，在信息共享、控制得力和高效管理方面有较好的平衡	

3. 国有企业 IT 管理组织

在数字化时代，国有企业面临着高度的不确定性需求，传统的集中管理与分散管理组织模式均难以支撑敏捷性要求。IT 管理组织适合采取混合型的管理模式，并在"部落＋小队"的敏捷织组模式基础上采用"中台＋前台"的组织理念。中台通过沉淀、迭代和组件化地输出可以服务于前端的不同场景，不断配适前台，为前台一级赋能。前台直接面向用户，依据用户不同需求，由敏捷小队针对性响应，为用户进行二级赋能，快速响应用户需求。这种模式使 IT 组织变得更加扁平化，从而提升组织的运行效率，使得组织更加敏捷。本书在敏捷组织模式分析、信息化组织模式分析基础上，提出"大中台、小前台"的国有企业 IT 管理组织，如图 12-1 所示。

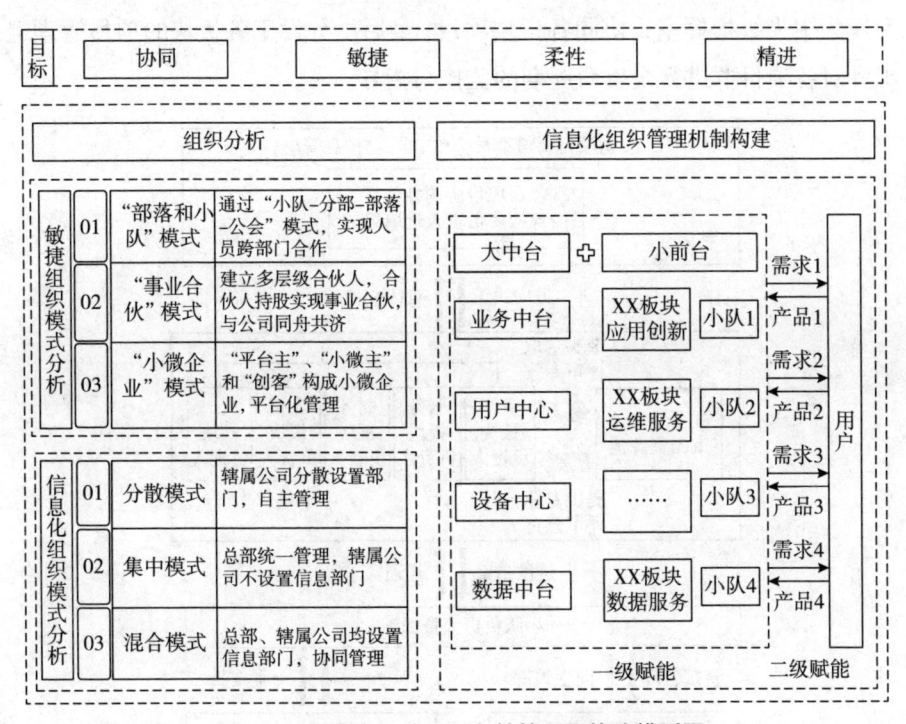

图 12-1 国有企业（公司）敏捷组织构建模型图

"小前台＋大中台"的运营模式，就是"特种部队（小前台）＋航母舰群（大中台）"的组织结构方式，让管理扁平化。"前台"就是贴近基层业务用户的小队，包括服务、生产、基建、物流、财务、人资以及其他战略创新业务等；而"中台"则是强调资源整合、共性服务沉淀的平台体系，为"前台"的业务开展提供底层的技术、数据等资源和能力支持，中台将整合整个企业的数据运营能力、产品技术能力，对各前台业务形成强力支撑。

"小前台+大中台"运营模式下，各敏捷小队会被各业务板块具体的需求触发。但是确保企业战略在各个项目群的实现，则需整个组织的敏捷团队管理机构来贯穿。因而，国有企业IT组织，还需建立贯穿整个组织的敏捷团队管理机构，兼顾组织的全局考量与专业视角，掌管分散于组织各处的动态团队（图12-2）。国有企业通过建设公司级敏捷项目委员会，由高管层指引公司敏捷项目总体规划并负责战略级项目，同时设立公司项目办公室作为中央级指挥室，协同各板块项目；最后由分设于各板块的项目管理组织针对各项目群进行全生命周期的监控与指导。

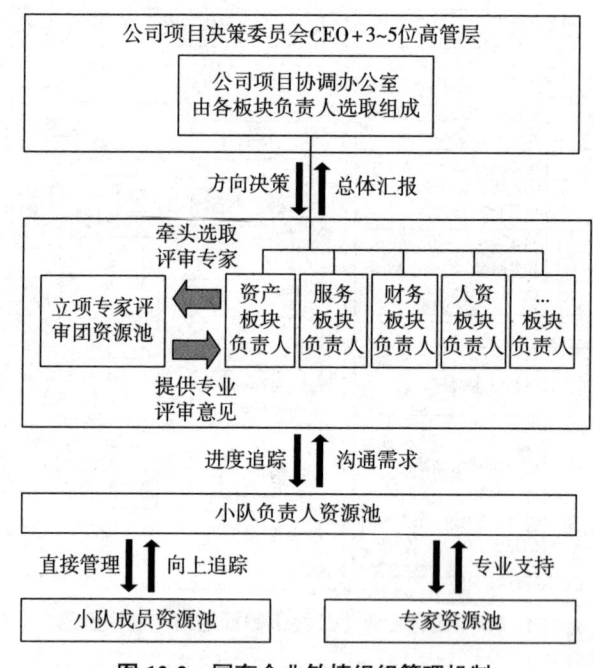

图 12-2 国有企业敏捷组织管理机制

第二节　国有企业数字化人才管理机制

1. 人才管理机制构建思路

数字化经济时代，数字化人才的重要性愈发凸显，国有企业数字化人才管理主要存在以下问题，一是员工自主可控能力较弱，现有工作主要偏向于项目管理，自我成长意愿不足，过于依赖厂家，自主可控能力弱化问题突出；二是信息人员与业务人员协同不足，信息人员对于业务了解深度不够，业务人员对于数字化技术理解不够深入，致使复合型人才缺乏，难以满足企业数字化转型需要。

本书运用 Gartner 双模理论开展数字化人才分析，将数字化人才分为传统 IT 人才、新型 IT 人才两种模式。根据 Gartner 双模理论，传统 IT 模式（稳态），强调扩展性、安全和精确度，其目标是可靠、稳定和低成本，适用于需求明确的数字化产品；新型 IT 模式（敏态），主要强调敏捷和速度，是探索性的工作，需求在开始阶段并不明确，见表 12-2。

表 12-2　　　　　　　　双模 IT 特点对比

	传统 IT 模式	新型 IT 模式
目标	稳定、可靠、低成本	敏捷
价值	性价比	营收、品牌、客户体验
IT 治理	计划驱动、基于领导批准	实证性、持续、领导默许
资源	供应商、长期合同	新的供应商、短期合同
人才需求	擅长常规流程、项目	擅长使用新方法、把控不确定因素
文化	以 IT 为中心，与客户保持距离	以业务为核心，和客户关系紧密
侧重点	常规业务流程与项目	新的不确定项目
生命周期	长（几个月）	短（几天、几周）
应用开发	瀑布式开发	敏捷开发

根据企业信息化双模 IT 设置情况，并结合实际应用，对匹配不同工作模式的人才岗位类型进行分类分层，具体情况如表 12-3 所示。

表 12-3　　双模 IT 人才岗位分类分层

		示例
	职能类型	岗位类型
传统 IT 模式	职能类	规划管理岗、计划管理岗、技术管理岗等
	技术类	研发建设岗、运行维护岗、信息安全技术岗、评测技术岗、客户服务岗
新型 IT 模式	职能类	项目经理
	技术类	业务分析岗、数据运营岗、建设运营岗、安全技术岗

　　传统 IT 模式数字化人才，需要具备数字化产品流水线岗位要求的基础技能和专业能力，在有工作任务时能够做好自身本职工作。新型 IT 模式数字化人才，不仅仅需要所在岗位的基础技能和专业能力，还能够掌握业务领域专业知识，这样才能保障共享服务中心的发展，保证服务中心核心业务具备通用性。新型 IT 模式数字化人才通过对企业共性业务服务和共性数据服务进行沉淀，在更快、更好地支持业务发展的同时，也会逐渐掌握企业最核心的业务和数据，逐步成长为企业最稀缺的"既精通业务，又熟悉技术"的复合型人才。

　　国有企业数字化转型必将是一个长期迭代的过程，且国有企业安全领域相关的数字化系统宜采用稳态模式，因而稳态模式和敏态模式将会在国有企业长期共存。因此，国有企业数字化人才体系既需要培养复合型人才，又要兼顾传统数字化人才的能力提升，即构建双模 IT 下的"敏态+稳态"人才体系。本书结合国企数字化人才管理的问题，从人才培养、应用、激励三大方面构筑数字化人才管理机制，如图 12-3 所示。

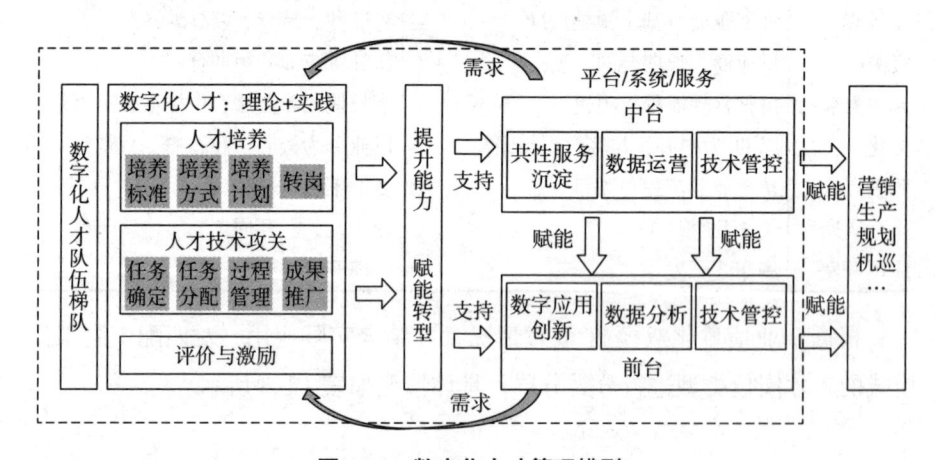

图 12-3　数字化人才管理模型

2. 人才培养体系

基于"双模IT"构建双模人才培养体系，立足敏态模式要求，从模式、内容角度构建，主要包括培养内容、培养方式、培养课程、培养师资四方面。培养内容方面，涵盖稳态模式岗位胜任力、敏态模式岗位胜任力提升，培养方式方面，敏态、稳态总体方式相同，培养课程与师资方面，对应匹配敏态、稳态两类课程、师资，见图12-4。

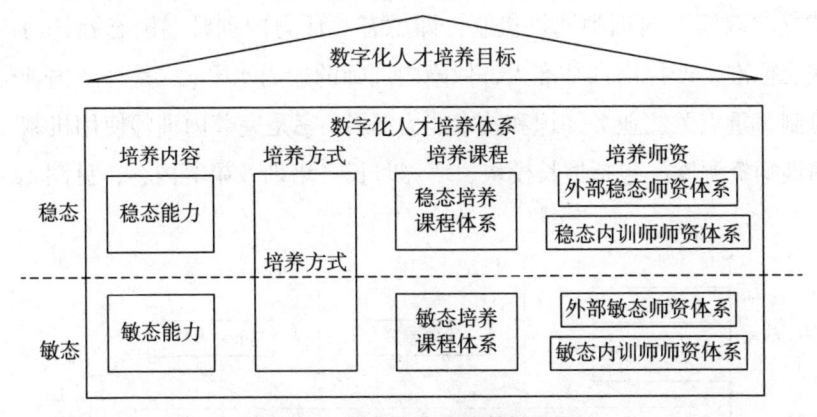

图12-4 数字化人才培养框架图

第一，培养内容，立足数字化人才培养目标，结合国有企业双模人才选拔体系，将敏态能力、稳态能力作为人才培养的内容，以提升稳态模式岗位胜任力、敏态模式岗位胜任力，更好支撑、服务、引领业务发展。

第二，培养方式，包含对国有企业数字化人才"分类、分层"的培养方式等。一是分类，基于培养内容的不同，选取不同的方式。知识类主要采取在线资源、面授课程、交流参观等方式，技能类主要采取情景模拟（实训平台）、行动学习等方式，潜能类主要采取拓展、教练式辅导、伙伴制度等方式。二是分层，基于层级不同，选取不同方式。基层侧重于操作层面，中层可以更多采用将管理知识与管理实践有效结合起来的方式，高层可以设计更为灵活、思路更为开放的跨界学习方案。三是轮岗/挂职，通过业务领域与技术领域以及中台与前台人员之间的轮岗、挂职锻炼，让技术人员加深对业务需求的理解，让业务人员理解数字化系统技术架构、数据表及关联关系等，加快培养成为复合型人才。

第三，培养课程，课程体系中也应设置敏态、稳态两类课程体系，双模课程体系确保课程的匹配性、有效性。课程体系包括课程名称、主要内容、形式、师资等内容，建立课程库并定期对课程体系进行更新。在课程开发模式上，短期采取合作开发的方式，借鉴外部专业力量，同时提升内部内训师水平；中远期采取自主开发的方式，确保课程开发的匹配性、针对性。

第四，培养师资，一方面建立外部师资库，外部师资主要来源于第三方培训机构、行业专家、高校教授等。另一方面应建立内部师资队伍，一是建立"双模"内训师选拔机制，即稳态胜任力内训师、敏态胜任力内训师两套标准，严控内训师准入，保障内训师的能力水平；二是开展内训师培养机制，重点关注业务知识和技术能力提升；三是完善内训师使用机制，建立内训师资源库，包括擅长模块、培养时长、培训效果等内容，见图12-5。

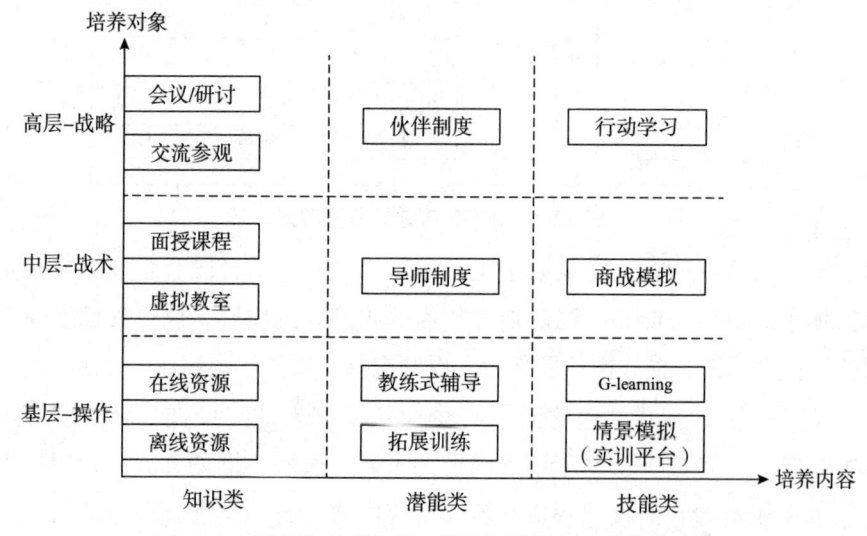

	知识类	潜能类	技能类
高层-战略	会议/研讨 交流参观	伙伴制度	行动学习
中层-战术	面授课程 虚拟教室	导师制度	商战模拟
基层-操作	在线资源 离线资源	教练式辅导 拓展训练	G-learning 情景模拟（实训平台）

图12-5 国有企业"分类、分层"信息化人才培养方式

3. 人才应用体系

建立数字化人才应用机制，重点攻关企业数字化转型相关痛点、难点任务。攻关任务由相应单位、小队承担并组织实施，交付攻关成果。攻关机制包括任务确定、任务分配、过程管控以及成果交付和推广等四个环节。

（1）任务确定

攻关任务来源包括：一是在企业每年数字化重点工作任务中选取；二是前台应用创新涌现出来的优秀创新成果、共性服务沉淀；三是在企业数字化转型工作中需要开展技术攻关的其他工作任务等。

（2）任务分配

基于"量才适用，用人所长"的任务分配原则，企业项目协调办公室将根据专家／小队的技术优势、技术特点进行攻关任务分配，委任技术专家／小队负责人为攻关任务牵头人。对于部分跨单位、跨小队的重难点攻关任务，将采取部落联盟的形式开展，由牵头联盟的技术专家／部落负责人为任务牵头人，联盟整合技术资源，充分发挥合作优势，协同创新，最大化地发挥合作效应。

（3）过程管控

对于每一项攻关任务，由企业项目协调办公室指定负责人跟进。一是计划制定，攻关任务分配后，牵头联盟／小队制定工作方案和工作计划，报企业项目协调办公室审核后，按计划进行重点任务攻关；二是计划管控，采用"周报+月会"的方式开展攻关任务跟踪，以周为节点，牵头联盟／小队报送迭代完成情况；以月为节点，牵头联盟／小队组织召开攻关任务经验分享或问题协调月度会议。

（4）成果交付和推广

成果交付方面，攻关成果需严格按照时间和质量要求进行交付。企业定期发布攻关成果，评选优秀成果。

4. 人才激励体系

人才激励体系的设立可以更好地保障人才培养体系、人才应用体系的运行。人才激励体系主要包括物质激励、精神激励、职业发展激励。

（1）物质激励

合理的薪酬制度是保持员工工作热情的重要激励方式。国有企业可以让薪酬体现员工的价值，可设立数字化贡献奖、杰出数字化人才奖、最佳数字化团队奖等等，充分发挥奖金的导向作用；还可以通过提供宿舍、住房低息贷款、住房补贴、交通费补贴等方法激励人才。

（2）精神激励

国企人才的精神激励可以从以下几个方面进行。第一，充分发挥党员的先进性，建立数字化党员先锋队，加大力度发现典型、培育典型、宣传典型，运用典型榜样的教育作用，提升员工的觉悟，引导建立多层级团队协同文化，激励员工投身到数字化建设中。第二，高度重视数字化人才的发展，建立公司领导定期接见数字化先进员工和技术专家机制。第三，增强数字化人才的自主性，采用柔性化管理，充分授予数字化人才更高的自主性。第四，完善数字化人才对外交流体系，组织到先进的数字化企业去参访、学习。

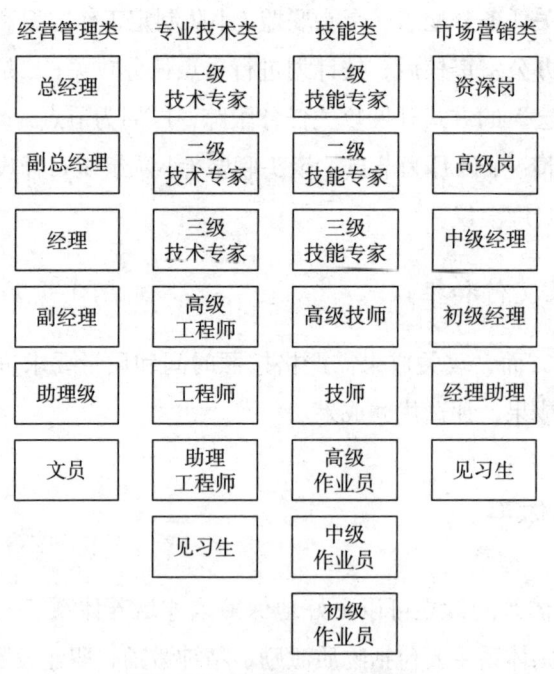

经营管理类	专业技术类	技能类	市场营销类
总经理	一级技术专家	一级技能专家	资深岗
副总经理	二级技术专家	二级技能专家	高级岗
经理	三级技术专家	三级技能专家	中级经理
副经理	高级工程师	高级技师	初级经理
助理级	工程师	技师	经理助理
文员	助理工程师	高级作业员	见习生
	见习生	中级作业员	
		初级作业员	

图 12-6　四通道职业发展图

（3）职业发展

搭建"经营管理类""专业技术类""技能类""市场营销类"组成的职业发展通道，为员工实现职业发展提供良好的平台，见图 12-6。

第三节　国有企业生态伙伴管理机制

目前企业的供应商管理关注点都是一级供应商，而大部分国有企业都拥有直属信息化公司，且绝大部分国企将自己的信息化公司作为一级供应商，将外部信息化公司作为二级供应商。然而，二级供应商技术人员流动性很大，一级供应商始终存在自主可控能力较弱的人员，致使对二级供应商的管理参差不齐。

笔者从供应商选取管理、使用管理等方面，构建国有企业信息化供应商管理机制，将一级供应商和二级供应商统筹管理，实现管理模式和评估标准的统一，并重点加强二级供应商的管理。在二级供应商准入环节，提高准入门槛，加强二级供应商资源库的管理。在二级供应商使用环节，加强对二级供应商结果应用，将二级供应商评价结果运用于一级供应商评价，变被动的消极等待为积极主动预防，建立良好的信息化生态，保障企业数字化转型有序推进，如图 12-7、图 12-8 所示。

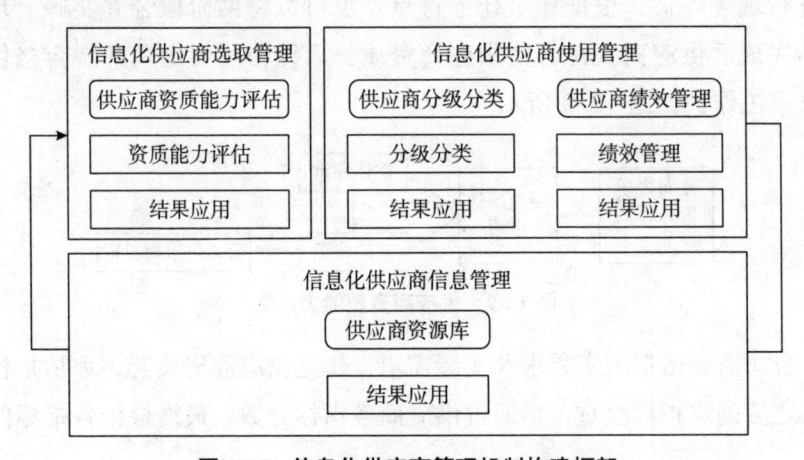

图 12-7　信息化供应商管理机制构建框架

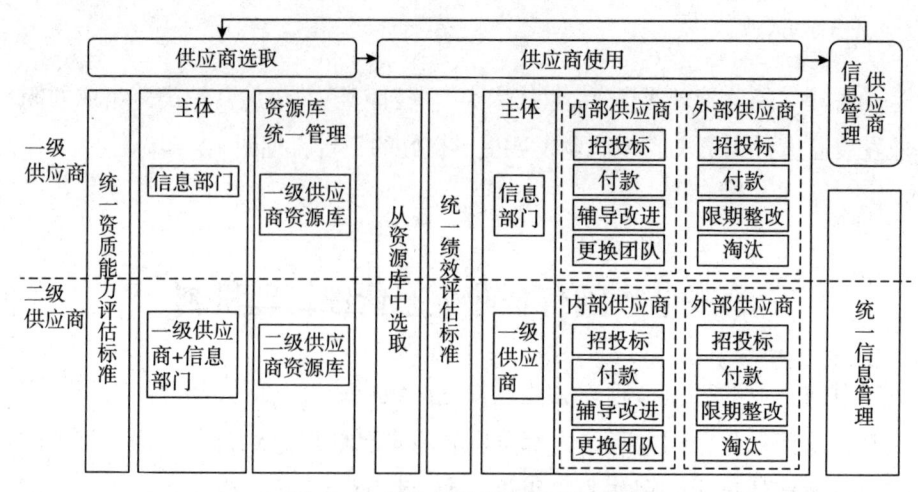

图 12-8 信息化供应商管理框架图

1. 供应商选取机制

资质能力评估是指对参与公司招标采购活动供应商的资质业绩文件及生产现场情况进行核实的活动。公司先发布资质能力评估公告，由供应商提交评估申请。资质能力评估一般分为文件评审和现场评估两个阶段，文件评审指对供应商提交的相关文件原件进行统计核实，现场评估指对供应商的现场情况进行核实。原则上，文件评审满足要求的供应商再进行现场评估，根据评审任务特点，也可以将两阶段合并实施。现场评估完成后供应商获得合格供应商资质，后续公司会定期开展合格供应商复审工作，如图12-9所示。

图 12-9 供应商资质能力评估

公司需要依据现实要求和实际需求，建立供应商资质能力评估指标体系，之后确定指标权重，再通过供应商各指标分数，最终根据各指标的权重和评分进行综合评价，得出供应商的综合评价分值和排名。

本书通过总结文献，并结合国有企业信息化现实需求，概括出供应商应具备的资质能力，构建完整资质评估指标体系，指标体系适用于一级供应商、二级供应商。其内容包含企业环境、人力资源、技术生产、服务交付、项目与流程管理五大模块，每模块包含若干一级指标，公司需要对指标分别赋权，如图 12-10 所示。

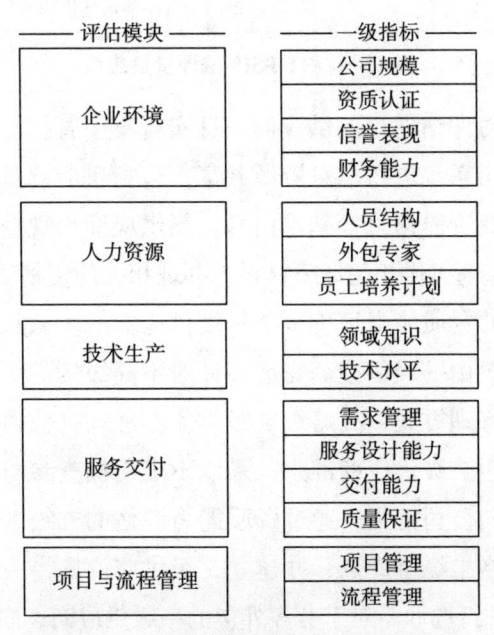

评估模块	一级指标
企业环境	公司规模 / 资质认证 / 信誉表现 / 财务能力
人力资源	人员结构 / 外包专家 / 员工培养计划
技术生产	领域知识 / 技术水平
服务交付	需求管理 / 服务设计能力 / 交付能力 / 质量保证
项目与流程管理	项目管理 / 流程管理

图 12-10 供应商资质能力评估指标体系

供应商资质能力评价的方法应尽量采用定量分析的方法，以保证供应商评价的客观性和科学性，但是在评价过程中有些指标难以量化，所以多采用定性与定量相结合的评价法。本书采用 TOPSIS 法进行供应商的评估和选取，TOPSIS 法是 1981 年 C.L.Hwang 和 K.Yoon 提出，根据有限的评价对象与理想化目标的接近程度进行排序的方法，它可以在现有的对象（供应商）中进行相对优劣的评价，是多目标决策分析中一种常用的有效模型。首先，运用层次分析法和熵权法两种计算权重的方法，将主观因素和客观因素结合在一起确定指标权重；其次，建立供应商选择模型，使用 TOPSIS 方法对供应商指标进行计算并得出相对接近度，以评估最佳供应商,如图 12-11 所示。

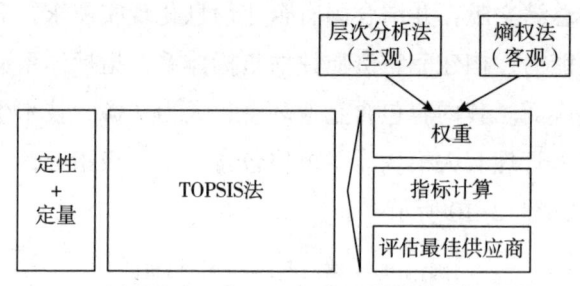

图 12-11 TOPSIS 法评价供应商

经过资质能力评估通过的供应商信息实行集中管控,建立统一的供应商信息库,在公司系统进行信息资源共享,包括供应商基础信息、供应商产品信息、供应商资质信息等基本信息。当供应商出现登记信息变更、注销等情况时,供应商提供相关证明材料,办理相关的资格变更或注销手续。

二级供应商的资质能力评价延续一级供应商的步骤和指标体系。资质能力评估流程一般由一级供应商完成,针对不同级别的供应商,公司信息部门采取不同的管理方式,战略级二级供应商准入,公司可派专人参与资质能力评估,其他二级供应商准入,采取不定期抽查参与的方式,一级供应商定期将结果向公司汇报。通过资质能力评估的二级供应商即进入资格认证库,成为合格二级供应商,并建立二级供应商库,一级供应商只能在二级供应商库中进行选取。对于劳务外包的一级供应商,同样只能在二级供应商库中进行选取,同时公司可建立劳务外包合同模板,在劳务外包合同中需要严格明确劳务外包人员要求、工作标准、支付条件(项目考核结果)。

2. 供应商使用机制

(1)绩效管理机制

①一级供应商。

首先,对供应商的绩效考核,应当量化到具体的数据上,且从多个角度和维度进行,即对供应商的综合情况进行全面、客观、准确地评价。本书构建绩效评价的指标体系遵循以下几个原则：目的性原则，全面性原则，科学性原则，均衡性原则，实用性原则。供应商绩效评价的指标分为定性及定量两种。定性指标具有不确定性；定量指标可以客观反映指标数据，更便于进行横向或者纵向比较。通常来说，对供应商的绩效考核可以通过技术能力、服务水平、质量管理、社会责任、财务、价格成本、交付能力、安全管理几个方面来进行，如图12-12所示。其中交付能力重点关注供应商知识传递情况，要求供应商按照资源库进行模板化，保证内部人员可以实现代码的部署应用，同时应用升级也要求严格按照策略开展，确保内部人员能够完成代码部署、系统运行。同时，如果项目由二级供应商执行，对一级供应商的考核指标增加二级供应商的管理水平指标，也可直接运用二级供应商的考核结果，作为加减分项，加强一级供应商对二级供应商的管理。

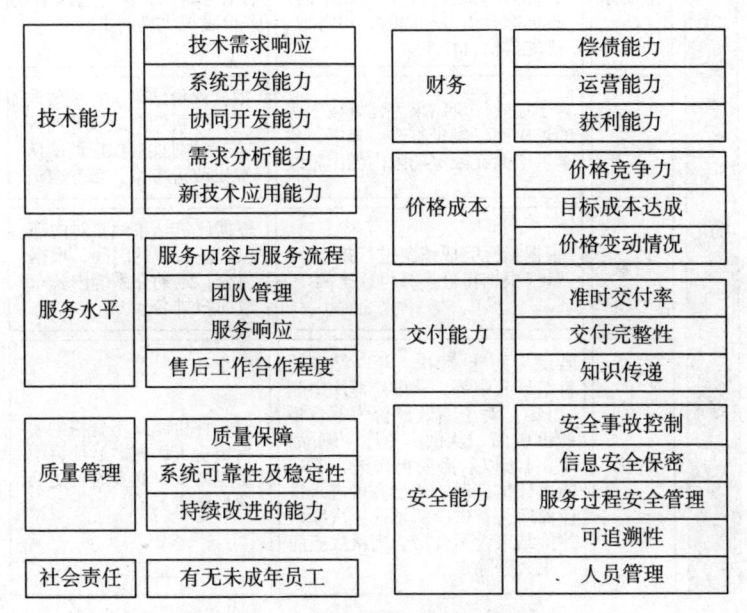

技术能力	技术需求响应
	系统开发能力
	协同开发能力
	需求分析能力
	新技术应用能力

服务水平	服务内容与服务流程
	团队管理
	服务响应
	售后工作合作程度

质量管理	质量保障
	系统可靠性及稳定性
	持续改进的能力

社会责任	有无未成年员工

财务	偿债能力
	运营能力
	获利能力

价格成本	价格竞争力
	目标成本达成
	价格变动情况

交付能力	准时交付率
	交付完整性
	知识传递

安全能力	安全事故控制
	信息安全保密
	服务过程安全管理
	可追溯性
	人员管理

图12-12 供应商绩效评价指标体系

供应商绩效评价工作按年度开展，且进行动态更新。公司建立供应商信息收集常态机制，及时掌握供应商在签订合同、服务、调试以及运行等各环节信息，作为绩效评价依据。

其次，供应商绩效评价结果可以应用于招投标、整改提升、付款、淘汰四个方面，如图12-13所示。在招投标方面，资源库管理中包含的供应商评级可将供应商分为优、良、中、差四个级别，以方便管理，招投标中，绩效优化的供应商优先考虑合作。在整改提升方面，根据绩效评价结果，要求供应商进行整改。在付款方面，针对外部供应商，根据指标完成情况进行扣分，最终根据得分兑换付款比例；针对内部供应商，一方面根据得分情况调整付款周期、比例，另一方面将得分在公司或系统内进行公布或通报排名。在淘汰方面，对绩效评价结果差的供应商淘汰，从资源库中剔除。

		外部供应商	内部供应商
结果应用	招投标	将绩效评价结果作为招投标的参考输入，对于绩效评价结果为优秀的供应商，出现供应商投标综合得分相同时，可考虑优先提供合作机会	将评价结果作为每次招投标的参考输入，优先选择绩效评价表现优良的供应商
	整改提升	对于绩效评价结果为良好或中等的供应商，发出整改通知书，要求供应商在限定期限内做出整改	根据评价结果进行绩效改进，分析绩效表现差的环节，针对性对供应商团队提供改进方案，辅导改进
	付款	根据指标完成情况进行扣分，最终根据得分换算付款比例	根据评价结果调整对内部供应商付款的时间，根据得分，定期在系统内公布或通报排名
	淘汰	若供应商连续3次（年）绩效评价结果为中等，从供应商库中删除1年，对于绩效评价为不合格的供应商，从供应商库中删除1年，1年以后需要再次进行资质能力评估，评估通过方可进入供应商库，若供应商累计三次绩效评价结果为不合格，则从供应商库永久删除	对于评价结果不合格的项目负责人，在之后项目中重点考察，必要时可更换项目负责人

图12-13 供应商绩效评价结果应用

②二级供应商。

二级供应商绩效评价，可以按一级供应商 IT 咨询商、监理检测商、系统开发实施商和系统运维商供应商种类的不同，区分为四类二级供应商。绩效评价方法和指标的确定由公司与各类一级供应商探讨得出，如图 12-14 所示。

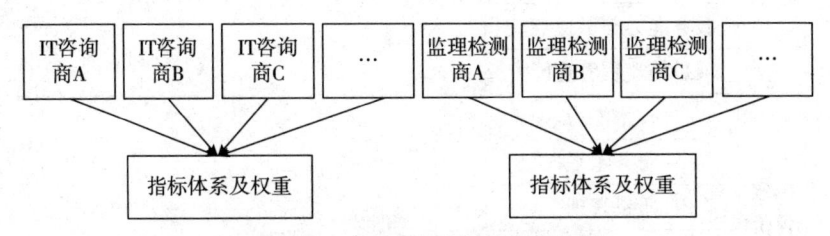

图 12-14 二级供应商评价指标体系

绩效评价于每次项目结束后开展，各一级供应商对二级供应商的绩效评价结果，应及时向公司报备，以完善供应商信息资源库。二级供应商绩效结果运用参照一级供应商绩效结果的应用，同时，二级供应商绩效结果关联至一级供应商绩效结果，对于劳务外包人员不具备相应技能的人员要求外包方（二级供应商）进行更换。

（2）分级分类机制

①一级供应商。供应商分级分类指标的设定紧密围绕信息化供应商分级分类管理的目的及原则进行，为了得到相对客观公正的分级分类结果，满足信息化业务需求，供应商分级分类指标的选择与设定遵循综合性、可比性、真实性和可操作性等原则。

在供应商分类方面，根据供应商综合实力评价及依存关系建立二维矩阵进行分类。其中综合实力评价包括信息化供应商基本能力评价（即资质能力）以及实际表现评价（即绩效评价），依存关系评价反映公司与供应商业务的来往程度，见表 12-4。

表 12-4　　　　　　　　　供应商分级分类指标体系

评价维度	一级指标	二级指标	备注
综合能力	资质能力	基本情况	—
		人力资源	
		技术实力	
		服务能力与敏捷响应	
		项目与流程管理能力	
	绩效评价	技术能力	—
		服务水平	
		质量管理	
		交付能力	
		安全管理	
依存关系	供需依存度	中标金额	中标金额是指在一段时间内，公司与待分类供应商的累计交易金额。中标金额越高，表示该供应商与公司的供需关系紧密度越高
		中标的标包数量	中标的标包数量是对中标金额的补充，是指在一段时间内，供应商中标的标包数量，标包数量越大，表示该供应商与公司的供需关系紧密度越高
		供应范围	供应范围是指在一段时间内，已发生的交易中供应商的供应区域覆盖范围。供应范围越广，表示该供应商满足公司各单位服务需求的能力越强，同样也表示该供应商与公司的供需关系紧密度越高

供需依存度评分细则及权重如表 12-5 所示。

供应商分类综合评价得分按照综合能力及依存关系建立的二维矩阵如图 12-15 所示，综合实力评价高且依存关系高的供应商为战略性供应商，综合实力评价高但依存关系低的供应商为重要供应商，综合实力评价低但依存关系高的为瓶颈供应商，综合实力评价和依存关系均较低的供应商为一般供应商。

表 12-5　　　　　　　供应商供需依存度评分细则及权重

评价维度	一级指标	二级指标	权重	备注
依存关系	供需依存度	中标金额	60%	累计各供应商在评价周期内的中标金额，计算供应商的中标金额比重： ①中标金额超过 10%，得 100 分 ②中标金额在 3%~10% 区间内，得分 85~100 ③中标金额在 1%~3% 区间内，得分 70~85 ④中标金额在 0~1% 区间内，得分 55~70
		中标的标包数量	10%	累计各供应商在评价周期内的标包数量： ①中标标包数量大于 20，得分 100 ②中标标包数量处于 10~20 之间，得分 50~100 ③中标标包数量 5~10 之间，得分 25~50 ④中标标包数量少于 0~5，得分 0~25
		供应范围	30%	累计各供应商在评价周期内的服务单位（地市局级别）数量： ①服务公司全部单位，得分 100 ②服务单位数量 15~20；得分 100~80 ③服务单位数量 10~15，得分 60~80 ④服务单位数量 0~10，得分 0~60

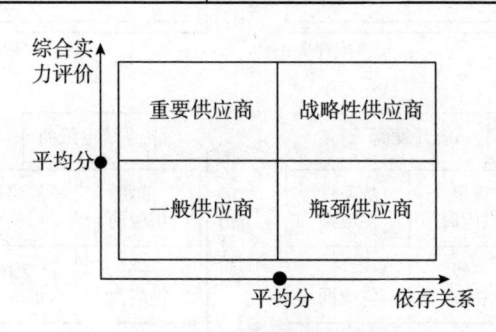

图 12-15　供应商分类矩阵

针对不同供应商类别，可以实施差异化的供应商管理策略。

在供应商分级方面，根据与供应商建立关系的过程可分为登记供应商、合格供应商、签约供应商三级。登记供应商即已提供基本信息进行登记的供应商；合格供应商即经过资质能力评估审核通过的供应商；签约供应商即与公司签订过合同的供应商。

然后，根据供应商分级分类结果，将供应商分为不同级别，并对不同级别供应商采取差异化的管理策略。一是战略性供应商，建立战略伙伴关系，选择时全面考虑质量、价格、交货时间、持续供应能力、经营状况、资金状况、产品技术创新、可持续发展能力等因素，建立互信、互利的长期合作关系；二是重要供应商，建立相对稳定的合作关系，管理流程实施标准化以实现成本降低为重要原则；三是瓶颈供应商，在稳定、长期合作的同时，采取灵活策略，寻找替代方案和备用计划；四是一般供应商，充分引入竞争关系，简化管理流程以提升管理效率，节约管理成本。

②二级供应商。依旧可将综合能力和依存关系作为两个维度，建立二维矩阵，并区分不同种类一级供应商，IT咨询商、监理检测商、系统开发实施商和系统运维商，可划分为四个二维矩阵，如图12-16所示。

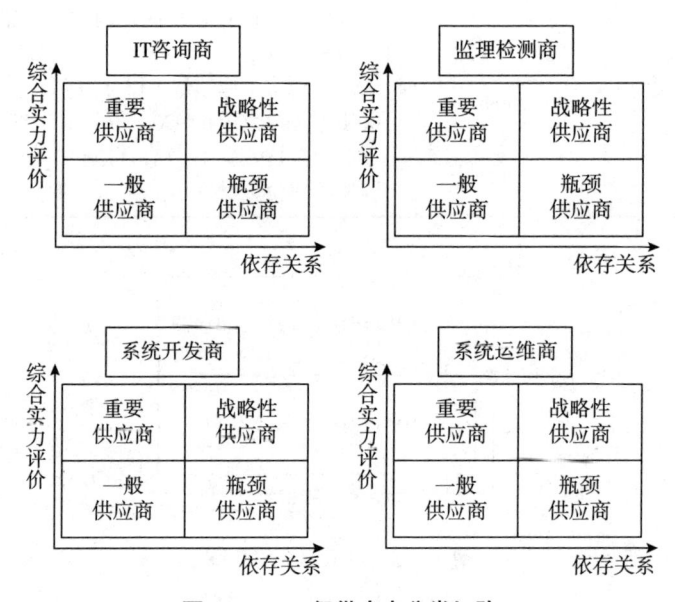

图12-16 二级供应商分类矩阵

对于某一服务种类一级供应商的不同分类的二级供应商，可以采取差异化管理方式，不同服务种类一级供应商的同一分类的二级供应商则可以归类管理，如表12-6所示。

表 12-6　　　　　　　　　二级供应商分类管理

二级供应商类别	一级供应商服务种类	管理方式	管理内容
战略性供应商	IT 咨询商 监理检测商 系统开发商 系统实施商 系统运维商	直接 + 间接管理	由公司信息部门参与战略性二级供应商的资质能力评估，控制前端准入，一级供应商负责二级供应商服务过程中的质量监督、售后服务等方面的管理
重要供应商	IT 咨询商 监理检测商 系统开发商 系统实施商 系统运维商	间接管理	主要借助于一级供应商进行管理，由公司确定二级供应商名单，一级供应商必须在公司认证的二级供应商清单中选择和签约，由一级供应商管理其成本、技术、质量和交付
瓶颈供应商	IT 咨询商 监理检测商 系统开发商 系统实施商 系统运维商	一级供应商自主管理	由一级供应商负责管理，公司与二级供应商无直接商业关系，一般不介入管理，并督促其进行提升或寻找替代者
一般供应商	IT 咨询商 监理检测商 系统开发商 系统实施商 系统运维商	一级供应商自主管理	由一级供应商负责管理，公司与二级供应商无直接商业关系，一般不介入管理

3. 供应商信息管理机制

（1）一级供应商

供应商信息管理即搭建规范统一的供应商资源库，实现与供应商交互过程的沉淀，作为供应商管理的依据和基础，如图 12-17 所示。

其主要包括供应商基本信息、供应商资质能力评估信息、供应商绩效评价信息等。供应商基本信息是指供应商公司基本信息、生产经营情况、资质等内

```
                            信息管理
┌──────────┬──────────────────┬──────────────────────┐
│ 基本信息 │   资质能力信息   │     绩效评价信息     │
├──────────┼────────┬─────────┼──────────┬───────────┤
│ 公司信息 │企业环境│现场核实 │ 技术能力 │ 项目时间  │
│          │        │ 时间    │          │           │
├──────────┼────────┼─────────┼──────────┼───────────┤
│生产经营  │人力资源│评审专家 │ 服务水平 │ 项目内容  │
│情况      │        │组成     │          │           │
├──────────┼────────┼─────────┼──────────┼───────────┤
│ 资质认证 │技术认证│  ……    │ 质量管理 │   ……     │
├──────────┼────────┼─────────┼──────────┼───────────┤
│   ……    │  ……   │         │   ……    │           │
└──────────┴────────┴─────────┴──────────┴───────────┘
```

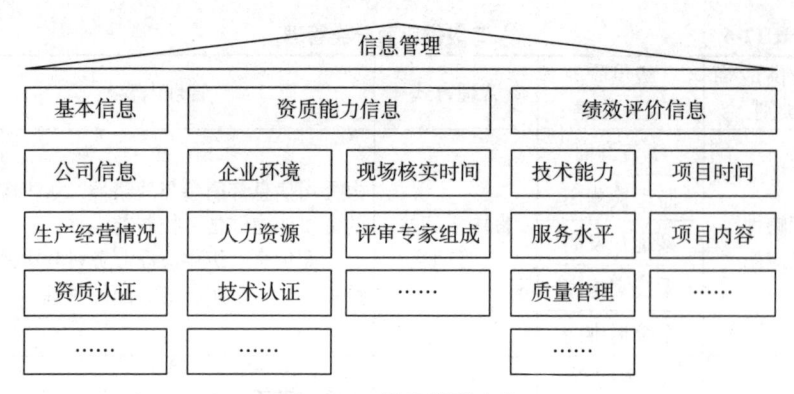

图 12-17　信息管理内容

容；供应商资质能力评估信息包括文件评审信息和现场评审信息两个部分，包括企业环境、人力资源、技术生产、服务交付、项目与流程管理等各个方面评估结果，还包括现场核实时间、评审专家组组成等内容；供应商绩效评价信息包括项目时间、内容相关信息以及对供应商的技术能力、服务水平、质量管理、社会责任、财务、价格成本、交付能力、安全管理等方面的评价结果。

（2）二级供应商

二级供应商的信息管理包括二级供应商基本信息，相应一级供应商基本信息，资质能力信息，以及所完成项目的项目信息和项目后绩效评价信息，项目信息重点明确项目团队成员教育背景、职业资质、工作经验、工作能力等方面的信息，如图12-18所示。

```
                                 信息管理
┌─────────┬─────────┬──────────────────┬──────────────────────┐
│二级供应商│一级供应商│   资质能力信息   │     绩效评价信息     │
│ 基本信息 │ 基本信息 │                  │                      │
├─────────┼─────────┼────────┬─────────┼──────────┬───────────┤
│公司信息 │公司信息 │企业环境│现场核实 │ 技术能力 │ 项目时间  │
│         │         │        │ 时间    │          │           │
├─────────┼─────────┼────────┼─────────┼──────────┼───────────┤
│生产经营 │生产经营 │人力资源│评审专家 │ 服务水平 │ 项目内容  │
│情况     │情况     │        │组成     │          │           │
├─────────┼─────────┼────────┼─────────┼──────────┼───────────┤
│资质认证 │资质认证 │技术认证│  ……    │ 质量管理 │   ……     │
├─────────┼─────────┼────────┼─────────┼──────────┼───────────┤
│  ……    │  ……    │  ……   │         │   ……    │           │
└─────────┴─────────┴────────┴─────────┴──────────┴───────────┘
```

图 12-18　二级供应商信息管理

第十三章

国有企业中台建设案例

近年来，国有企业纷纷借鉴互联网企业的中台战略，着手建立企业中台架构体系。企业中台通过统一的数据模式和共享服务能力，可满足业务快速响应的需求，推动企业协同管理，提升效率。随着共享服务能力日趋成熟与完善，企业中台将不断增强国有企业的核心竞争力，推动企业运营模式创新，促进能力开放、合作共赢的生态体系建设。

第一节　Y通信公司智慧中台建设

Y通信公司智慧中台白皮书于2021年11月正式发布。智慧中台是该公司贯彻落实中央推动治理体系和治理能力现代化决策部署的重要抓手，是充分发挥数据、技术要素作用的有效手段，是该公司数智化转型升级、实现价值经营的关键基础设施。

智慧中台以平台为支撑、数据为驱动，形成"数据—信息—决策—执行"的数据智能流动闭环，通过业务中台牵引技术中台、数据中台、AI中台的共同演进实现能力联动，推进数据互通、能力共享，为网络、市场、服务、安全、管理全流程、全环节注智，实现网络运维智能化、业务营销智能化、用户服务智能化、运营管理智能化。并通过流程优化和管理完善，不断提升运营水平，提升经营效率，持续改进客户体验和价值创造，打造新的竞争优势。

1. 企业级智慧中台总体架构

企业级智慧中台通过打造业务中台、数据中台、AI中台、技术中台等平台能力，推动业务组件、微服务的标准统一；通过打造中台业务能力运营中心逐步沉淀能力资产，针对不同的业务场景，实现业务的快速交付与生产、管理融智。

智慧中台能力的整合涉及多个中台的能力集成和协同，因此需要一套智慧中台业务能力运营中心来促进业务、数据、AI中台与智慧应用全面融通。通过场景能力化运营框架，汇聚中台能力，提供基于场景化的能力输出，为特定的场景提供业务支撑能力。通过流程贯通、数据共享，以服务和数据接口等方式实现各中台的能力拉通，见图13-1。

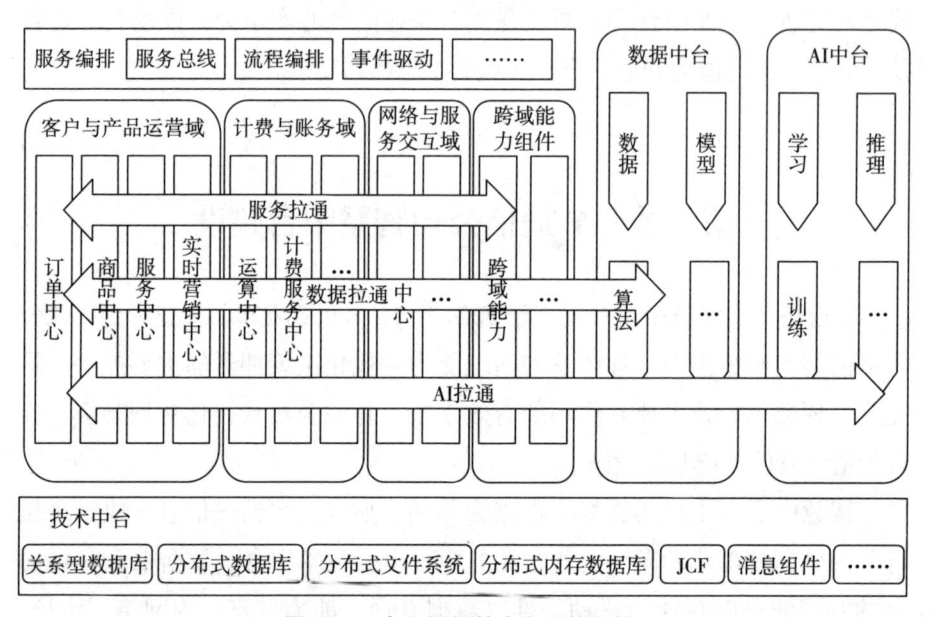

图 13-1 企业级智慧中台总体架构

2. 业务中台

Y通信公司企业级业务中台实现对前端业务需求的快速响应，赋能前台应用敏捷开发，逐步实现业务的能力共享与流程贯通。其主要作用如下。

①功能内聚、解耦通过微服务实现，汇聚基础业务能力，构建各业务领域能力。

②服务标准化：面向业务能力运营中心，基于快捷、灵活、高复用等原则，提供合理颗粒度的标准化服务。

③能力开放：基于业务场景，进行业务能力的对外开放，实现前端业务的快速支撑。业务中台总体参考架构如图13-2所示。

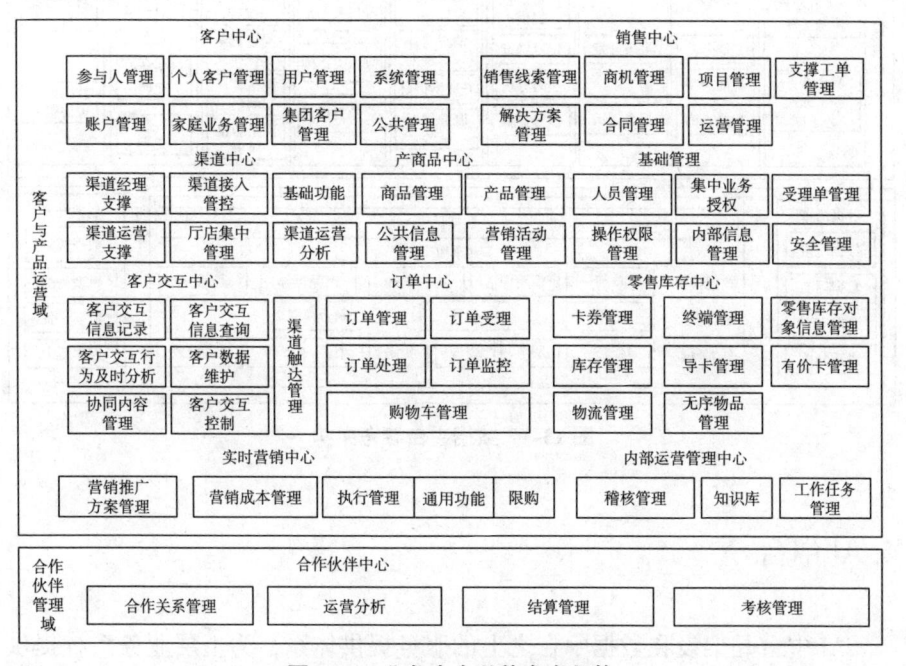

图13-2 业务中台总体参考架构

3. 数据中台

Y通信公司企业级数据中台遵守"1+N"协同机制，"1"代表一级集中化数据中台，"N"代表省级数据中台，两者协同形成高效支撑合力和能力。数据中台应实现对业务域、运营域、管理域、专业平台数据、外部等价值数据的汇聚、融合与知识沉淀，实现数据跨域整合，打通企业信息壁垒和数据孤岛，提升数据规范化水平。并着重打造标准数据服务和数据产品，实现数据与业务的无缝衔接，为业务运营提供多样化的能力输出，赋能各业务领域，驱动业务运营和业务智能化。

数据中台参考架构如图13-3所示。

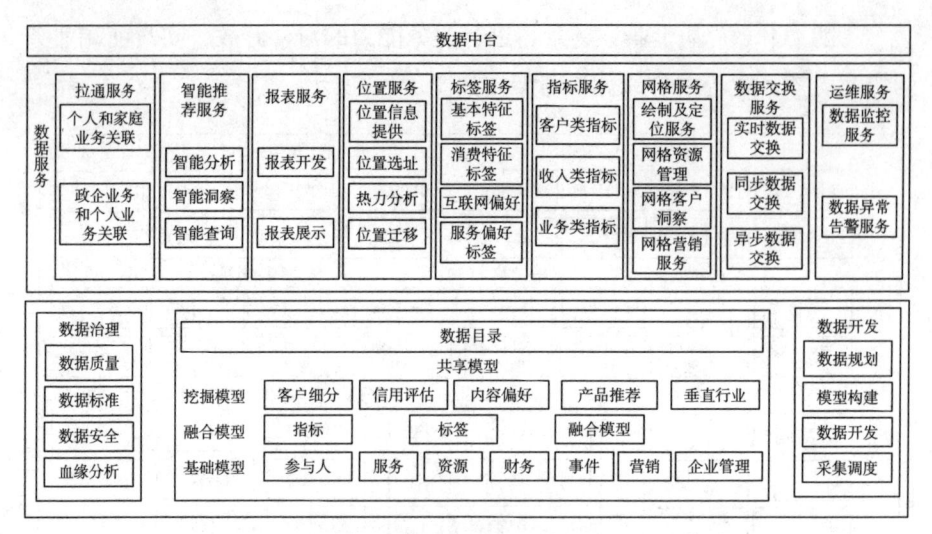

图 13-3　数据中台参考架构

4. AI 中台

AI 中台是架设在数据中台之上的服务提供体系，为上层业务系统提供 AI 模型服务，并为建模人员提供便捷的建模开发服务，见图 13-4。

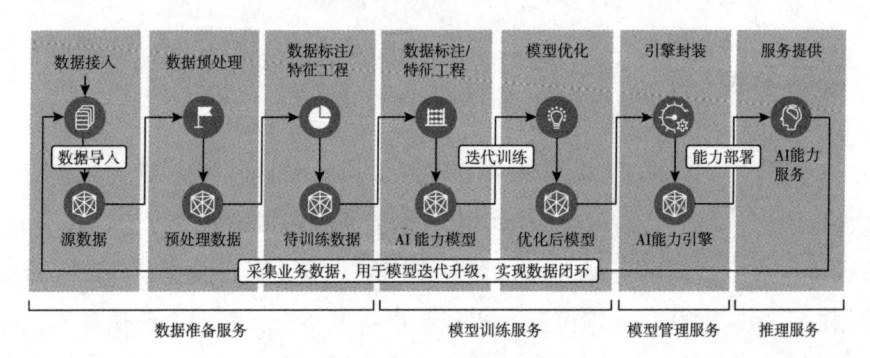

图 13-4　AI 中台架构

AI 建模流程闭环要经历数据准备、数据清洗、特征工程、算法选择、模型评估、模型上线、效果监控。其中，特征工程、算法选择、模型评估是一个迭代更新的流程，当模型评估达到要求以后模型才会上线。同时最后的效果监控部分为模型的下线机制提供了指标基础，以此形成了模型的生命周期闭环管理。

Y 通信公司在业务运营和企业管理的过程中，已经形成了一大批基于场景化的优秀 AI 能力，如图像识别、语音识别、OCR、NLP 能力。下一步，该公司将构建统一的 AI 生产平台，探索集中与边缘结合的部署方式，逐渐沉淀汇聚基层创新能力，沉淀共性算法和模型，形成 AI 能力层，构建全网 AI 服务目录，为全网提供 AI 应用能力。

5. 技术中台

Y 通信公司企业级技术中台通过统一的技术标准，为整个智慧中台的业务中台、数据中台、AI 中台提供底层的技术架构的能力支持，实现技术能力的共享与复用。技术中台核心能力包括运营管理视图、微服务开放组件、微服务开发&交付能力、运维能力、能力集成、技术服务和基础的服务中心。技术中台参考架构如图 13-5 所示。

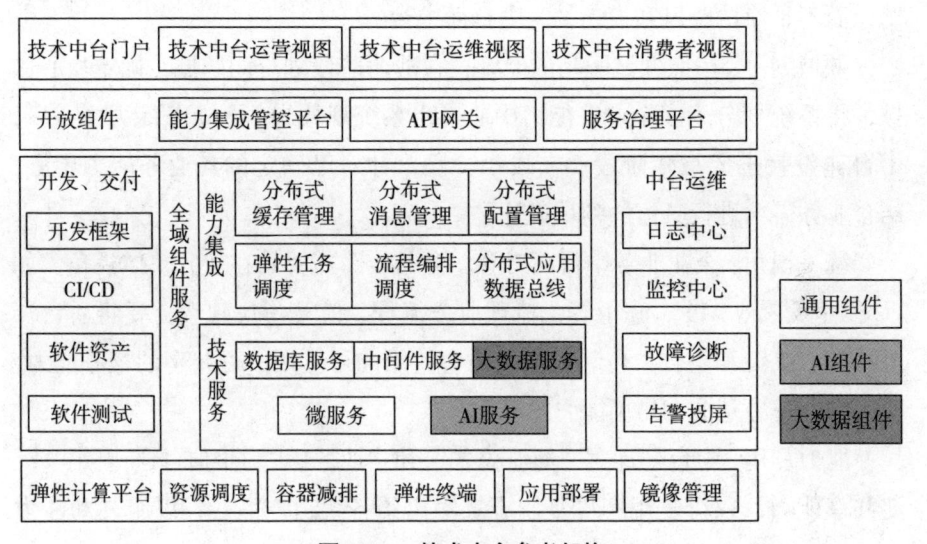

图 13-5 技术中台参考架构

第二节　E证券业务中台架构

E证券基于API化的开放式模块化架构核心思想，形成了"薄应用、厚中台、稳后台"的企业架构全景，并将核心业务知识进行沉淀，以模块化、服务化、共享化的形式建设企业级业务能力，从而快速响应市场变化和客户需求，大幅提升业务交付效率，金融科技核心竞争力取得重要突破。

1. 企业业务中台建设原则

企业业务中台建设对于证券行业来说也是一个新生事物，为此在实际建设过程中，遵循如下建设原则。

业务引领：中台的建设是以提高业务响应为目标，所以需从自身商业模式和市场需要出发，围绕业务目标，按照中台的理念推进业务/技术架构变革，而不是简单跟风和模仿，为中台而中台。

领域划分：按照领域驱动的原则，在战略阶段划分问题域，确定核心领域，将系统划分为多个业务能力中心，当系统划分为多个业务能力中心后，中台建设就进入战术阶段。在战术阶段，针对已确定的各业务能力中心，结合业务需求进行具体的领域设计。

统一视角：企业业务中台面对众多业务线，需要站在业务整体视角，如PC网上交易、APP、临柜等，梳理业务流程，统筹考虑建设，要将后台资源抽象、沉淀和整合，包装成便于前台使用的可复用、可共享的核心能力，实现后台资源到前台易用能力的简化。

能力复用：中台是针对"商业模式"和"业务模式"的抽象与复用，沉淀共享能力，以可复用和可复制方式输出给各渠道产品线，以组件和能力编排实现业务场景化应用，并以服务化的形式输出能力。

2. 业务中台整体架构

券商客户的核心业务领域主要涉及行情、资讯、账户、资金、认证、产品、基金销售/投顾、场内交易、资产及商城等核心场景。因此，根据业务单一原则，如图1所示，E证券将企业业务中台主要划分为账户、产品、财富、资产、行情、资讯、交易、认证、支付、会员、权益、投研等能力中心，形成"薄应用、厚中台、稳后台"的企业架构全景，如图13-6所示。

```
┌─────────────────────────────────────────────────┐  ┌──────────────┐
│ 薄应用（轻量灵活，多渠道，多业务线，线上线下）      │  │ 研发运维管理 │
│ ┌────┬───┬──────┬──┬────┬─────┬──────────────┐ │  │ 需求分层分级 │
│ │渠道│APP│网上交易│网厅│PB│一柜通│业务线│零售/机构/自营等│  │ 版本火车     │
│ └────┴───┴──────┴──┴────┴─────┴──────────────┘ │  │ 数据治理     │
│ ┌─────────────────────────────────────────────┐ │  │ 研发工具平台 │
│ │ 厚中台（核心业务能力共享服务）                 │ │  │ 运维规范     │
│ ├─────────────────────────────────────────────┤ │  │ 仿真环境     │
│ │ 互联网统一接入                                │ │  └──────────────┘
│ │┌─────┬─────┬─────┬─────┬─────┬─────┐        │ │  ┌──────────────┐
│ │业│已建│账户中心│财富中心│行情中心│交易中心│认证中心│支付中心│  │ 技术平台及框架│
│ │务│在建├─────┼─────┼─────┼─────┼─────┴─────┤  │ 服务治理平台 │
│ │中│待建│产品中心│资产中心│咨询中心│会员中心│权益中心│投研中心│  │ 分布式数据库 │
│ │台│    │综业中心│        │        │        │        │        │  │ 容器/虚拟化  │
│ │    └─────┴─────┴─────┴─────┴─────┴─────┘    │ │  │ ……          │
│ 稳后台（高效，稳定）                              │  └──────────────┘
└─────────────────────────────────────────────────┘
```

图 13-6　E证券企业架构全景图

部分能力中心定位分别如下：

账户中心，建设权威、完整、标准的账户主数据中心，进行账户类业务受理及办理，提供各类账户全生命周期及适当性管理，并为各业务渠道提供数据服务，见图13-7。

财富中心，对接场外交易系统原子能力，进行金融产品销售业务流程封装，提供场外交易统一接入服务能力，见图13-8。

图 13-7　E 证券账户中心架构图

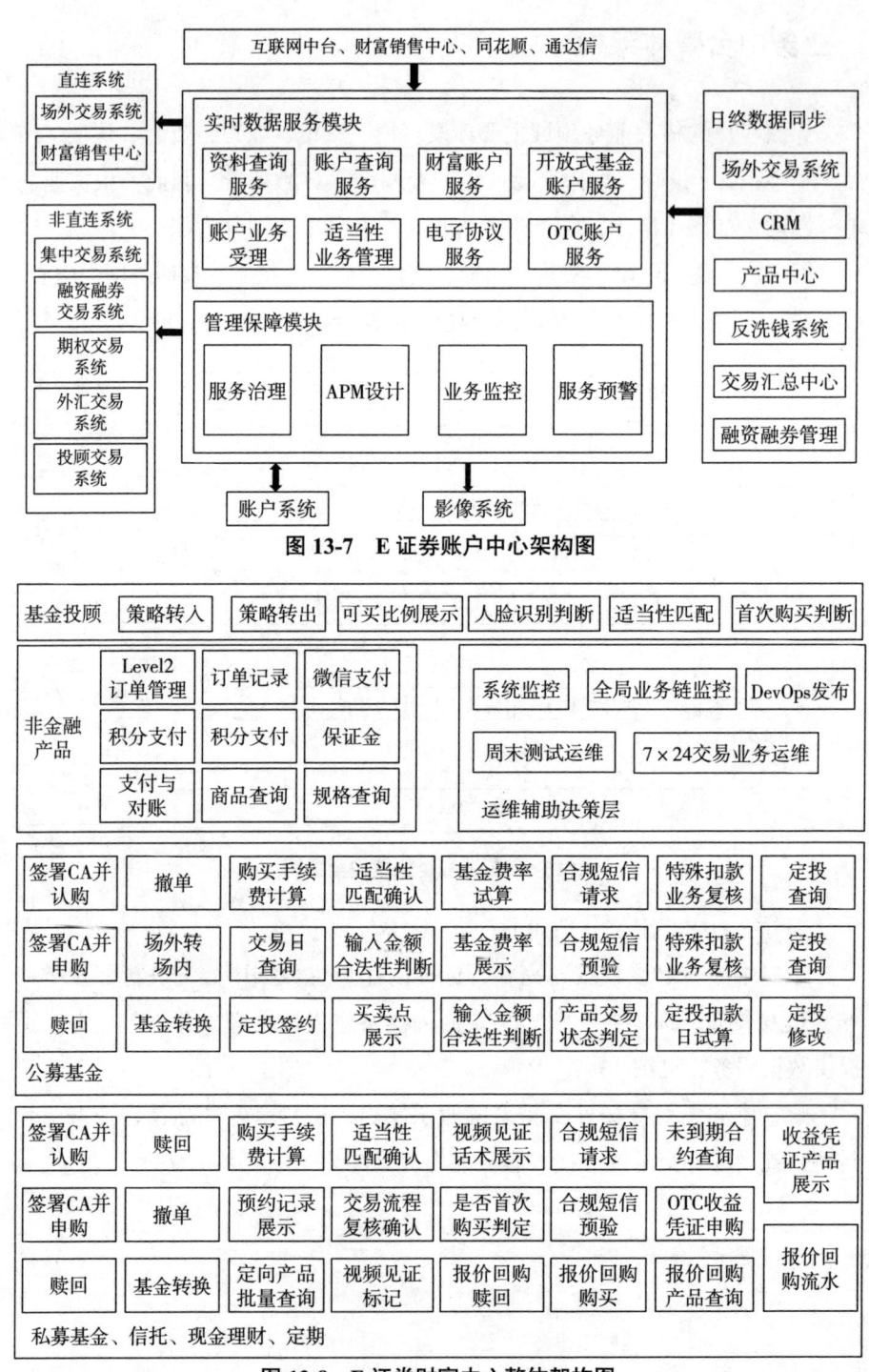

图 13-8　E 证券财富中心整体架构图

产品中心，建设公司级金融产品仓库，覆盖公司全业务全类型的金融产品及产品化业务，从产品引入、产品上架、产品库管理、销售支持、营运管理到售后的分析报表与绩效考核，实现金融产品全生命周期管理，成为公司金融产品标准和权威的来源，见图13-9。

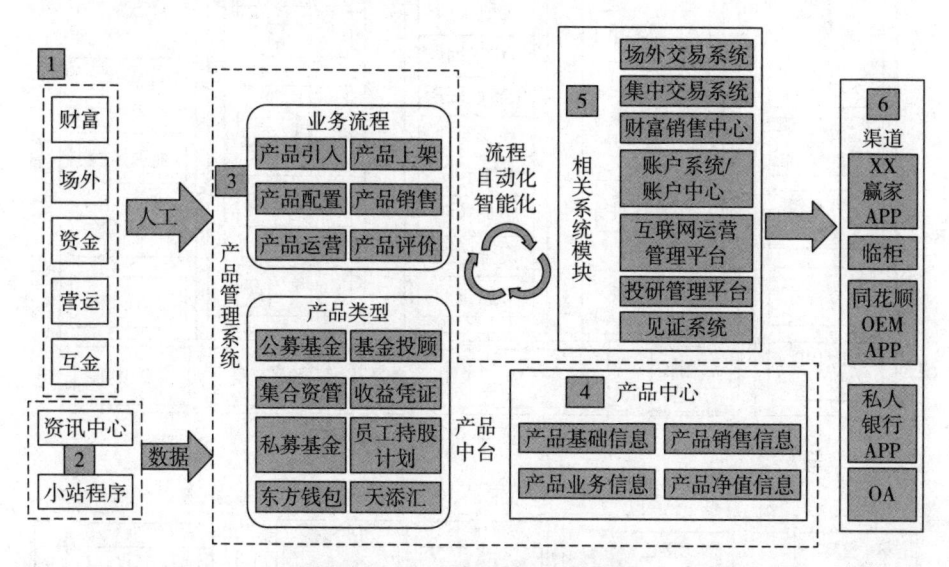

图13-9 E证券产品中心架构图

交易中心，统一制定场内交易协议，一方面屏蔽各柜台接口差异性（各交易中心须按交易接入中心协议进行对接），进行交易系统路由，对交易业务进行管控；另一方面对接场内竞价原子能力，对竞价业务流程进行组合包装，统一提供场内竞价业务能力，见图13-10。

资产中心，整合各个相关业务系统的底层数据，汇总交易和回报的实时数据，承接交易清算数据，进行交易明细数据、资产查询及各类衍生指标的计算和服务，为客户提供更加深度的资产交易查询分析服务等功能（7×24小时服务），统一提供用户整体资产解决方案，见图13-11。

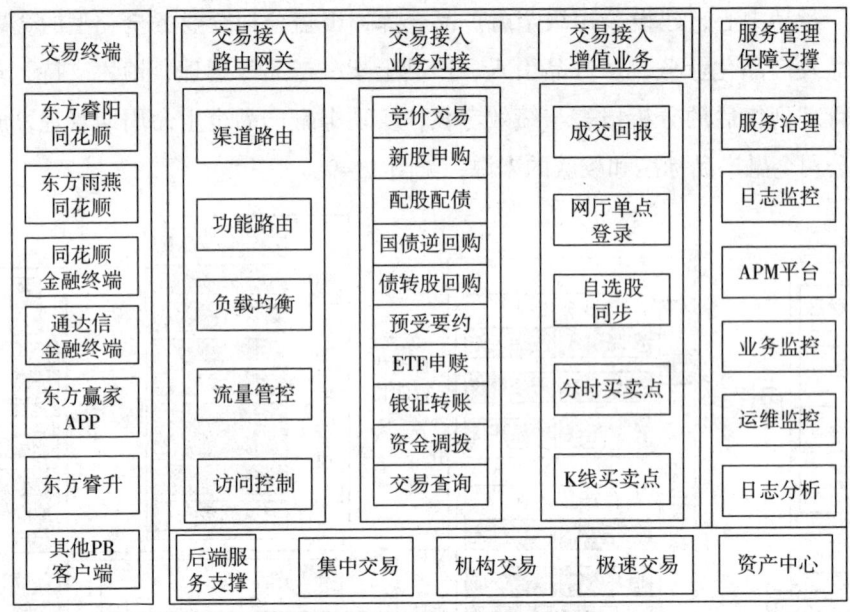

图 13-10　E 证券交易中心架构图

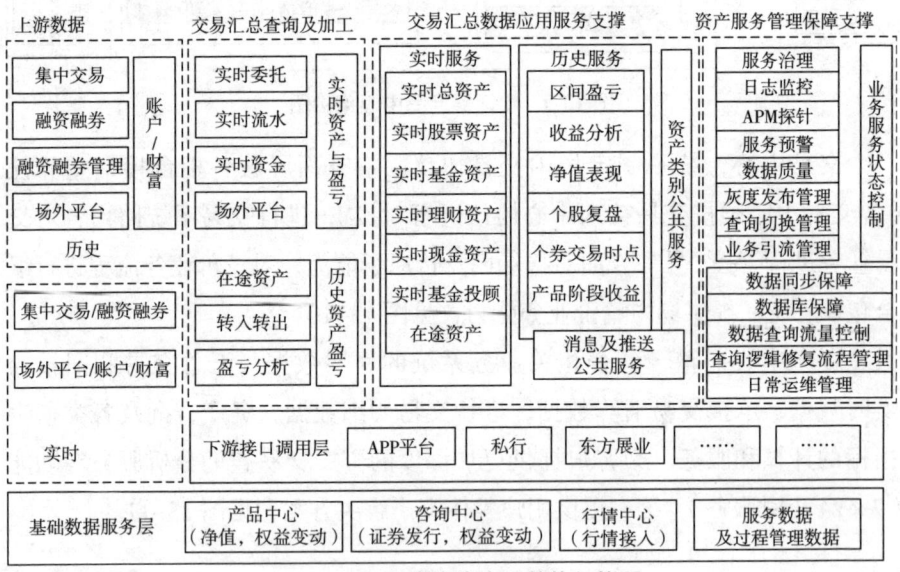

图 13-11　E 证券资产中心整体架构图

资讯中心，统筹管理公司内外各类资讯数据源，对资讯数据进行提取、清洗、加工、存储等操作，形成资讯数据标准，对资讯数据进行全生命周期数据管理，并对外整体提供资讯类服务，见图 13-12。

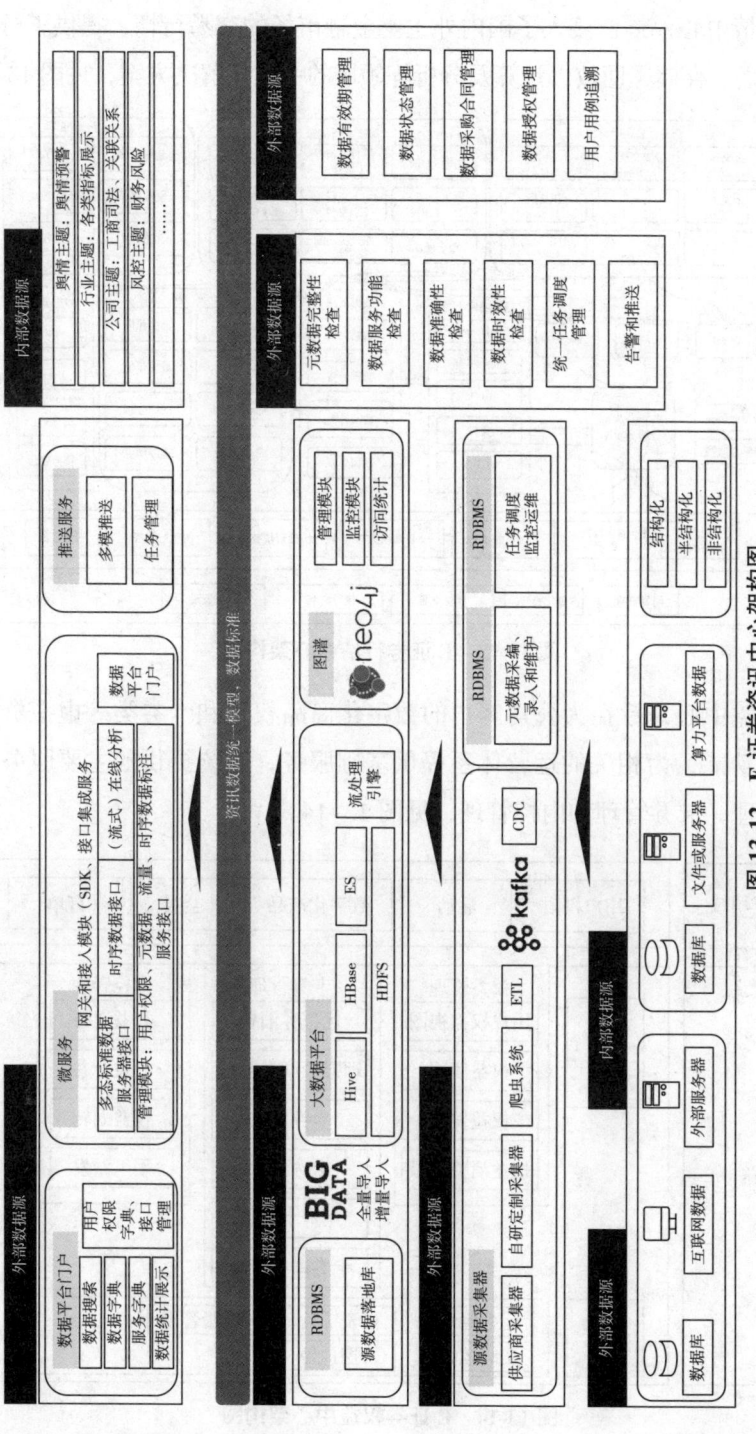

图 13-12 E 证券资讯中心架构图

行情中心，整合接入了国内外主要金融市场的交易行情，提供了行情接入与推送、存储、回放、计算及分析等领域的一体化解决方案，见图13-13。

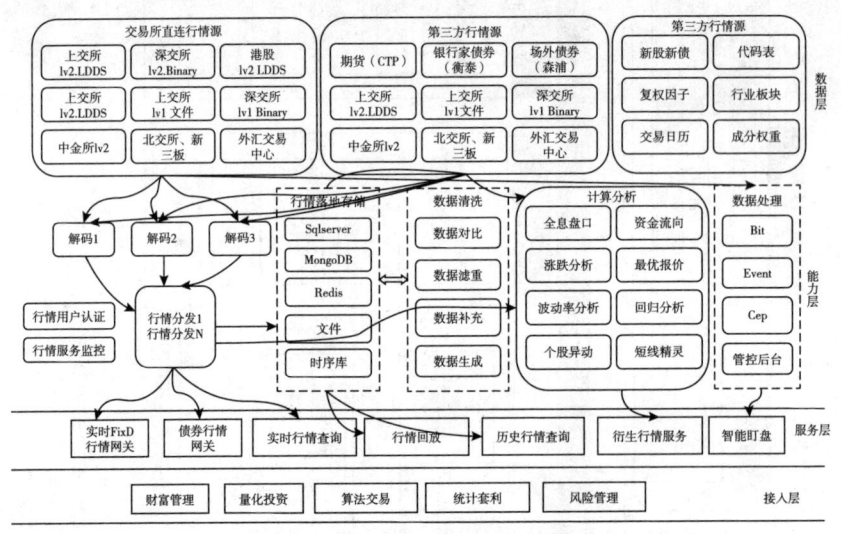

图13-13　E证券行情中心架构图

权益中心，旨在为公司客户的数字化商品权益和卡券类等虚拟资产提供管理功能，为相关的运营体系提供基础服务，系统提供的主要服务包括权益管理、卡券管理和内控管理，见图13-14。

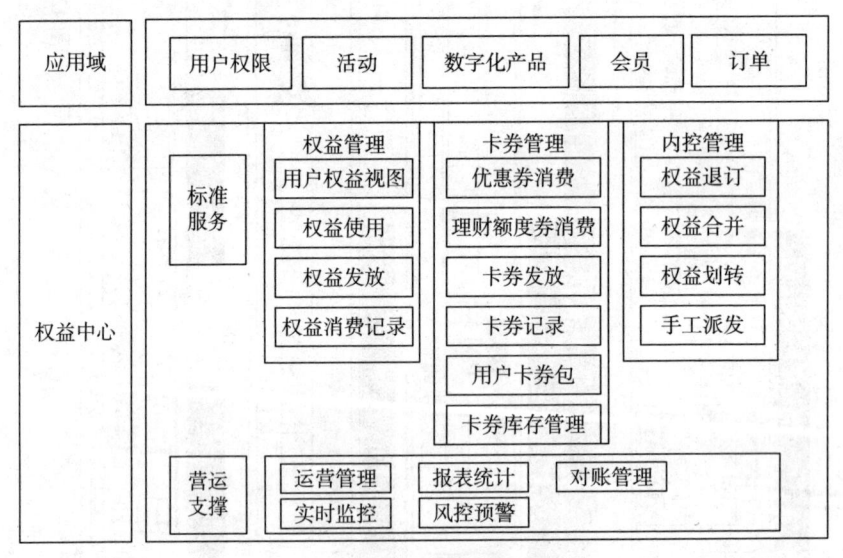

图13-14　E证券权益中心架构图

投研中心，贯穿投前、投中、投后整个投资研究过程，进行分析、决策、投资的整体投研流程生命周期管理，提供资产配置，数据服务，算法服务，因子计算、策略回测与分析等投研相关服务，见图13-15。

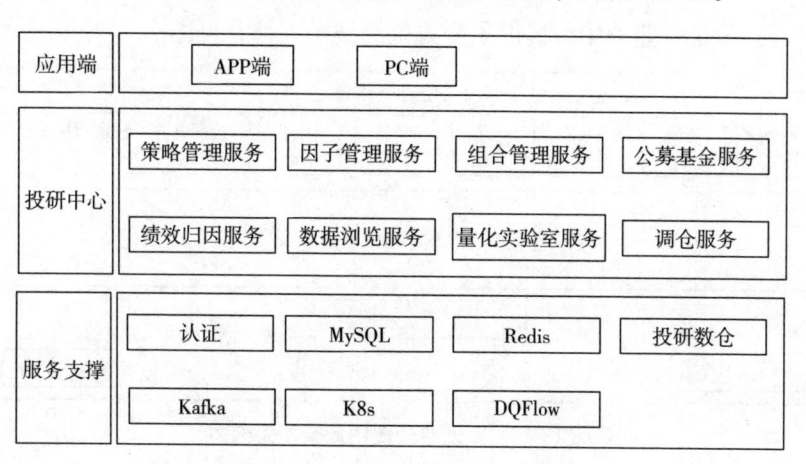

```
应用端      APP端           PC端

投研中心    策略管理服务  因子管理服务  组合管理服务  公募基金服务
            绩效归因服务  数据浏览服务  量化实验室服务  调仓服务

服务支撑    认证         MySQL        Redis         投研数仓
            Kafka        K8s          DQFlow
```

图 13-15　E 证券投研中心架构图

认证中心，以用户身份管理为核心，加强管理 B/S、C/S、移动 APP 等结构的多应用的安全访问机制，集身份管理、身份认证、授权管理、应用资源访问控制及其安全审计于一体，构建多信息资源的应用整合、集约管理和安全防护的安全基础服务平台，见图13-16。

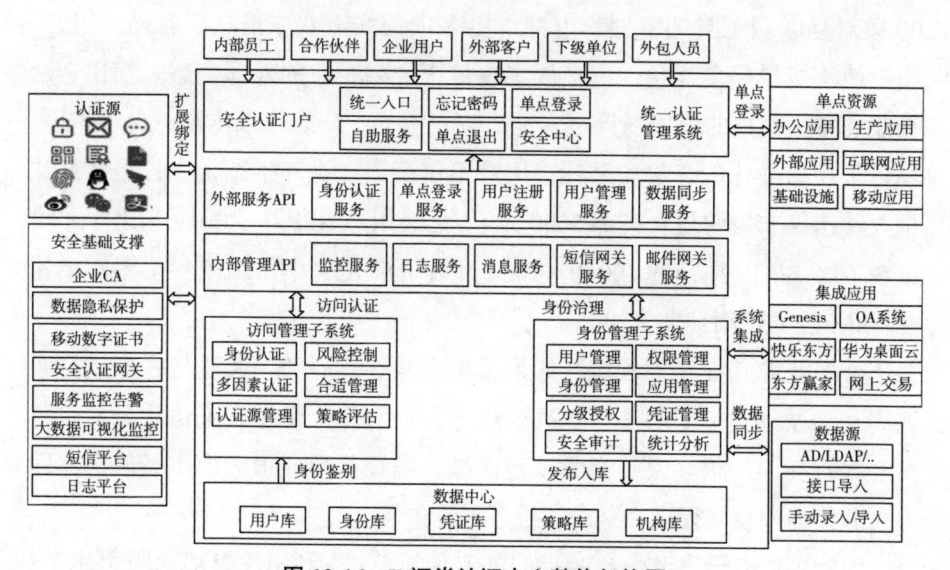

图 13-16　E 证券认证中心整体架构图

3. 技术架构

技术框架是业务中台成功的基石，为此，E 证券进行了体系化的技术架构建设，为企业业务中台提供了全方位的技术支撑，见图 13-17。

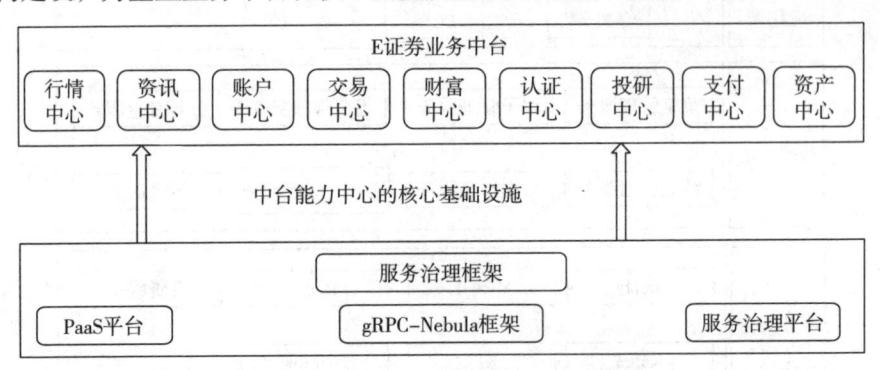

```
┌─────────────────────────────────────────────────────────────┐
│                      E 证券业务中台                          │
│ ┌────┐┌────┐┌────┐┌────┐┌────┐┌────┐┌────┐┌────┐┌────┐ │
│ │行情││资讯││账户││交易││财富││认证││投研││支付││资产│ │
│ │中心││中心││中心││中心││中心││中心││中心││中心││中心│ │
│ └────┘└────┘└────┘└────┘└────┘└────┘└────┘└────┘└────┘ │
└─────────────────────────────────────────────────────────────┘
              中台能力中心的核心基础设施
                  ┌──────────────┐
                  │  服务治理框架  │
                  └──────────────┘
   ┌─────────┐   ┌──────────────┐   ┌──────────┐
   │ PaaS平台 │   │gRPC-Nebula框架│   │服务治理平台│
   └─────────┘   └──────────────┘   └──────────┘
```

图 13-17　E 证券企业中台技术架构图

第三节　P 银行中台建设

当前银行业面临以下四方面挑战：第一，用户行为发生改变。90 后、00 后对互联网工具的掌握程度高，更多依赖线上获取信息和互动。第二，用户使用场景呈多样化，更多聚集在传统金融企业的外部生态。相比金融行业 APP，用户的使用场景更多地出现在电商、新媒体、传媒、自媒体等，场景呈现多样化的趋势。第三，用户不仅聚集在头部生态企业，在尾部的企业增速也非常明显。头部 5000 万 ~1 亿级用户 APP 中，2019 年上半年增速在 10% 左右；尾部的 100 万 ~1000 万级用户 APP 中，2019 年上半年增速在 100% 左右，增速非常快。

金融业尤其在零售领域，如果希望占领客户心智，通过与客户进行频繁的互动做到充分了解客户，就要思考如何利用外部生态来达到目的。包括 P 银行在内，很多银行都尝试建商城，但很难形成很大的市场趋势，因为大部分客户会被天猫、京东、拼多多等占领。

因此，P 银行建设中台的目的其实很简单：①利用优惠活动吸引流量；

其次，再进行相对精准的画像描述，了解消费、理财风格从而获得更加准确的画像。②收集到的信息也可以通过与外部生态合作方共同经营获取，外部生态合作方需要流量变现的场景，金融则是它们最希望合作的。P银行的策略是，不仅与规模大的头部平台电商合作，同时也广泛跟中小平台合作。

P银行中台建设分四阶段建设了数据中台、技术中台、业务平台，见图13-18。

阶段一：系统重构（2016年底—2017年），核心系统改造，自主可控，系统稳定性得到显著提升。

阶段二：技术中台和数据中台（2018年），建设技术中台，零售大数据平台和数据中台服务，敏捷开发模式建立起来，让IT交互效率变高。

阶段三：业务中台（2019年），通过智能化体系改造业务，通过零售AIBank项目，体系化建设11大业务中台能力，赋能480多个前台场景。

阶段四：开放银行（2020—）开始建立中台开放银行平台体系，进行外部合作对接。

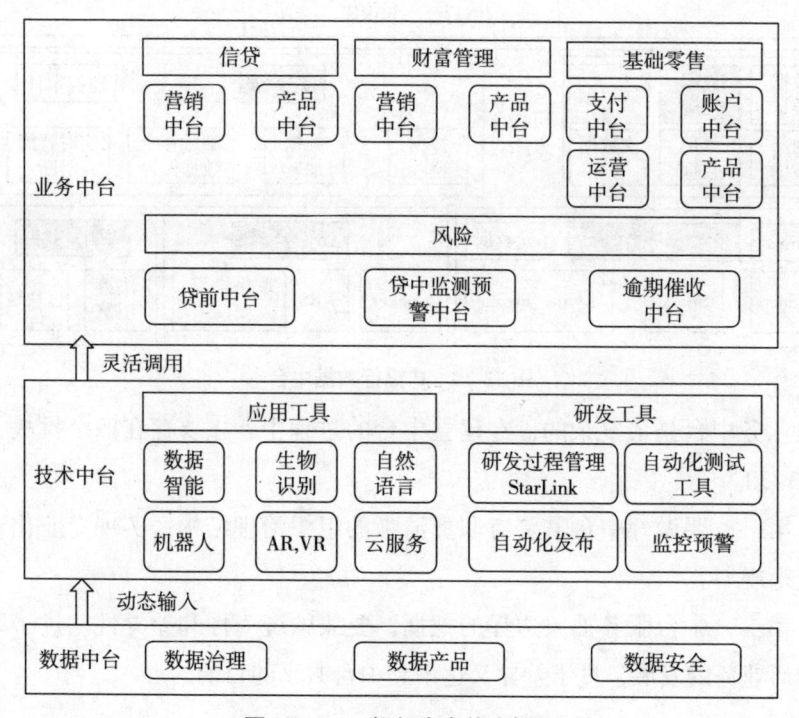

图13-18 P银行中台能力框架

技术中台分为应用工具类和研发工具类。应用工具类，智能化公共服务、公共算法都是依靠 P 集团的技术支持；研发工具，交付诉求必须靠自动化研发过程来实现，所以研发过程的工具本身也成为技术中台能力。

数据中台，最底层是大数据基础平台能力，这是大数据特有的基础架构的能力，也是底层大数据算法的工程化能力。AI 平台能力，为构建数据模型提供服务，包括决策引擎、区块链等核心组件都集中在基础平台，见图 13-19。

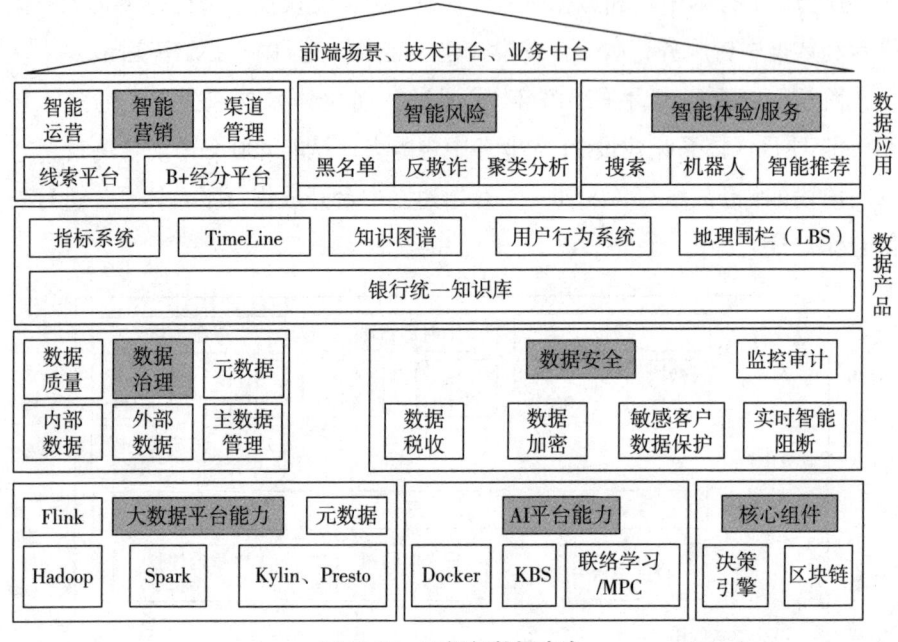

图 13-19　P 银行数据中台

业务中台是最复杂的，在建立中台的过程中，主要存在四个挑战，见图 13-20。

第一，要做好中台需要有职责清晰的组织治理结构，实现专业化管理和统筹规划。

第二，中台服务抽象边界的把握，要兼顾统一性和差异性。过于统一会阻碍业务的发展，过于差异又达不到中台共享的目的。

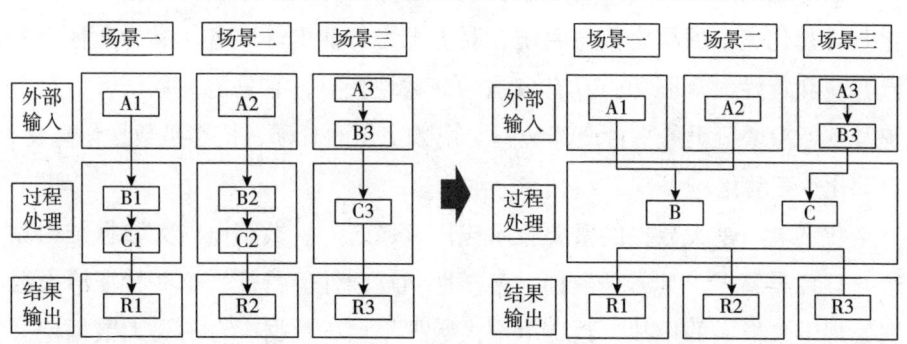

业务中台的建设，需要持续抽象可共享的模块，提升对接效率，降低开发成本

抽象处理过程中的系统模块，灵活应对外部不确定输入场景，支持产品个性化，流程自定义的不同业务合作模式，降低开发成本。

图 13-20　业务中台建设

第三，面向对象的抽象设计，需要经验丰富的应用架构师，但在这方面人才稀缺。

第四，中台上线后的持续闭环优化能力是个很大的挑战。中台最终体现的并不只是 IT 系统能力，还有业务运营能力能否固化至中台，使得业务场景不断丰富。

第四节　S 电网数据中台建设

1. S 电网数据中台

电力大数据是大数据理念、技术和方法在电力行业的实践，它涉及发电、输电、变电、配电、用电、调度等各个环节，是跨单位、跨专业、跨业务的数据集合。电力大数据按来源不同可划分为三类：一类是来自于电力生产企业的发电量数据；二类是电网的运营和管理数据，包括交易电价、售电量以及生产、资源等业务一体化管理平台等方面的数据；三类是电力用户侧数据，包括用户侧管理平台和智能电表采集的数据。

数字电网是指在一个物理结构和特性实体上用数字化、网络化、智能化和可视化表示的综合信息系统,既为电力行业内部服务,又为全社会各行各业和百姓大众服务,具有较强的公益性特点,它是电力系统、信息系统及创新型增值服务平台全部统一实现数字化的总称,核心是数据信息化、自动化、互动化。

数字电网是大数据的重要技术应用领域之一。数字电网大数据结构复杂并且种类繁多,具有分散性、多样性和复杂性等特征,这些特征给大数据处理带来极大的挑战。数字电网大数据平台(数据中台)是大数据挖掘的基础,通过数字电网大数据平台可实现电网全数据共享,为业务应用开发和运行提供支撑。

S电网公司围绕"数难找,数难要,数难用"等问题,通过对技术、业务、模式、生态等全方位研究,形成一套以解决域跨系统数据整合,支撑数据分析应用为目标,采用中台设计方法建成的数字电网大数据平台。大数据平台为应用提供统一数据接入、清洗、存储、管理、分析计算等功能,包括数据贴源层、数据整合层、数据汇总层、数据集市层、数据应用层等重要组成部分。数据中台总体架构如图13-21所示。

数据贴源层(ODS,Operational Data Store)实现了公司内部数据资源的接入和缓存,将分散在不同系统的业务数据采集到大数据平台,为数据处理做准备。贴源层数据与各源端业务系统的数据保持一致,数据粒度是最细的颗粒度,不进行数据的整合和加工。

数据整合层在数据缓存层的基础上,进行海量历史数据的离线存储,是同时实现了分析对象整合、数据标准统一、数据质量治理等过程的数据集中。按照整合层统一模型建设方法,进行业务对象的整合,从数据粒度上来说数据整合层的数据粒度仍保留最细粒度,以业务主体、业务过程和业务对象的细分关系、关联关系进行了数据的重构。

数据汇总层是对数据的统一预处理并统一化存储,实现了数据多维度汇总、计算过程,形成集中的基础统计指标和主题体系。数据汇总层以数据整合层清洗、转换后的数据明细为基础,构建分析对象的统计模型,面向数据分析主题进行所有常用维度的汇总统计。

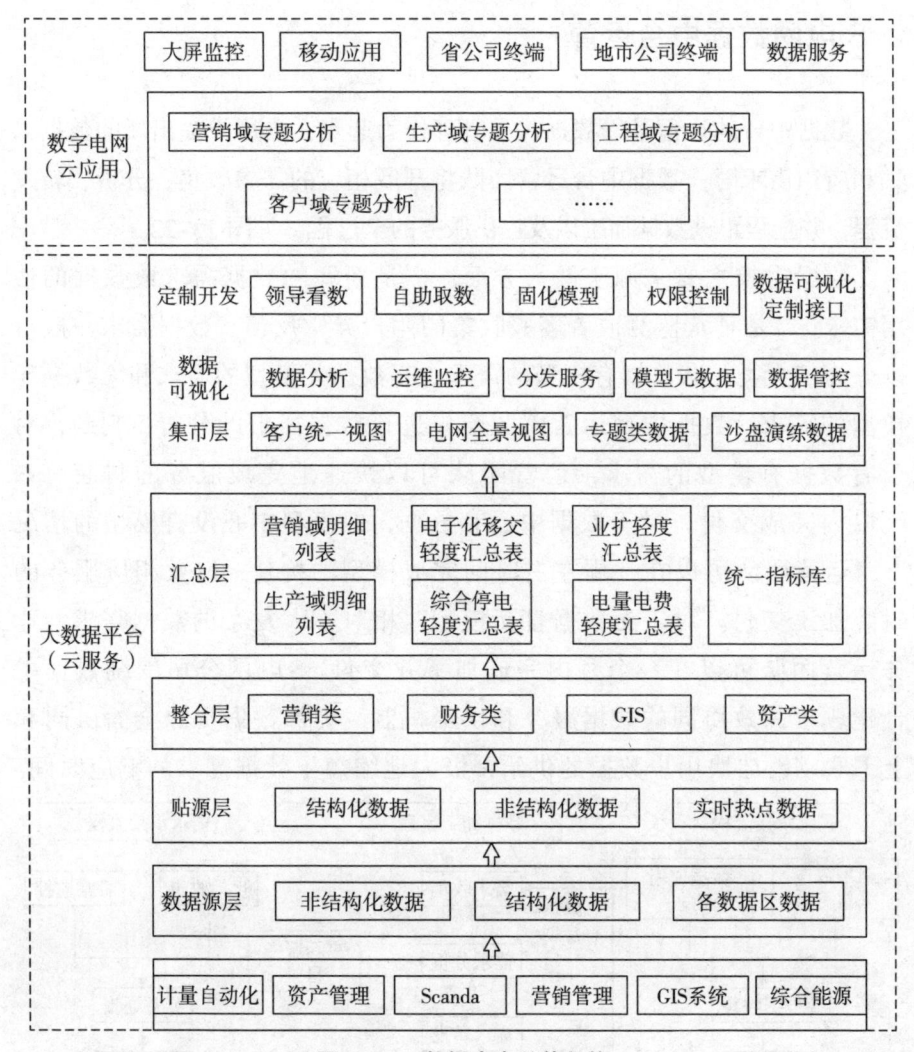

图 13-21 数据中台总体架构

数据集市层（DM，Data Mart，也叫数据市场）是面向业务和应用场景进行数据融合和共享，实现数据的价值整合。数据集市层也可以在汇总层的基础指标上，进行个性指标的衍生和构建，面向分析主题开展指标的重新组合，完成数据集市的数据服务能力开放和业务服务能力开放。

2. S电网数据中台运营

数据中台的运营是以数据需求管理作为起点，当用户提出新的数据采集和应用需求时，数据中台运营团队将开展相应的需求收集、分析、转发流程，并全程跟进数据加工以及提供服务的全过程，见图13-22。

数据需求主要来源于两大方面，一是新增的数据需求或数据的使用需求；二是日常监测或者客服收集的用户异常反馈。数据需求一般可以分为三大类，有数据有模型的需求、有数据无模型的需求和无数据无模型的需求。数据中台运营团队会先进行数据需求的分析、判断，对于有数据有模型的需求，运营团队可以快速地完成服务的封装，一天以内完成交付。对于数据中心有数据，但模型中心没有模型的情况下，运营团队可以在一周左右时间完成模型的构建，以及相应服务的封装加工交付。对于无数据且无模型，相对不太复杂的数据需求，业务运营团队可以在一个月内完成加工并交付。S电网公司围绕数据中台建成了高效协同的数据服务和供给机制，确保数据资源全面协同和上下联动，加快用户数据的供给，极大地缩短了数据需求的响应时间。

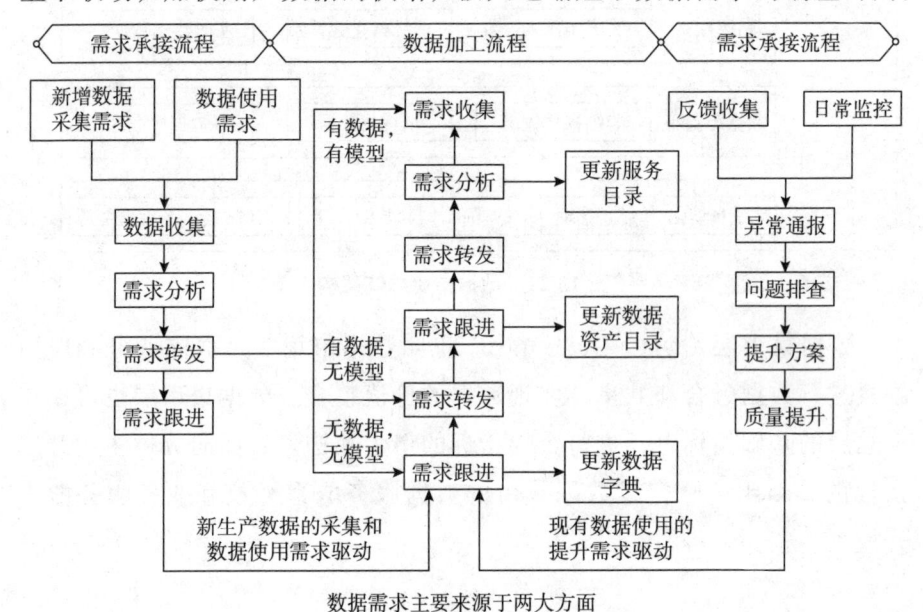

图13-22 数据运营管理流程

3. S 电网数据中台应用

随着我国电力行业飞速发展，电网规模日益扩大，对于电力负荷预测的准确性和输变电设备的安全运行要求也越来越高。国内大量研究者在大数据框架下开展了电力负荷预测和输变电设备评估，然而很多学者用了大量篇幅说明采用大数据与电网应用场景相结合的必要性与重要性，以及各不同应用方案的优缺点，但很少谈到具体的实现途径。本节将基于大数据框架，给出如何利用具体的技术来实现大数据与电网应用场景融合。

（1）电力负荷预测

电力系统分析理论表明，保持供用电平衡关系着电力系统用电的安全稳定，在保障电力系统安全稳定运行的前提下，应该提高运行的经济性。准确的电力负荷预测是电力系统调度、实时控制、运行计划和发展规划的前提，是电网调度部门和规划部门所必须具有的基本信息，对制订合理的计划和调度方案、提高设备利用率、保障系统安全稳定运行具有重要意义。

①传统电力负荷预测方法。基于电力数据的用户负荷预测研究分为短期负荷预测和中长期负荷预测。短期电力负荷预测指未来几小时、几天的电力负荷预测。短期负荷预测已作为能量管理系统的重要功能模块，为安排电力调度计划、供电计划等提供依据。中期负荷预测指未来一年内的负荷预测，预测结果作为机组维修计划、电网规划等的重要依据。长期负荷预测指未来 1~10 年的用电负荷预测，为电网的规划、增容和扩建等工作开展提供参考依据。

目前短期负荷预测理论研究逐渐成熟，包括回归分析法、时间序列法、小波分析、支持矢量机、人工神经网络、模糊预测、综合模型预测等多种方法。相比短期负荷预测，中长期负荷预测更容易受到不确定因素的影响，比如天气情况、自然环境和人类活动等，因此，中长期负荷预测需要的数据更多，难度更大。

中长期负荷预测方法可以分为两大类：基于参数模型的方法和基于非参数模型的方法。基于参数模型的中长期预测方法包括电力弹性系数法、时间序列法、相关分析法等。基于非参数模型的方法包括灰色预测技术等。无论哪种预测方法，核心问题就是要基于电力用户历史负荷数据，建立预测模型，模型的精准度决定了预测水平的高低。

近年来，随着我国智能电网的部署和迅速发展，给电力负荷预测带来了直接的挑战，各类传感器和智能设备数据不断增加，设备中获取的数据以及各类传感器采集的电力负荷预测相关因素，诸如温度、天气、风速等数据量剧增，数据维度也不断提高，数据规模也从 GB 级增长到 TB 级甚至更高，传统的负荷预测方法已经不能满足负荷预测中预测效率和预测精度的要求，国内外学者已经将负荷预测聚焦到了基于大数据技术的预测方法研究。

②基于大数据的电力负荷预测。电力负荷受气象条件、经济以及用户用电行为习惯等因素的影响，实现高精度的负荷预测比较困难。本书采用的电力负荷预测方法是通过利用电力负荷的历史数据和当前数据以及数据挖掘算法挖掘出影响负荷波动的敏感因子，建立大数据环境下的预测模型，进行各类电力负荷的预测。具体框架如图 13-23 所示。

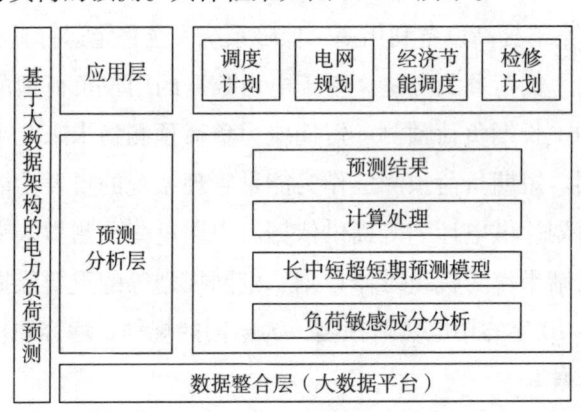

图 13-23 电力负荷预测框架

基于大数据架构的电力负荷预测系统可分为三个层次。

应用层。负荷预测结果应用于电网调度、配电网规划等领域。

预测分析层。基于各类数据，分析影响负荷的敏感成分及关联关系，通过基于大数据的预测模型和计算处理，进行各类负荷预测。

数据整合层（大数据平台）。整合电网调度负荷、用户用电量、经济社会等内外部数据，为负荷预测提供基础数据。

具体来看，可以利用Spark（Apache Spark，一种专为大规模数据处理而设计的快速通用的计算引擎）集群搭建大数据基础存储平台，将各电网子系统采集到的数据整合成大数据存储，利用并行化计算框架对智能电网大数据进行快速挖掘分析，将传统的负荷预测迁移到云计算平台，利用随机森林算法实现并行负荷预测，即基于Spark平台和并行随机森林回归算法的电力负荷预测方法。

基于Spark平台的并行随机森林回归负荷预测流程为：原始数据载入—数据清洗、预处理—提取样本数据—建立并行随机森林回归模型—Spark大数据处理平台—进行负荷预测—负荷预测结果对比与评价—结束。

根据测试数据显示短期负荷预测精度较传统预测方式提升20%~30%，长期负荷预测精度较传统预测方式提升15%~20%，对于电力负荷不均衡的地区，在调整重载线路负荷、增加变电容量、消除负荷供应缺口方面具有重大意义。因此，基于Spark平台和并行随机森林回归算法的电力负荷预测方法，可以很好地应对当前电力大数据背景下对负荷预测高精度和海量数据运算的要求。

（2）输变电设备状态评估

随着现代电力技术的不断发展，对于主设备的运行状态监控手段也越来越多，包括带电检测、在线监测、不良工况及设备历史大事记等内容。这些信息体现了电网主设备的内外部运行状态，综合起来可以对设备运行状态进行分析，对设备检修进行决策，是非常有用的大数据，应当对这块数据宝库进行数据挖掘和分析，以支撑实际电网生产运行。

①传统输变电设备状态评估方法。目前我国电网公司使用较为广泛的输变电设备状态评估方法包括设备状态打分制方法、专家系统方法、基于传统机器学习的多维度设备状态评价方法，以及引入远程专家意见的样本训练方法等。

然而，近年来随着智能监测设备的发展，输变电设备的状态参量数据量呈指数级上升，且设备状态数据来源于多个不同系统。传统的状态评价方法无法处理此类多源异构的海量数据。一方面，原有状态评价体系中的要素仅限于缺陷、实验数据和不良工况等部分设备状态信息,未能将反映设备状态的信息量全部纳入评价体系;另一方面,原有状态评价方法是利用决策树,根据专家打分,设置各种情况的权重及扣分量,从而综合得出该设备的状态是否正常、需要注意事项和异常等。因而,开展基于大数据技术的输变电设备状态评估及风险评估研究,对于电网主设备的内外部运行状态进行综合评价及风险评估具有重要意义。

因此,我们可以通过开展基于大数据的输变电设备负载能力动态评估、故障预测、状态评价和运行风险评估等关键技术研究,研制跨平台数据获取转换服务装置,开发融合电网、设备和环境信息的综合分析系统,做到实时精确、全面掌控输变电设备状态,为输变电设备状态检修提供技术支撑。

②基于大数据的输变电设备状态评估。建立基于大数据技术的输变电设备状态评估及风险评估的量化评价指标属于决策支持系统范畴。该系统基于外部系统提供原始数据,通过不断地适应系统日新月异的评价指标及先进的评估方法,实现输变电设备状态评估及风险评估的同时,该系统还应该与各种智能检测模块相结合,形成统一的通信通道以实现数据的共享。基于大数据技术的输变电设备状态评价、风险评估的系统总体框架如图13-24所示。

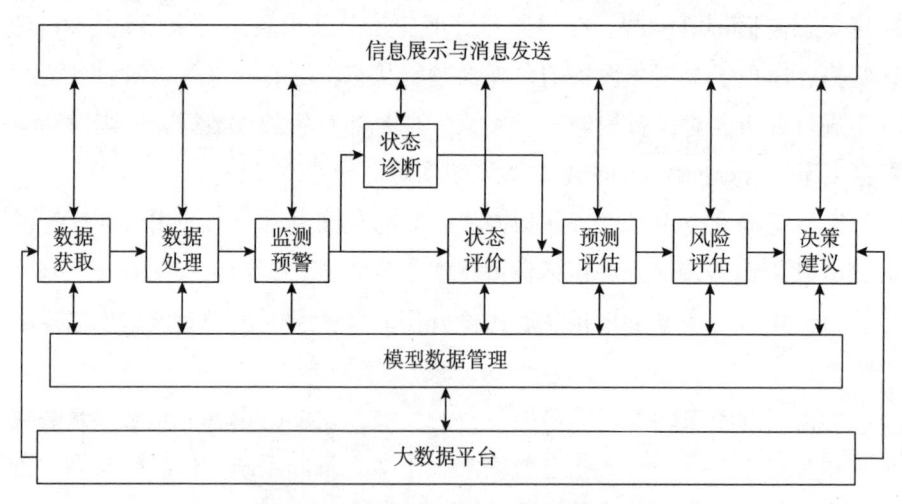

图13-24 输变电设备状态评估系统框架

基于大数据分析的设备状态评价关键技术采用分布式存储、频繁项挖掘技术以及聚类算法技术等。

一是分布式存储在设备状态评估中的应用。一般认为，大数据一般要处理的数据远远超过传统的关系型数据库。因此，在存储方面，一些突破了关系型数据库的 NoSQL 数据库涌现出来，例如 MongoDB，Hbase 等。由于分布式数据库将数据存放于不同的机器上，因此，相较于关系型数据库，会额外需要一些通信和管理的开销。分布式数据库需要解决数据的一致性和性能的问题。在分布式数据库中，一般面临一致性、可用性和分区容错性三者不能同时满足的问题。因此，在面对不同的问题时，需要根据问题的重点选择处理策略。一般来说，有如下三种：第一，为了避免单点故障，导致数据丢失，需要对数据进行多点备份；第二，如果备份数据较多，则需要更多的数据同步来保证数据的一致性；第三，如果数据一致性要求较高，则性能会降低，会增加额外的大量通信和管理开销。目前，在电力系统中，各种设备每天通过监控产生的状态信息已超过 PB 级别，这些数据非常庞大，而且不同设备产生的类型各异，因此，使用分布式数据库对设备状态数据进行存储，是十分必要的。

二是频繁项挖掘技术在设备状态评估中的应用。关联规则是从大量数据中，挖掘出有价值的数据项之间的相互关系。在实践中，通常用于在杂乱无章的数据中发现静态的规律。常见的关联规则算法有 Apriori、FP-growth 算法等。FP-growth 算法思想如下：首先，需要扫描所有数据，产生所有备选频繁项集，并按照降序排列，剪除支持度低于阈值的元素；其次，再次扫描全部数据，并按照第一步的结果集合，生成 FP 树；最后，从 FP 树中，按照规则，发现有意义的频繁项。在设备状态评估中，可以采用关联规则，发现和设备状态相关的因素。将设备的状态离散为不同的等级，并记录一个设备等级及其对应离散的天气因素、地理因素以及交通因素、人文因素等等因素，作为输入，建立 FP-growth 树，并从树中发现"严重状态"是否具有频繁项，如果发现频繁项，则可以从频繁项中找出"严重状态"所对应的因素，从而进行排除，维护电网运行安全。

三是聚类算法技术在设备状态评估中的应用。基于大数据挖掘的设备故障诊断方法是通过故障异常状态参量的聚类分析来挖掘设备常见的故障模式。目前应用较为成熟的一类方法是 k-means 聚类方法。k-means 算法是一种常见的聚类方式，也是目前为止学界和业界应用最为广泛的一种聚类方法。该算法将对象聚至离它最近的中心点附近，而若想要确定中心点，则又需要知道包含有哪些对象。在 k-means 聚类中，聚类簇数 k 值的选取至关重要，只有找出合适的 k 值，才可能得到较为理想的聚类效果。轮廓系数可以较好地解决这个问题，它融合了凝聚度和分离度这两个概念，通过轮廓系数来评价聚类的效果较为有效。对于簇内的凝聚度的度量，方式是计算簇内第 i 个元素与簇内其他元素间的距离平均值，记作 a_i。对于簇之间分离度的量化，方式是选取上述第 i 个元素所述簇之外的 1 个簇 b，计算第 i 个元素与 b 中所有元素的距离的平均值，接着计算第 i 个元素与所有其他非第 i 个元素所在簇的距离，并找到第 i 个元素与其他簇间距离的最小值，记作 b_i。第 i 个元素轮廓系数的计算式为：

$$S_i = (b_i - a_i) / \max(a_i, b_i)$$

最后，计算所有簇中所有元素的轮廓系数，并求出每个元素轮廓系数的平均值作为当前聚类的整体轮廓系数。

基于分布式存储、频繁项挖掘技术以及聚类算法等技术，实现大数据平台下的输变电设备状态评估，可以在实际评估工作中安全准确地实施，保障输变电设备和电力系统可靠地运行。根据测试数据显示，基于大数据平台的输变电设备状态评估，设备可减少 21% 的停电时间，资产可用性从原有 3 个 9 提升至 4 个 9，检修运营成本可降低 28%，为电网行业与大数据的结合提供了实践典范。

第十四章

国有企业数字化转型的展望

加快推进企业数字化转型是新发展格局下实现经济高质量发展的必由之路。我国企业数字化转型整体尚处于起步阶段，推进国企数字化转型是一项极具艰巨性、长期性和系统性的工程。面对制约国有企业数字化转型的众多因素，国有企业应增强转型意识，精准施策，未雨绸缪，找准数字化转型切入点，加强变革能力培养和数字化文化普及建设。

第一节　找准数字化切入点

面对蓬勃发展的数字经济，国有企业推进数字化转型成为必然趋势，通过将数字技术、数字化思维与数字化管理工具引入生产经营活动中，可以实现降低成本、提高效率、改善客户体验、增加产品与服务价值，进而建立起新的市场竞争优势，使企业获得更高质量的发展。那么，企业数字化转型应该如何找准切入点，才能有条不紊、卓有成效地推进呢？

1. 国有企业数字化转型需要点面结合

数字化转型呈现出三大显著态势。第一，数字化与企业全面融合。数字化不仅在传统的财务、人力资源、行政办公等职能管理领域与企业更为紧密地融合，而且深入到了技术创新与产品开发、物流与仓储、生产过程与设备维护、销售与售后服务等业务发展的各方面。第二，数据全面汇集成为新的生产要素。企业内部的部门与人员、机器设备、零部件与产品、生产与作业现场，以及企业外部的供应商、客户与横向合作者，都在生产、协作与交易中源源不断地产生出以文本、图像、声音、视频等多种方式呈现的信息，在实现数字化转换后，形成海量数据。这些数据在经过标准化清洗后进行存储,成为企业的"主投入"或"辅助投入",从而具有了突出的企业生产要素特性,甚至成为支撑企业未来发展的战略资源。第三,智能化决策全面显现。大数据、云计算、边缘计算等技术广为应用,带来了企业对消费者更为精准的画像与预判,企业决策更多地依赖企业的数字化、智能化系统作出分析。

国有企业必须全面部署数字化转型工作。首先,企业内部需要对此形成广泛的共识,管理团队需要充分认识到全面推进数字化转型的必要性和紧迫性,认同企业向数字化转型工作的持续资金投入及新型团队建设,高度关注并愿意带领员工一起投身转型的工作之中。其次,企业要制定出全面推进数字化转型的战略规划,有较为明确的数字化转型的总体目标与核心任务,特别是所要建立的整体架构及其功能,数字化系统的预期成效,各部门转型工作粗线条的任务分工与协作,主要时间节点的工作进展,各数字化模块的内在联系与相互支撑机制等。这些共同构成企业有计划、有步骤、有系统地推进其数字化转型的行动纲领。再次,企业要把推进数字化转型的每一项具体工作视为全面推进转型的有机组成部分。以内部立项的方式推进数字化转型——形成一个或多个项目。每个项目的建立与执行,都要有全局视野,要有统一的基础标准,在遵循一定治理准则的要求下顺畅地实现相互连通和数据共享、相互赋能并能共同对企业的全面转型形成强有力的支撑。

企业全面部署数字化转型,需要从某个领域切入,然后再以更大的力度推进全面转型。这主要是由国有企业的现实条件所决定的,其一,数字化转型要建立数字化人才队伍。数字化转型迫切需要重塑一支既懂数字技术与管理、又深悉具体业务的员工团队,很难一蹴而就。应从某个点出发,以点带面,持续累积。其二,企业数字化转型需要大量的资金投入。建设企业的数字化前台、中台,建立私有云或使用外部的公有云,依据场景要求进行模型开发与应用等,都要求企业持续投入大量资金。

2. 数字化转型切入点的若干准则

第一，着眼于消除痛点。每个企业，都会面临一个或多个制约其发展的痛点。企业选择数字化转型切入点时，可以首先考虑从企业痛点入手进行数字化转型。

第二，格外关注价值点。企业推进数字化转型，不是赶时髦，而是为了谋求持续发展。为此，企业在选择切入点时，有必要充分考虑在哪个或者哪些关键点率先推进数字化转型能够带来可观的价值。这样的价值，可以从两个维度来衡量。一是为客户带来性价比更优的服务、更好的体验；二是为企业带来收入和利润的增加。

第三，高度重视成熟点。企业分阶段、分领域、分模块推进的数字化转型，应该走先易后难的道路，率先把相对成熟的领域作为切入点。成熟的领域包括两层含义：一是就企业自身而言，以往的信息化、自动化等工作已经为数字化转型作了不少积累，基础较好；二是就全社会的数字化进程来看，产业中已经有较为成熟的技术手段和软硬件作支撑，有清晰的实施步骤与办法和不少成功范例，易于落地。

第四，优先考虑牵引点。企业数字化转型的最终目标是全面数字化，切入点只是最初的关键一步。那些能够发挥牵一发而动全身、对企业其他组成部分的数字化转型具有较强引领和带动效应的领域，显然应该优先作为数字化转型的切入点。

具体到特定的企业，选择数字化转型的切入点可以从以上四个维度进行深度分析，更好地甄选出切入点，从而更为从容和有效地推进数字化转型工作。

第二节　培养企业变革管理能力

变革管理一直是 20 世纪以来管理理论与实践关注的焦点问题。从科学管理、行为管理到权变管理，从全面质量管理到企业再造与学习型组织，

"几乎每一种管理理论或指导思想都与控制变革的速度、方法和变革对机构的影响有关"。从不同角度看，变革管理（Change Management），作为一门学科，它是建立在管理理论、混沌理论、耗散结构理论以及复杂系统理论的基础上，以变革为研究对象和内容的科学；作为一个术语，它是管理学与组织行为学领域的重要概念；作为一种过程，它则指在对原来组织管理体系进行改造与调整中所进行的系统策略安排和有效管理的过程。

企业战略是关乎企业一段时期里的发展方向和发展重点的问题，企业变革的核心就是要根据企业所处的环境调整自己的战略。只有战略得到调整，企业的新目标才得以重新确定，才能聚集企业的核心资源，在企业组织结构、业务流程等方面顺利变革。企业的战略变革通常具有颠覆性和前瞻性，企业领导者对企业愿景的描述和对员工的鼓励是非常有支持作用的。

有学者认为，要从系统工程的角度来看待数字化与变革管理的关系。为使数字化有效地在管理中发挥作用，必须使数字化与管理变革相结合来实现，比如要研究经济的发展会给企业管理带来怎样的变革，在这些变革中数字技术又可以起哪些作用；在管理思想、管理方法、管理组织等方面数字化又会产生什么影响；然后再确定未来实施数字化的范围、重点，这样从经济发展、变革管理的现状与未来需求出发，从应用效果出发来规划、设计企业数字化转型变革，便能克服单纯受技术推动的影响来考虑发展的局限。

因此，关于数字化的研究不能仅仅着眼于数字技术本身，而要把它看作是一项系统工程，从总体上加以综合分析，要对当前世界经济发展趋势、经营管理发生的变革、当今管理思想和理论的新进展进行研究，在这个背景下考虑数字化的发展与应用。此外，数字化与变革管理是一种螺旋促进的关系。我们探究数字化的发展历程便知这一关系。数字化是依靠计算机技术、网络通信技术的发展而发展的。一些企业家注意到这种计算工具的先进性，考虑到企业的大规模计算既耗时耗力，又不能保证准确度，因此采用了这种计算机，这便是数字化与企业的初步接触。这一阶段的数字化只是单纯的计算功能被应用，企业的变革关注点更多地在成本控制、质量管理等方面。随着计算机系统的发展，企业开始应用各种软件处理部门业务流程，这一阶段的变革主要是处理信息孤岛问题，以及培训员工使用先进的信息系统的能力。再之后，随着数字化的深入发展，数字化产品在各领域的广泛应用而促使社会发生了数字化，而社会发生数字化的结果正是数字时代的到来。

信息资源观念与信息系统地位的确立，使企业组织结构向菱形结构发展，进而导致企业发生变革。社会环境的深刻变化影响着人们的生产生活消费方式，进而影响到企业的外部环境，促使企业发生面向数字时代的变革，这一次变革更多是观念上的变革，而非技术上的变革。

我们以华为变革管理作为国有企业培养变革管理观念的参考，华为变革管理的总体原则包括以下方面。

1. 坚持以人为本的原则

企业的主体是人，企业管理的主要对象也是人，在管理科学的发展历程中，人的因素一直受到重视。面对信息时代的社会背景，企业变革更应关注人的问题，因为信息的生产和传播以及消费都是人来完成的，只有坚持把人放在第一位的管理思想，才能更好地适应信息时代的要求。在信息化建设过程中普遍存在的一个问题就是技术与人的矛盾，即公司的技术专家往往按照他们自身对业务流程的理解来建构实施，而管理者却按照自己的风格来运营管理。技术专家并不考虑信息如何流动，忽略人们在获取或应用信息的不同渠道的心理反应，而管理人员出于自身利益对新技术持不合作态度，不愿意改变自己长期形成的工作习惯，这些矛盾对变革产生了巨大的隐形阻碍。在变革中坚持以人为本，以人与信息的交互规律来管理，可以大大减少变革的阻力。

2. 从最高领导者开始的原则

突然的变革会使各级员工对企业内部的变化不知所措，所有的犹豫目光都投向企业高管寻求明确的支持和指导。领导人必须亲自积极采取一种新的方式给下属挑战和激励。他们必须统一指挥,并以身作则。此外,领导者与管理者的不同,就是领导者要给企业提供愿景和企业文化,他们要做正确的事,而不是正确地做事。华为历次的变革也都是从领导者的号召开始的,经过了小作坊式生产和科学管理,一直到流程管理,才有了今天的华为。华为要坚持这一原则,才能在接下来的信息时代的变革中走得稳,走得快。只有当领导层团结起来,致力于推进变革的流程,表现出必达目标的决心,员工的变革潜力才能被发挥出来。

3. 明确阐述企业文化的原则

企业文化在变革期间会形成一股无形的阻碍作用,因为企业文化一般都是企业在经营管理的实践中形成确定的,企业的员工基本上已经形成了这种文化的办事方式,甚至思维模式。而变革,就是要打破这种思维模式,因此,一定要特别强调变革期间的文化。变革期间,没有传统的标准,一切以新的流程新的观念来工作。华为公司之前的企业文化根深蒂固,狼性文化一直驱动着华为快速增长,但是在信息时代,市场环境的变化远远比企业变化更快,企业若不建立快速反应的机制,通过追赶是很难跟上市场脚步的。华为也要处理好快速发展时期的企业文化与当前信息时代下的企业文化关系,明确其中区别,营造适合快速变化的氛围。

4. 做好准备迎接突发状况

企业的变革过程并非是完全按照计划就能一步到位的。对于实施变革的高层来说,企业的外部环境时刻变迁,员工们面对这样的环境一般都不知道如何处理,可能会出现多种可能的结果。预测方案中会遇到抵制的地方可能风平浪静,而以为顺利实施的部分可能会遇到未知的无形阻力。因此,企业高层需要对变革的结果、员工的态度和企业的适应力审慎地评估。他们可依赖实时收集的一手数据信息和坚实可靠的决策流程,随时对实施进行调整,保证变革的动力和效果。

第三节　普及数字化文化

1. 数字化文化对数字化转型的意义

数字化文化是数字化转型的"土壤"。没有数字化文化，就不能算是真正的数字化转型。数字化转型不只是组织的技术转型，更是企业文化重塑的过程。数字化转型中，人的因素最为关键，最终体现在思维和文化的变革。如果传统企业的文化不做改变，数字化转型会被原有惯性拉回既定的轨道。只有对企业底层的企业文化进行变革，营造良好的数字化转型氛围，才能使组织从根本上实现数字化转型。

数字化文化可以为企业数字化转型提供思考方式、行为准则，引导全体员工采取恰当的行动。通过培育数字化文化，加强员工对数字化的理解，引导员工转变传统思维模式，让数字化转型深入人心。

缺乏数字化文化是数字化转型的主要障碍。数字化文化不足体现在员工对数字化认识不足、难以形成统一认知、各职能部门相对独立、害怕承担风险等。数字化文化是数字化转型重要的保障，只有建立起数字化文化，员工的思维才能得到解放，才能够克服心理上的惰性，从而推进变革顺利实施。如果忽视数字化文化建设，组织文化过于顽固、保守，员工不愿意进行重大变革，新的工作方式、工作流程就难以被采用，数字化转型便会遇到阻碍，面临转型失败的风险。

在清华全球产业院2021年的调查中，35%的受调研企业认为"缺少数字化转型的文化氛围"是当前企业推动数字化转型的主要阻碍。麦肯锡在2017年调查报告《数字时代的文化》中提出，文化障碍是企业数字化面临的最大挑战。红杉资本2021年调查发现，在企业数字化实践面临的众多挑战中，有高达44%的受访企业认为"未普及数字化文化"是第一大挑战。

重视数字化文化的公司表现出更突出的业绩。BCG根据对40多个数字化转型企业的评估，发现专注于数字化文化的公司取得突破或财务表现强劲的比例是忽视数字化文化公司的5倍。

2.数字化文化的内涵

企业数字化转型中塑造的文化通常会包含六个关键点：数据思维、用户共创、协同共赢、持续学习、创新容错、敏捷迭代，把具有这些核心特征的文化统称为数字化文化。

（1）数据思维

数字化时代，数据连接一切、数据驱动一切、数据重塑一切，数据是企业数字化转型的核心要素。因此，数据思维是数字化文化的核心，是每一个数字化转型企业必须要努力培养起来的新型文化。

数据思维的内涵很丰富，包括数据决策思维、数据共享思维、数据价值思维等，我们主要介绍前两种思维。

①数据决策思维。数据决策思维就是通过数据改变传统经验驱动的思维模式，一切用数据思考、用数据说话、用数据管理、用数据决策，用数据挖掘和分析的手段提升业务能力，从而促进科学决策的企业文化，是现代管理科学与数字化实践的产物。

然而，目前大部分企业的决策还是依赖直觉和经验，很少会做严谨的数据分析和论证。没有强化基于数据决策的思维，导致很多企业开发的管理驾驶舱、经营分析系统得不到重视，形同虚设。因此，领导者要身体力行，相信数据的价值和力量，把数据分析、数据决策视为一种基本的工作能力。打造基于数据解决业务问题的文化氛围，搭建数据治理、数据资产管理、数据使用的流程体系，让更多员工能够自主地、自由地进行数据分析，培养其使用数据解决业务问题的意识，提升数据敏感性，从而帮助企业真正做到数据驱动、数据决策。

②数据共享思维。数字化转型需要将企业所有的信息系统进行数字化打通，破除部门墙、组织墙，跨部门甚至是跨上下游的系统互通互联、数据融合，要实现全要素的数据连接。因此，建立开放共享的数据文化是数字化转型成败的关键因素。

然而，传统企业组织架构下的企业文化氛围大多是各自为战，每个部门都只关注自己领域的事。组织内部由于利益分配机制、激励机制不明确，对贡献数据缺乏积极性和责任心。数据共享并没有在思想层面形成广泛的认知。如果数据没有充分地共享，业务上就会出现断点，就不能发挥数据的价值，会大大阻碍数字化转型的进程。

因此，要建立数据共享思维，通过搭建数据平台，建立数据共享机制，促进组织内数据的融通，打破数据孤岛，为数字化转型奠定基础。鼓励内部各部门之间拆除壁垒、横向合作，也要加大与外部的跨界合作，提高与外部网络（如第三方供应商）的数据共享程度。

（2）用户共创

在研究了一些企业数字化转型的案例后，我们发现数字化转型中较为成功的企业，无一不在强调以用户为中心、用户至上、用户思维和用户共创。

以用户为中心、用户至上在几十年前就被提出，也被诸多公司列为企业的核心文化之一，但数字化时代赋予了这一理念更深层次的意义。在过去，传统企业倡导的用户至上是要一切听从用户、用户就是"上帝"、用户说什么就是什么，企业是"卑微"的。但数字化转型中的用户至上更强调深层次地挖掘用户的个性化需求，创新生产和服务方式，优化业务流程，提升用户体验，与用户价值共创、共同成长，与用户的关系是平等的、共生的。因此，企业数字化转型也应打造用户共创的文化。

（3）协同共赢

为什么传统行业数字化转型更容易失败？一个重要原因就是跨部门协同困难。数字化转型不是某个部门、某项业务的局部转型，而是涉及各个环节、各个业务部门的系统性变革，要求组织各部门之间拥有更强的协同能力。数字化转型的成功源自跨部门、跨单位、跨职能的集体努力和知识共享。

因此，企业应在内部营造协同与合作的文化氛围，打通"部门墙"，破除信息孤岛。一方面，可以通过自上而下的结构性调整，增加信息的横向流动和层层协调。另一方面，还可以通过一些调整，加强利益的一致性和交往的密切性，加强协同合作。

除了内部倡导协同文化，企业还需打造开放共赢的文化，要从原先封闭的边界思维转向开放的破界融合思维，与外部消费者、供应商等实现价值共创。鼓励员工积极开展外部合作，与合作伙伴共同建立数字化解决方案，让企业能够参与到更广泛的生态系统中。在数字化系统建设上，企业自主完成全部系统建设非常困难，以生态方式构建数字化系统，可以吸引多类型厂商协同联动、优势互补。

（4）持续学习

学习型组织最早是由彼得·圣吉在《第五项修炼》中提出的，不少企业也逐渐意识到了学习的重要性，致力于打造学习型组织，建设学习型文化。持续学习在数字化转型中显得更为重要。在数字技术快速更迭、外部环境不断变化的今天，从一把手到基层员工，都要不断学习数字化的知识，培养数字化技能，才能在数字化转型中有能力去落实数字化战略、体验数字化的价值。

数字化转型较为成功的企业几乎都有一个热爱学习的一把手。他们特别热衷于向行业标杆、数字化原生企业学习，并对全体员工进行数字化转型理论和方法的培训，努力打造学习型组织。这是一个通过学习改变认知，然后产生行动，最后再反馈学习的三角循环。

同时，在数字化转型过程中，企业要为全体员工（包括基层员工）营造一个学习氛围浓厚的环境，搭建学习平台，提升员工的数字化知识水平。必须让员工意识到，学习并不是企业给他们增加负担。在数字化时代，个人也需要持续学习，要从利用原有知识解决问题转变为持续学习和研究数字化用户和新趋势，不断进行自我提升，建立起数字化认知和掌握数字化技能，才能不被时代所淘汰。

（5）创新容错

北大光华管理学院数字产业创新研究中心《2020年中国数字企业白皮书》表明，创新文化不足逐渐成为企业数字化转型的重要障碍。数字化转型是一个极具个性化的变革项目，没有一个统一的、共性的方法论来指导所有企业数字化转型，不同行业、不同企业差异较大，每个企业都需要探索适合自己的数字化转型路径。同时，数字化转型的目的不仅仅是降本增效、改进流程，更重要的是帮助企业突破既有的边界，带来全新的价值点。由此，就需要崇尚创新、支持冒险和颠覆性思维的文化氛围。

但是，创新必然伴随着风险，创新路上最大阻碍不是资源不足而是得不到支持和包容。因此，鼓励创新必然意味着要容忍试错和失败。但事实上，绝大部分的传统企业，从文化上是厌恶风险、害怕失败的。

对试错的容忍，是数字化转型成功的公司所具备的一个非常明显的差异化特质。相关调研数据显示，在数字化转型领先企业中，有63%的企业表现出较高的试错容忍度，超过50%的企业愿意在1年以上的时间尺度上评估数字化转型的成效，并且没有一家企业要求在1年之内看到可衡量的财务结果。相反，对照组中有近1/3的企业希望在1年的短期内看到财务绩效，要求尽量减少试错成本。

（6）敏捷迭代

数字化时代最大的特点就是外界环境快速变化。《数字化转型路线图》的作者托尼·萨尔德哈通过对一些转型失败案例的研究发现，敏捷型文化有助于推动持续的数字化转型。因此，敏捷文化体现在员工乐于拥抱变化，勇于探索，适应变革，敏捷灵活，能够快速决策、执行和迭代，以适应不断变化的用户需求和技术迭代。

敏捷型文化的典型应用是边测试边迭代的产品开发方式。与以往不听取市场反馈、被动等待爆款产品的诞生不同的是，数字化转型企业的产品开发应该是不断测试、不断追踪，迅速地在市场中投放新产品。之后，对消费者数据进行分析，根据消费者反馈，不断改进产品。

参考文献

[1] 欧创新，邓頔. 中台架构与实现：基于 DDD 和微服务 [M]. 北京：机械工业出版社，2020.

[2] ThoughtWorks. 现代企业架构白皮书 [R].（2021-04-16）. https://mp.weixin.qq.com/s/FUp6hu30sjXVbfHanhJGkA.

[3] 付晓岩. 企业级业务架构设计：方法论与实践 [M]. 北京：机械工业出版社，2019.

[4] 周剑，等. 2021 年国有企业数字化转型发展指数与方法路径白皮书 [M]. 北京：新华出版社，2021.

[5] 付晓岩. 聚合架构：面向数字生态的构件化企业架构 [M]. 北京：机械工业出版社，2021.

[6] 钟华. 数字化转型的道与术：以平台思维为核心支撑企业战略可持续发展 [M]. 北京：机械工业出版社，2021.

[7] 张新国，等. TOGAF 标准 9.1 版 [M]. 北京：机械工业出版社，2016.

[8] 徐淑英，刘忠明. 中国企业管理的前沿研究 [M]. 北京：北京大学出版社，2004.

[9] 乔梁. 持续交付 2.0：业务引领的 DevOps 精要 [M]. 北京：人民邮电出版社，2020.

[10] 谢仁杰，邓斌. 数字化路径：从蓝图到实施图 [M]. 北京：人民邮电出版社，2021.

[11] 刘继承. "互联网＋"时代的 IT 战略、架构与治理——传统企业信息化转型的顶层设计 [M]. 北京：机械工业出版社，2016.

[12] 王念新，仲伟俊，等. 信息技术战略价值及实现机制的实证研究 [J]. 管理科学学报，2011（07）.

[13] 王倩倩. 唤醒沉睡的数字资产 [J]. 国资报告，2016（05）.

[14] 李东，牛芳. 一个集成的战略信息系统规划框架 [J]. 清华大学学报（自然科学版），2006（S1）.

[15] 李柏洲，尹士. 数字化转型背景下 ICT 企业生态伙伴选择研究——基于前景理论和场理论 [J]. 管理评论，2020（05）.

[16] 李维安，王德禄. IT 治理及其模型的比较分析 [J]. 首都经济贸易大学学报，2005（05）.

[17] 肖静华，谢康，等.缺乏IT认知情境下企业如何进行IT规划—通过嵌入式行动研究实现战略匹配的过程和方法[J].管理世界，2013（06）.

[18] 周京梅.解决信息技术与业务匹配的悖论：信息技术与业务匹配如何促进组织敏捷性[D].中国科学技术大学，2018.

[19] 计春阳，唐志豪.基于战略匹配和层次分析的企业IT治理关键问题决策[J].上海管理科学，2012（05）.

[20] 郝政，何刚，等.数字化平台经济的创新激励与垄断规制——基于技术生态系统共演的视角[J].现代管理科学，2021（07）.

[21] 张延林，冉佳森，等.综合型IT与业务战略匹配的行动研究[J].管理学报，2013（11）.

[22] 杨青，安淑玉，等.BP-ISP战略一致性研究述评[J].管理工程学报，2003（03）.

[23] 赵东来，郝立涛，等.电网企业IT治理模型探讨[J].现代工业经济和信息化，2014（02）.

[24] 蔡雨楠.新形势下电网企业数字化转型实施策略研究[J].经济师，2019（05）.

[25] 关婕.跨领域才能与IT治理模式选择研究[J].经济经纬，2013（03）.

[26] 顾春燕.关于大资料时代企业数字化人才培养的思考及探索[J].经济师，2018（06）.

[27] 戚聿东.国有企业数字化战略变革：使命嵌入与模式选择[J].管理世界，2021（11）.

[28] 俞东慧，等.建立与企业战略相适应的IT战略的路径和方法研究——对UPS和FedEx的战略匹配案例研究[J].管理工程学报，2005（01）.

[29] 崔忠权.国有企业战略管理现存问题及对策[J].管理科学，2021（01）.

[30] 郭松平.新形势下企业战略管理实践与分析[J].现代商业，2019（01）.

[31] 张延林.综合型IT与业务战略匹配的行动研究[J].管理学报，2013（04）.

[32] 万胤岳.企业信息化战略规划的分析框架模型[J].山西财经大学学报，2022（04）.

[33] 常伟.企业业务战略变革与IT治理的研究[J].社会科学家，2007（11）.

[34] 胡波.国有企业IT治理与企业战略匹配研究——以S电网为例[D].澳门科技大学，2022.